温州大學 WENZHOU UNIVERSITY 华侨华人研究系列丛书



本书由玉壶镇第六届侨联资助出版，谨此鸣谢！

# 玉壶侨史札记

余序整　著

包含丽　郑洁西　整理

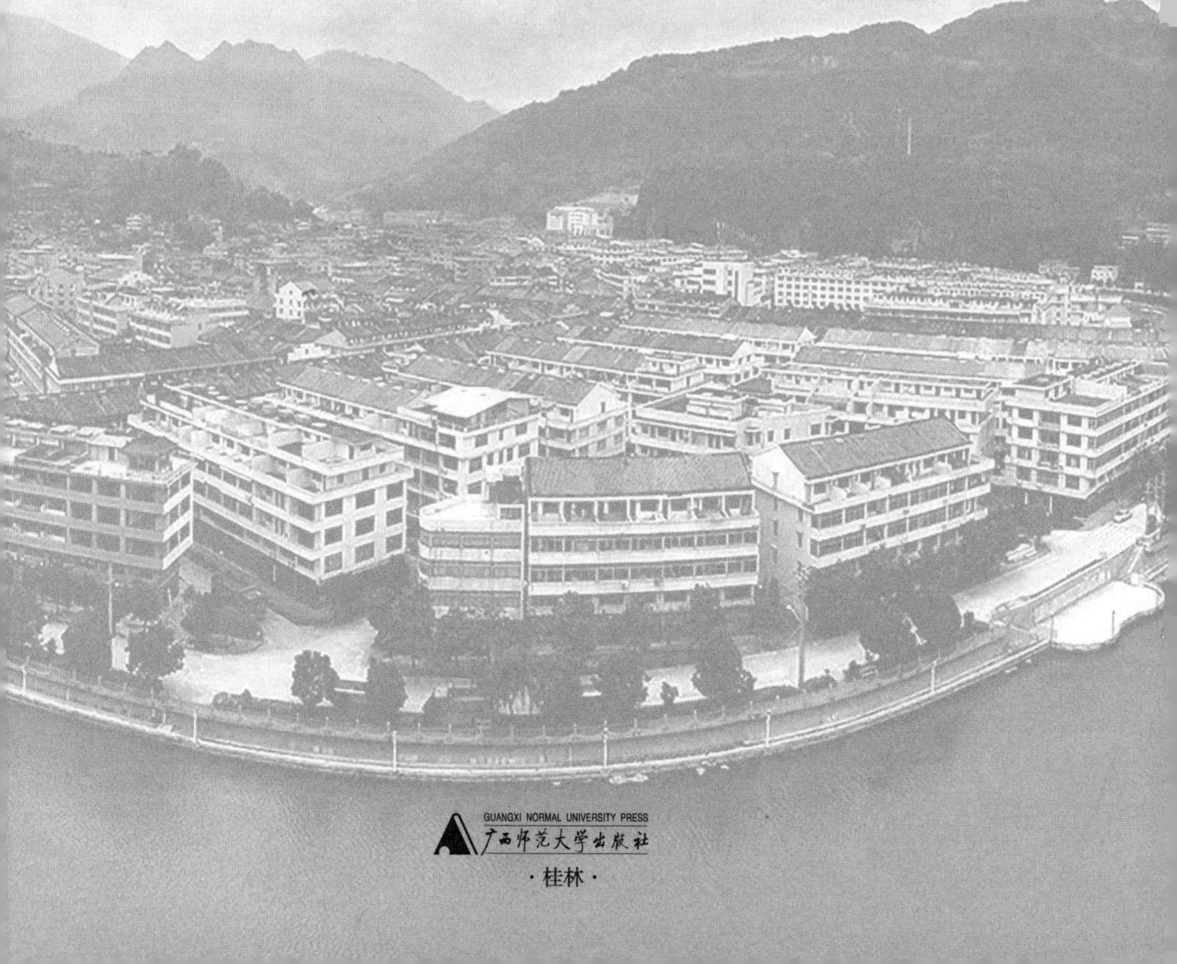

GUANGXI NORMAL UNIVERSITY PRESS
广西师范大学出版社
·桂林·

玉壶侨史札记
YUHU QIAOSHI ZHAJI

**图书在版编目（CIP）数据**

玉壶侨史札记 / 余序鳌著；包含丽，郑洁西整理. -- 桂林：广西师范大学出版社，2025.8. -- ISBN 978-7-5598-8362-9

Ⅰ.D634.3

中国国家版本馆 CIP 数据核字第 20256296RE 号

广西师范大学出版社出版发行

（广西桂林市五里店路 9 号　邮政编码：541004）

网址：http://www.bbtpress.com

出版人：黄轩庄

全国新华书店经销

三河弘翰印务有限公司印刷

（河北省三河市黄土庄镇二百户村北　邮政编码：065200）

开本：880 mm × 1 230 mm　1/16

印张：16　插页：2　字数：223 千

2025 年 8 月第 1 版　　2025 年 8 月第 1 次印刷

定价：148.00 元

如发现印装质量问题，影响阅读，请与出版社发行部门联系调换。

# 出版说明

在整理过程中，整理者对作者引用的二三十年前的县级、市级报刊和华侨创办的报刊中出现的知识性差错、语法性差错等相关问题进行了符合出版规范的修订，旨在提升出版质量，满足广大华侨史研究者的需求，为广大读者提供更好的阅读体验。当然，书中可能尚存讹误，敬请读者批评指正。

整理者<br>2023 年 9 月

余序整先生捐书暨温州大学华侨学院颁发兼职研究员聘书仪式，玉壶镇侨联主席王夏叶为余序整先生颁发荣誉证书（2022年1月11日）

余序整先生捐书暨温州大学华侨学院颁发兼职研究员聘书仪式，温州大学华侨学院院长包含丽为余序整先生颁发荣誉证书（2022年1月11日）

县侨联主席赵丽春、温州大学华侨学院院长包含丽、荷兰侨领胡允革、玉壶镇侨联主席王夏叶发言（2022年1月11日）

受领证书和聘书后余序整先生与众人合影（2022年1月11日）

集体合影（2022年1月11日）

注：本书所收录图片均由编者提供

# 我与玉壶侨乡史官余序整

1986年,我有幸入选中荷学术交流项目,赴荷兰访学,并由此进入欧洲华侨华人研究领域。犹记得初入欧洲侨史之门,无论是阅览历史资料,或是走访荷兰侨胞,有关"温州"的字眼总是时不时地出现在我的眼前,特殊的"温州"乡音,更是时时回响在我的耳旁……我不知多少次掩卷长思:那是一方怎样的山水?那是一处怎样的文化景观?为何在过去一百多年里,一代又一代的成千上万的温州儿女,远走异域,创业欧洲?

由于种种原因,直到研习欧洲侨史10年之后,我才于1996年1月承蒙荷兰阿姆斯特丹大学亚洲研究中心的派遣与资助,第一次踏足温州,实地考察了这个著名侨乡的山水民情、文化习俗。在那之前,我从未去过浙南地区,由于在这里没有亲朋好友,更不懂温州方言,心中未免忐忑。然而,在我踏上这片土地后,诸多热心人的无私帮助让我的顾虑烟消云散。随着调研逐渐步入坦途,我不仅看到、听到海外侨胞热心支持故乡建设的感人事迹,还从许许多多扎根于温州侨乡建设的有心人身上感受到一种为促进温州侨乡建设、加强海外温州侨胞与家乡联系的奉献精神,温州文成县玉壶镇的余序整先生就是其中突出的一位。

余先生原是玉壶小学的高级教师,因病提前退休之后,除了热心于各类社会公益事业,还潜心搜集、整理了许许多多有关侨乡的资料。余先生常说,海外侨胞挣钱不易,他们为侨乡捐献的都是血汗钱,其心可贵,其志可嘉，务必以史彰德！为了让家乡人永远记住海外侨胞的功绩，余先生笔耕不辍，如数记下了海外侨胞给家乡的每一笔捐款。小到几十元、一二百元，大到上百万元，无论是用于救灾济贫，还是投于建校铺路，余先生都将捐款去向和金额记载得仔仔细细、清清楚楚，这些记录对于展现侨乡玉壶的发展变化，实在是蔚为难得，功不可没！

当得知我希望深入侨乡侨村实地考察获得第一手信息后，余先生二话不说，接连几天带着我上山下乡，四处奔走。我还记得，那时玉壶重要的侨村之一李山村位于高山上，通往李山村的道路只有一条狭窄的盘山路，汽车尚不能通行，我们只好在一个严寒冬日的下午，冒着纷飞的细雨，搭乘手扶拖拉机盘旋上山。寒风飕飕，土道颠簸，连当时还年轻的我都觉得身心俱疲。然而，为我引路的余先生始终未有丝毫倦意，一路向我介绍当地的风土人情。而我在很久以后才得知，余先生自幼身体欠佳，尤其受严重的耳鸣症困扰，但是，在那几日风尘仆仆的调研行程中，我从没听到余先生有过任何一句抱怨，更没有向我要求任何照顾或回报，如今回想起来，真是既敬佩，又愧疚。

自那以后，基于对欧洲华侨华人群体及其主要原居地——浙南侨乡的关注和研究，我曾先后7次前往玉壶侨乡，每次都会去看望、拜访余先生。也正是因为这份交情，我从他那里了解到了海外玉壶人的新动态，分享到了玉壶侨乡的新信息。而且，无论是二十世纪八九十年代我在荷兰求学、工作期间，还是于2000年回到厦门大学任教之后，我都会时常收到余先生寄来的信件和文稿。每每有问题向余先生请教，他也总是不吝赐教。走向世界的温州侨胞和温州侨乡的发展是我们共同的关注点，也是维系着我和余序整先生绵延了二三十年友情的纽带。

温州大学华侨学院成立后，将侨乡玉壶列为重要研究项目之一。2021年12月，当我应邀与华侨学院包含丽院长同往玉壶时，我告诉她："您一定得去拜访玉壶的余序整先生，你们想要研究玉壶侨乡，余序整先生手里的资料就是一个玉壶侨史知识的宝库。"包含丽院长慧眼识真金，她一见到余先生家中那堆满了一整个书橱,由余序整收藏,甚至亲手写就的玉壶侨史资料,当即决定将这批资料列入温州大学华侨学院的出版计划,并与郑洁西教授一同负责整理、编辑、校订工作。于是,就有了眼下这本《玉壶侨史札记》。

在这本20余万言、饱含余先生数十年心血的侨史札记里,既没有貌似宏大的豪言壮语,也没有故作深沉的理论探讨。然而,从看似平淡无奇的字里行间,时时处处映射出一位长年生活在最基层侨乡之有心人追溯既往、关注当下、展望未来的赤诚情怀。

余先生生在玉壶,长在玉壶,在亲历玉壶80多年发展历程的同时,兢兢业业,不厌其烦,读史求实,逐字逐句写下了玉壶古往今来的漫漫历程,尤其是那些走向四海五洲之玉壶人为家乡、为亲人所奉献的点点滴滴。作为一位优秀的玉壶侨乡史官,余先生值得我们宣传。

和余先生相识、交往近30年,我深切感悟到余先生为侨乡玉壶作文记事乃发自内心深处之所愿,他数十年如一日,无欲无求,无怨无悔,真正是"一片冰心在玉壶"!

念之,感之,记之。

是为序。

李明欢<br>2023年2月

# 引 言

1936年8月，我出生于浙江省文成县玉壶镇中村，祖父余钟麟是玉壶镇小学的创始人。我自小受祖父辈的影响，喜爱文学，更喜看旧小说，有较强的识字、阅读能力。从有记忆起，耳鸣之症一直伴随着我，不管是白天还是夜里，只要安静下来，耳中的雷鸣声、洪水泛滥声、砻磨声、蟋蟀鸣叫声、春蚕嚼桑声不断，真可谓"风声雨声声声入耳"。青年时期在文成中学读书，课外活动时，看着同学们在操场上生龙活虎的身影，我深感羡慕，却因身体上的先天不足始终不能加入其中。后来，校医出具证明，让我得以免上体育课。毕业后，在家乡从事教育32年来，患过胃病、肺结核、严重神经衰弱，需经常请病假，以致提前8年病退。退休后又做过3次结石手术，2次因冠心病安装支架，还有长达20多年的糖尿病。总体来说，我是一个典型的体弱多病者。

退休后，我做了25年的政协委员，同时还做了20年的基层侨联文秘，即便在卸任政协委员与侨联职务后，我依旧坚持长期写日记，希望通过积累侨情资料，研侨写史。先后出版《壶山今古》《玉泉笔谈》《玉壶华侨》《玉壶镇侨情纪事》《侨情与侨声》《胡志光的路》和《芝溪草吟》《壶山芝水吟》两本诗集以及《芝水晚霞》《侨乡教育一园丁》《拾遗》三本半自传体小传，合编《玉壶小学九十华诞》《玉壶华侨风采录》等史志和侨书。

在包含丽院长的支持下，我从长期积累打印的"人生五味""壶山叟""退休日记""退休纪事""政协廿五年""侨联廿年""侨乡报道""上级来访""碑文悼词报告""草吟集成""教授交往""心存教育""社会回报"等80多本档案资料中，整理出了"文成华侨文化""侨乡圣地玉壶""退而不休园丁"合计50多万字的文字素材，经删改精编，整理成书。今大功告成，我真挚地感谢玉壶侨联和王夏叶主席的付出，感谢郑洁西教授花了那么大的精力为我整理汇编资料，还有李明欢教授一直来对我的关爱和为本书命名、作序。

我少年清癯，青年体弱，晚年提早病退，老年著书。而今年近九旬仍能写诗填词、出版文集，深感"写作能益寿"。这让我想起上海老寿星苏局仙，他长期从事教育工作，写作成了他一生中最重要的事，到百岁时总共写了1万多首诗词。这说明，勤比懒好，动比静好。

余序整<br>2022年5月

# 目 录

## 第一编 侨情研究

第一章 侨乡史略 /3

第二章 侨乡文化 /21

第三章 侨媒与侨著 /28

第四章 侨团与侨领 /35

第五章 教育与侨建 /108

## 第二编 侨事工作

第六章 会议发言 /137

第七章 提案报告 /163

第八章 侨事接待 /180

第九章 为侨办事 /197

## 第三编 侨韵生活

第十章 诗文 /203

第十一章 交游与侨团接待 /228

# 第一编　侨情研究

# 第一章 侨乡史略

## 第一节 玉壶概况

文成县玉壶镇是浙江省著名侨乡之一,位于县城东北方向的飞云江支流玉泉溪(又名芝溪)南岸,四面环山,总面积15.8平方公里,辖有11个行政村,2 473户,11 188人,除了黎族1人、畲族22人,其他均为汉族。

玉壶是个小盆地,口小腹大状似壶,冠之名贵之玉,故称玉壶。当地人有诗云:"乡村百落一川口,境内千峰四面罗。大腹瓷瓶尖小嘴,比喻拟作称玉壶。"

芝溪是玉壶境内的主要河流。一泓清水从西北入境,流形似"之"字,文人加以修饰,名之"芝溪"。镇境四面环山,层峦叠翠,较大的山有凤山、九龙降顶、吴山尖、陈山、西山寨等,故有"壶山芝水"之称。

宋代之前,玉壶四周古木参天,山麓荆棘丛生,芝水流经之域尚属沙滩。至宋代初期,壶山始有人烟。

据《胡氏宗谱》载,宋太宗雍熙四年(987),胡氏始祖孟迁从胡阳迁徙到安固(今瑞安)嘉屿乡胡峃(西距玉壶一二公里处),后来其八世孙公远迁居壶山象岗(据传,今之象岗井路后来成为其初来的屋基)。此后,经过历代繁衍,至明清时期,胡氏已发展成规模较大的宗族,并具备了改造自然与抵御外患的能力。

据《瑞安县志》载，明洪武二十七年（1394），当地人修筑南北两节长约千丈的"玉壶砛"（北起栋头，南至子母宫），改水的流向为"之"字形。永乐二年（1404）建造了玉泉寺（又名崇福寺），弘治十七年（1504）重建胡氏大宗祠（今区公所驻地）。为防御盗匪侵扰，又于嘉靖三十一年（1552）建筑了狮岩寨壁城。为改变壶山风水，雍正七年（1729）在南方高筑巽峰。同治七年（1868）建造了佑善亭（今为县级文物保护单位）。

清代是壶山民众就地取材，大造有楼之房的高峰时期。康熙年间（1662—1722），胡氏在西山眠牛腿下首建有楼之房（今仍称此屋为"楼"）。雍正年间（1723—1735），胡氏在楼之下首建了一座三进四面的四合院——"金砻"，此后相继修建的四合院有上新屋（以上属于底村民房）、下新屋（中村）、外新屋、底新屋（上村）、外楼老屋（外村）。康熙年间，蒋氏从青田钓滩来玉壶，在横山脚下建蒋宅一座（上村）。雍正年间，高氏从青田山炮来玉壶，在底村建高宅一座（底村）。乾隆年间（1736—1796），邓氏始祖然恩从青田万阜来玉壶，在店桥头开药铺一间（中村）；余氏始祖玉钦从平阳林垟来玉壶，建泰宁店一座（中村）。此外，底村尚有陈宅、沈宅民房（二氏无宗谱可查）。至此，壶山芝水之间初步形成了今之镇驻地上、中、底、外四个居民村。

人口、民房的增加促进了良田的开发。玉壶砛筑成后，历代民众在芝水流域除了建房，还大开良田，开垦了今之横塘垟、门前垟、下水河三片良田。中村、上村居民基本上赖此为生。底头、外楼民众在象岗、外楼高地、蛙蟆坑两岸引坑水灌溉，大开梯田。清末武举人余明瑞于民国初年在东山脚下筑了一条长200米、宽3.5米、高4米的大石砛，将砛下10顷沙地开发成今之杨村垟。

玉壶于明代建置，属瑞安县五十都。据《胡氏宗谱》"请立族长示"载，明弘治十三年（1500），温州文知府准立瑞安县五十都族长，谱中另载有族长制定族规、家规、禁约以管理民众的信息。这种制度在玉壶的历史上一直沿袭了400多年之久。至1931年，玉壶开始设乡，次年改为镇。1948年划归文成县，镇名不变。1952年玉壶镇析为玉壶、吴垟、上林3乡。1956年，3乡重新合并为玉壶乡，此后建置几经变迁。1985年9月12日，经浙江省民政厅批准，玉壶乡改为镇建制，称玉壶镇。

党的十一届三中全会以后，随着家庭联产承包责任制的推行，乡镇企业的崛起，商品经济的发展，侨胞、侨属、侨眷政策的落实，政府对侨乡的建设高度重视，海外赤子的热情支持让玉壶镇大变样，欣喜的玉壶人把这些变化概括为"看地面绿水青山，看路面四通八达，看街面广厦千间，看店面满目琳琅，看账面收入翻番，看人面喜气洋洋"。1988年，全镇农业总产值达223.8万元，比1980年增长57.8%，农民人均收入545元，工业总产值52.4万元，比1980年增长2.1倍。镇里设有农机厂、五金厂、翻砂铸件厂、雕刻厂、纸厂、碗厂、自来水厂、酒厂、煤球厂、服装厂、雨衣厂、食品加工厂。时至今日，玉壶镇有个体商业160多户，加上天妃宫市场与6处供销门市部，市场供应物资十分丰富，商业越发兴旺。

20世纪80年代，玉壶迎来了建房修路的新高潮。继修筑壶山路后，1986年3月，经文成县城建部门规划，玉壶镇整修了塘下街，创办了天妃宫市场，新建了冰心街、玉泉街、芝水街，并规划新建了迎春路。这些新建的街，长150—730米，宽11—20米，还新建楼房1000余栋，楼高3—5层。1988年又为壶山路、冰心街、天妃巷、玉壶街、外楼路、塘下街铺设了水泥路面，计1.9万平方米，使得市容市貌有了极大改善。

过去，玉壶交通极为不便。去东背、朱雅、李林等地需要用船渡过蒲坑口；去吕溪、东头、金星等地需步过砾头碇步；去上林、营前等地需涉过蛙蟆坑，渡过头渡水。每逢雨季，常有事故发生。同治三年（1864），新宫一位僧人在蒲坑口处首建石板桥，光绪七年（1881），山背周瑞田再建，1919年，胡希九三建而成今之蒲坑口桥（又名芝泉桥）。砾头桥由胡嘉典变卖家产筑于光绪二十五年（1899），高桥（蛙蟆坑桥）也筑于清代。民国初年，老鹰潭开凿了一条石路通往上店，至此，玉壶民众出入才较方便一些。1949年后，交通事业发展很快。1972年文（成）玉（壶）公路通车，1982年每日又增添温（州）玉（壶）客运车1班，1983年又动工修筑玉（壶）青（田）公路（该线今已通车到李林乡），1986年玉（壶）东（头）公路筑成，又建造了砾头1座长100米、宽8米的钢筋水泥公路桥。此外，芝溪可供水运，水陆交通比较方便。

农田水利建设速度快，能源系统也从无到有，从小到大。为了保护寨下野与西江的耕地，20世纪50年代与70年代，镇里在芝溪两岸分别修筑了2条共计千米长的拦水坝。1958年在漈门坑拦坝造水电站，1984年又建成了3.5万伏的高压输电变电所，两处并网后，满足了全区人民生产、生活之需要得以满足。

教育上，清代以前以家庭私塾教育为主。据《胡氏宗谱》载，乾隆三十一年（1766），玉壶有映冰书院（今冰心街84—100号），道光五年（1825）有玉壶书社。据《瑞安县志》载，光绪三十四年（1908），庠生余钟麟与胡一山在店楼墩宗祠创办玉壶两等小学，1912年，余钟麟在天妃宫办双穗初等小学，1931年改为玉壶乡小学，1935年改为玉壶中心小学，1948年学校迁到玉泉寺，1950年改为玉壶区中心小学，以至今日。现中心小学有校舍5座，教室20间，学生970多名，教师45位。1958年又增办了玉壶中学，有学生近1100名，教师62位。全镇有幼儿园4所，学生320名，教师10位。

卫生事业上，1949年前仅有几名个体中医师，现有区属卫生院、镇属诊所各1所，医务人员40多人，并有5处个体药铺。

中华人民共和国成立以来，特别是20世纪70年代以来，在党的侨务政策的指引下，玉壶华侨数猛增，成为全省著名的侨乡。据1984年统计，全镇有侨眷450户，侨胞1100多人；1987年玉壶镇有4个村，有侨眷500户，侨胞1400多人；最近统计，玉壶有侨眷550户，侨胞1700多人（含国外出生人数）。他们分布在意大利、荷兰、法国、日本、美国等近20个国家和地区，每年为国家挣来了不少外汇。据1984年统计，玉壶侨汇突破百万元大关。近年来海外侨胞往返频繁，带来的外汇难以统计。

侨胞热情支援家乡建设。1972年，他们集资76 500元建造了玉壶华侨影剧院；1982年，归侨胡遇彩独资建造了别具一格的日月亭；1988年，胡志光捐资32 000元建设电视卫星地面接收站，侨胞侨眷民众集资10万元（占总投资金额的50%）建自来水厂，使5000多名居民用上了自来水。1986年，玉壶归侨侨眷联合会成立，开展为侨服务工作。著名侨乡，名不虚传。

展望未来，一个新兴的侨乡建制镇，将在党的指引下越发走向繁荣富强。

（原载《文成文史资料》1989年第5辑）

## 第二节 华侨史略——为纪念玉壶华侨百周年而撰

玉壶位于文成县东北玉泉溪两岸，东连瑞安高楼，南接峃口、大峃，西靠南田，东北界青田，面积196平方公里，人口6万。1992年5月撤区并乡之前，玉壶分玉壶镇和周南、大壤、上林、东背、东头、吕溪、金星、朱雅、李林9乡。撤区并乡后将东背、李林两乡并入玉壶镇，吕溪、东头两乡并作东溪乡，周南、大壤两乡并作周壤乡，其他不变。

早在1905年，东溪乡黄河村的胡国恒就随其舅父经销石刻工艺品到欧洲、南美洲，此后玉壶侨胞的足迹遍布欧洲、亚洲、拉丁美洲等。中华人民共和国成立后，他们为祖国的繁荣富强和家乡的建设无私奉献。玉壶的历史有着他们光辉的一页。

### 一、寻找出路

玉壶旧称"五十都"，因其地四面环山，交通闭塞，故有"五十都窟"之称。

旧时的民谣云："山区三件宝：火笼当棉袄，火篾当灯草，茹丝吃到老。"

这是旧玉壶人民生活的真实写照。第一次世界大战后，列强加紧侵略中国，军阀之间又连年开战，"九一八"事变之后，日寇大举侵华，国民党政府抽壮丁又在所不免，致使农民负担沉重，许多农民和手工业者为了生存，通过典当家产和借债出国谋生。

根据各自航程远近，他们将80—300元不等的银圆交给"包客"代办出国手续。当时玉壶较出名的"包客"有头渡水的胡希孟、五四村的胡从再、李林乡光明村的胡进超等人。这些"包客"买通外国船员，将客户置于散装货轮的底舱，几十人、上百人拥挤在又暗又闷的角落里，过着非人的生活。漫长的航程大都从上海开启，他们经过日夜颠簸，分别到达各自的目的国去谋生。凡去欧洲谋生的需经过太平洋、印度洋、红海、苏伊士运河，航期长达40多天。他们在异国他乡，人地生疏，语言不通，更无根基，谋生不易，创业更难。在日本、新加坡等亚洲国家和地区的华侨大部分在矿山、打石场、港口码头做苦工，有的在农村种菜、养猪，也有的从事木器生产。在欧洲的侨胞有的开岩打石、做红砖，有的提篮沿街叫卖领带，或以做小商小贩为业。那时，中国国际地位低，侨胞的合法权益和人身安全得不到保障。1923年，日本东京发生地震，许多温籍侨胞罹难，身无分文的玉壶华侨余昭银、受鞭笞后被遣送回国。意、法、荷等国的侨胞，在沿街叫卖时，一些阔佬与流氓、无赖听到叫卖声，不是喊"中国人，亡国奴"的伤人话，就是发出"滚开，滚开"的刺耳谩骂声，华侨动作稍微慢一点就有挨脚踢的可能。海外侨胞失去了祖国的保护，精神与肉体均受到了严重的摧残。

## 二、抗争往事

在祖国受辱、国难当头之时，海外华侨奋起抗争，有的拿起枪杆子参加战斗，有的拿起笔杆子宣传"抗日救国"的理念，为中华民族谱写了一曲又一曲悲壮的英雄史诗。

玉壶长丰村胡胜利旅居荷兰，每经过洋人的房前，常有洋人捂着鼻子当其面高喊"中国人，亡国奴"的侮辱性词句，为了维护祖国的尊严和自身的人格，他同胡仲汤、胡仲山等组织反击，当再受辱时，群起狠揍而慑服了洋人。

1940年，德军占领荷兰，李林乡光明村的胡仲森、胡中杰、胡作来、胡希檀、胡庆祝等400多名侨胞在西印度石油公司做苦工，工作繁重而工薪低，直到1942年仍未加薪，于是众人联合起来展开罢工斗争。荷兵竟然开枪进行屠杀，当场打死12人，打伤50多人。胡作来身中6弹。

抗日战争时期，各国侨胞开展抗日救亡运动，积极参加抗日救国会。玉壶底村胡芝林（又名胡贤生）1935年赴南美，其抗日救国证书至今仍在，证书原文如下：

证明书

发给证明书事。案查侨胞胡芝林已遵照本章，向来履行抗日救国捐款之义务，按月缴足，不受任何救国公债，从无拖欠逃避等，特此给予嘉奖。兹证明。右给收据人胡芝林。

古拉梳埠华侨抗日救国会（印）

中华民国三十五年三月

1941年10月，日军南下，马来亚共产党深入温州籍工人中发展党员，建立党组织，成立新加坡民众武装，发动侨胞参加义勇军联合抗日。上林乡青坑的雷成桃，玉壶底村的胡孙东，吕溪乡吕一村的胡作师，周南乡大坑村的周学连，东背乡龙背村的周松飞、周文西，玉壶垟头村的胡希崇，吕溪乡裕民村的胡振甫，周壤乡麻山村的胡有志，周壤乡联丰村的胡从括等玉壶籍的侨胞参加了义勇军；周壤乡联丰村的胡建龙、王学仲、胡绍准、赵廷义和麻山村的杨如献等人，在接受训练后直接参加抗日军队。1942年，日军占领新加坡，日寇把义勇军、侨联干部、马来亚共产党员作为"主要极刑对象"。这时期被日寇杀害的华侨约5000人，其中就有玉壶籍的侨胞胡建龙、胡文西、周松飞、周学连等人。

东头茗垟村周亭于1935年赴法谋生。二战期间，法国遭到德国法西斯的入侵，周亭为了掩护4位反法西斯游击战士，被捕坐牢，受尽严刑拷打，却坚贞不屈，不吐半个字。1945年，反法西斯战争取得了胜利，法国政府奖励周亭数月特别生活费用，并颁发了1张有部长签名的奖状，表彰他在法国反法西斯战争中的功勋。

周壤乡新南村杨汝庭（字叔尧）1936年赴法谋生。抗战期间他听闻日机轰炸上海，愤然为诗云：

> 上海空中铁鸟飞，虾夷黩武敢为非。
> 神州立国五千载，童子荷戈杀敌归。

他恨自己在海外未能回国从戎直接参加战斗，又作一诗云：

> 枕戈策马尚精神，效命疆场死犹生。
> 最怜此身留异域，未能追随捣东京。

他的诗充满爱国憎敌激情。1994年，华东师范大学出版社出版了《杨叔尧先生旅欧诗文集》。

1993年以来，奥地利新闻媒体连续对旅奥华人和中餐馆进行了诬陷性的报道，有损祖国声誉和华侨形象。旅奥华人总会会长胡元绍（玉壶人）于9月15日在维也纳举行了有20多位外国记者参加的海外首次华人新闻发布会。会上，胡元绍发表了三点严正声明，答复了外国记者许多敏感性的提问，澄清了事实，提高了华人的声誉，弘扬了华人爱国精神。

### 三、事业发展

1949年10月1日，中华人民共和国成立。中国的国际地位日趋提高，海外赤子有了强大的祖国做靠山，事业也蒸蒸日上，于是海外华侨纷纷以继承产业、夫妻团聚、助理店务、探亲旅游为由，向侨居国和祖国政府提出申办国内亲人出国手续。特别是党的十一届三中全会以后，侨务政策得以开放，出国人员逐年增多。1980年，法国政府放宽移民政策，准许尚无居留权的侨胞登记户口办理定居手续。1982年，意大利政府也紧随其后，发布类似政策，通过登记户口拥有居留权的侨胞申请家属亲友出境的人数猛增。根据有关资料统计，至1984年底，全县各区华侨（包括港澳）人数为5577人，其中玉壶区4659人，占全县总数的84%；1949年前后全县归侨为860人，其中玉壶籍归侨有730人，占全县归侨数的85%；全县在侨居国亡故的有268人，玉壶籍有229人，占全县归侨数的86%。

20世纪80年代中后期，越来越多的文成人走出国门，辗转来到荷兰、法国、意大利等国。随着各国移民政策的变化，他们得以在所在国安居，文成的华侨人数一次又一次地猛增，至今文成华侨人数已超10万人。从2001年1月10日《温州侨乡报》头版载《迎面常闻文成话，直把他乡作故乡——米兰六大姓胡家占一席》的报道中可见文成华侨人数之众。

餐饮、皮革、成衣是文成华侨经营的三大产业。1949年后，华侨的事业得到长足的发展，华侨的经济实力不断增强，仅2004年，文成通过银行汇款收到的侨汇的金额即多达14.5亿元人民币。时至今日，文成华侨不仅从事餐饮、皮革、服装、木器、商贸、医药等实业，而且创办了数以百计的公司与百货商场，更有华侨选择回国投资，进行二次创业，如在北京、上海、温州、义乌、台州、武汉、邯郸、杭州、青岛等地办工厂、开餐饮、办公司、搞房地产开发；在家乡投资高岭头二级、三级水力发电站和东三级、四级、五级水力发电站。

### 四、建设家园

文成华侨华人爱国爱乡之情有目共睹。他们深切地体会到祖国是他们的靠山，祖国的命运与他们息息相关，因此不论在任何时候，他们的心总是随着祖国的脉搏而跳动。过去，他们积极捐资抗日救国，1949年后，他们热情地为国为乡解难，如捐款赈济唐山地震、大兴安岭森林大火、云南地震、江南水灾的灾民，他们还为维护万里长城、建造金温铁路、创办温州大学、"希望工程"捐款，他们还支援家乡的公路、桥梁、教育、卫生、文化、景点、社会福利、"华侨之家"等公益事业，累计捐助金额已超5000万元，为文成经济发展做出了巨大贡献。

### 五、侨领之乡

文成不仅是著名侨乡，更是著名侨领之乡。华侨们深深懂得，只有团结起来才有力量，要想事业有所发展，使自己立于不败之地，就要用一个声音对外说话，就必须要有一个统一的组织，为此，他们创建了许多华侨社团。至今文成籍华侨华人在欧洲诸国45个侨团中担任副会长以上职务的侨领累计在300人以上。创建于文成侨胞之手，或由文成侨胞首先发起而发起者不担任正职领导的侨团多达35个，如欧洲华侨华人社团联合会、旅荷华侨总会、全荷华侨华人社团联合会、荷兰中国商会、荷兰中国和平统一促进会、荷兰中国饮食业公会、全荷体育联合运动总会、奥地利华人总会、罗马华侨华人联合总会、米兰华侨华人工商会、都灵华侨华人联谊会、中意商务文化交流协会、米兰华侨华人商贸联合总会、欧盟浙江联谊总会、布雷西亚华侨华人联谊会、雷焦艾米利亚华侨华人联谊会、米兰华侨华人妇女会、意大利米兰妇女联合会、旅法北方华人协会、旅法华人经贸协会、法国外籍兵团退役华人联谊会、旅西华侨华人工商会、西班牙地中海中国和平统一促进会、旅德浙江华人联合会、全德华人社团联合会、埃及中国商贸联合会，等等。

2001年，旅法华人经贸协会会长胡浦忠、旅法华侨文成联谊会会长胡克哲获法国大革命200周年荣誉奖章；2004年，旅荷华侨总会会长胡永央获荷兰皇家骑士勋章，胡允革、胡克敏获绅士勋章；2003年10月11日，在首届世界温州人大会主席台就座的有胡志光、胡守近，胡志光代表200万温州在外乡亲讲话。侨领之乡，名不虚传。

这些侨团组织，维护了华侨的利益，解决了侨胞的困难，增进了同侨居国的友谊，弘扬了中华民族文化，加强了侨胞爱国主义的教育。在团结不同地区的中华儿女，促进祖国的和平统一事业的发展，开展节日庆祝活动，筹资建设祖国和家乡，开展有益身心的文体活动，增加华侨福利等方面，华侨社团都做出了卓越的贡献。

### 六、中文报刊

为了弘扬中华优秀传统文化，向侨胞介绍侨居国社会政策、法令、税务、福利动态，使侨胞熟悉当地社会、更好地适应环境，帮助侨胞学习外文、职业知识，向侨胞报道祖国要闻，使侨胞了解中华文化和背景，向侨胞介绍华侨及社团活动情况，增强侨胞的联系和团结，促进同侨居国的文化与经济交流，文成侨领做了大量的工作，创办中文报刊是其中重要的组成部分。如1977年7月，旅荷华侨总会创办了全荷第一份侨刊——《华侨通讯》；1990年9月，米兰华侨华人工商会会长胡志潺倡导创办了《米兰通讯》；1991年10月，旅奥华人总会会长胡元绍创办了《奥华》杂志，随着欧联会的成立，改名为《欧华》，后又改为《奥华快讯》；2001年9月，米兰华侨华人工商会理事长陈金满创建了《欧洲侨报》。此外，都灵华侨华人联谊会会长胡昌法复刊了《都灵华声》，米兰文成同乡会会长胡长钦创办了《同乡报》。这些报刊信息量大，发行面广，不仅发行到侨居国侨团、餐馆、商店、工厂，而且发行到国内有关机关单位乃至自己的家乡。从其报道的内容不难看出文成侨领为侨服务的良苦用心和爱国爱乡的赤子之心。

### 七、侨乡影响

因为是著名侨领之乡，文成吸引了很多人慕名来考察、调研、拍摄、访问。到访者有中国驻意大利米兰领事馆陈宝顺、张东华、董志仁、余梅生、翁福桢、杜志滨、高树茂7位领事、总领事，以及中国驻荷兰大使馆一等秘书岑建德等，还有荷兰HOS电视台总编辑、《意大利晚邮报》高级记者奥索拉·瑞娃（Quotldlanl）、意大利《欧洲侨报》总编蒋明（笔名"泰山"）等媒体人士。国内高层次到访者的有时任全国政协副主席、中国致公党中央主席罗豪才，全国政协台港澳侨联络委员会常务副主任马庆雄，全国政协港澳台侨委员会副主任何添发，中国侨联副主席黄军军，中国侨联办公厅副主任赵红英，公安部出入境管理局副局长韩玉生等。他们的调研、视察等活动大大提升了文成的知名度。

（注：本文撰于2005年3月）

## 第三节　侨乡变化

自20世纪初开始，玉壶人远涉重洋赴海外谋生，之后的百余年间，特别是改革开放以后，玉壶发生了翻天覆地的变化。以下从华侨、教育、交通、文化、医疗保健、古迹景点、侨乡影响7个方面分述之。

### 一、华侨人数：从少到多再到成为著名侨乡

据文成侨务干部王忠明在《文成华侨历史资料》中的统计，民国时期玉壶老镇6个村出国的有224人。20世纪80年代以来，随着法国、西班牙等国移民政策的变化，华侨规模像滚雪球一样越滚越大。2005年，玉壶镇被列为全省首批27个侨情调查单位之一。王忠明通过认真、细致地调查和核对，统计出全镇有华侨27 415人，是全镇国内人口的2.3倍，主要分布在欧

洲、北美和中美洲等的39个国家和地区，其中90%以上的华侨集中在意大利、荷兰、法国、德国、西班牙等欧洲国家。玉壶侨领多，许多华侨社团创建于玉壶华侨之手，现担任各华侨社团副会长以上职务的玉壶侨领有近400名。

## 二、教育：从借用寺庙到崭新的教学楼

1949年后，玉壶镇小（玉壶区小）设在玉泉寺，1955年，学校在玉泉寺外面的田垟建两幢砖木结构平房，才有了自己的校舍，新校舍有8间教室，但部分教室和教师宿舍及办公室仍在玉泉寺内殿。1988年，旅荷胡志光等6人助建了玉壶区小办公楼，校舍紧张状况才略有缓解。1993年，由旅荷年轻侨领胡志榜临终前独资25万元所建的胡志榜教学楼落成，玉壶镇小才彻底告别玉泉寺。1997年，88岁高龄的旅荷华侨胡克球临终前捐资30万元所建的胡克球教学楼落成。2000年，退休老校长胡希读捐资20万元建造了胡希读教学楼。

李林乡小的校舍一开始设在胡氏宗祠，1988年，退休老校长胡越赴欧集资近6万美元（合人民币36万元）建成李林华侨教学楼，其子旅奥华人总会会长胡元绍独资10万元翻建老校舍作为教师宿舍楼。

东背乡小一开始设在周氏宗祠，20世纪建造了2幢教学楼，但很简陋。1997—1998年，旅荷华侨胡振中捐资25万元建造了胡振中教学楼。2004年，旅荷华侨周克信捐资26万元建造了周克信综合楼。

1989年，旅荷华侨胡志荣（玉壶中村人，祖居东背乡东樟村下东溪自然村）等8人集资10万余元，建造了面积约400多平方米的下东溪小学教学楼。这所小学厕所、厨房、宿舍、教室、课桌凳配备齐全，是当时全县最像样的小学。

玉壶中学创建于1958年，开始设在玉泉寺，有2个班，学生96人，教师6位，1971年设高中部。1959—1961年学校多次建校舍，但真正改变面貌还是在1991年以后华侨捐建几幢教学楼之后。

1990—1996年侨胞集资10万元建造玉壶中学华侨图书馆。1994年，旅法青年华侨胡立正捐资25万元建造胡立正教学楼。1996年，旅法文成联谊会副会长程炜捐资15万元建造程延林实验楼。1998年，旅荷华侨胡克聪捐22万元建造胡克聪教学楼。2003年，旅意侨领胡志潺兄弟捐资30万元建造以其父母命名的胡克胜周奶荪琢玉楼，旅奥华人总会副会长胡立井捐资25万元建造以其母命名的梅花叶综合楼。2007年，旅意华侨胡光演兄弟捐资30万元建造以其父命名的胡建微食宿楼。至此，玉壶侨胞为家乡的教育事业捐建了14幢教学用楼，并在玉壶镇小和东背小学建造了周立中、胡志潺、胡福财3座校门和胡逸民、胡志榜、中小学校友等5个教育奖励基金会。玉壶侨胞为改善玉壶办学条件做出了巨大的贡献。

### 三、交通：从"五十都窟"到四通八达

旧时，玉壶交通极为不便，每逢雨季，居民过溪过坑常有事故发生。1960年以来，玉壶侨胞为家乡修筑了相当数量的道路。20世纪80时代后期至90年代初，玉壶铺设了许多水泥路。1992年，侨胞侨眷集资70万元续建了停工多年的上林至玉壶公路，为玉壶打开了东大门。1996年以来，玉壶侨胞集资15万元修建杨村垟水泥机耕路，他们还集资57万元，加上政府每公里补助2.7万元，修筑了高坪、叶坪、枫树龙、光明等11条简易公路，使当时的27个行政村有22个实现了通车。

1991年，旅荷著名侨领胡志光同兄弟及妹妹集资30万元，在芝溪建设了钢筋混凝土结构的克木大桥。此后，在克木大桥上下游，由侨胞独资和集资建造了满为桥、头渡水大桥、潘庄桥、金玉桥，连同1991年国家建造的砾头公路桥，6座钢筋水泥桥在芝溪头渡水至潘庄不到四千米的河段上逐一架起。新的道路和桥梁的竣工，使侨乡玉壶的交通四通八达，彻底改变了"五十都窟爬底爬不出"的闭塞状况。

## 四、文化：影视从露天到影剧院、电视普及

中华人民共和国成立初期，全县只有一个放映队，通常他们在各个广场或空地上拉一块银幕放映电影，观众自己拿凳子坐着观看。1972—1973年，以荷兰华侨为主，荷兰、意大利、法国的华侨共集资7.65万元建造了占地1400平方米、有902个座位的玉壶华侨影剧院，改变了当地露天放映电影的落后状况。1992年，五岭村旅荷华侨胡志敏捐资5万元建造五岭影剧院。1998年，光明村旅荷老华侨胡仲森捐资13万元建造胡仲森影剧院。1988年，旅荷华侨胡志光捐资3.2万元在镇政府屋顶上安装了电视卫星地面接收站。1990年，光明村华侨胡克捐捐资2万元建光明村电视接收站。1994年5月6日，有线电视前端安装成功，使侨乡人民可以收看到中央电视台及浙江、山东、四川、云南、贵州、新疆、西藏等11个地方电视台的电视节目，电视也逐渐走进千家万户。

## 五、医疗保健：从零星的个体中医到颇具规模的医院

1949年前，玉壶人民的医疗保健靠几名中医师维持，全镇没有诊所。1950年，第一位西医潘明炘开始用西药给玉壶人民治病，1952年，潘明炘借用民房成立了西药站诊所。不久，玉壶区卫生所在外新屋小宗祠建立，当时只有3位医务人员。20世纪70年代初，卫生所增添了X光设备。1975年，在小宗祠外面建成了占地185平方米、建筑面积550平方米的医务楼。1988年，卫生所安装了200毫安X光机，并试行拍片和开展肝功能检查，同年10月增添了口腔科。1989年，医院有医务人员26名，病床17张。

由于原有的医院早已不适应形势发展的需要，新建一座医院成为玉壶人民的急切需求，玉壶侨胞也早有捐建医院造福家乡人民的意愿。1991年7月，旅荷华侨胡志光在返乡参加克木大桥落成典礼后，同我与施昌忠3人一起去选择院址，最终将场地确定为杨村垟沙地。

1992年8月24日，县卫生局局长胡绍钗来玉壶侨联召开筹建华侨医院班

子会议,成立了基建小组,我写了《华侨医院筹建简况》,发动侨胞侨眷捐资建造华侨医院。医院于1993年7月21日破土动工,海外华侨踊跃捐资,集资款加上出售部分土地所得之钱款,合计200多万元,加上政府配套资金,1998年,由门诊楼、医技楼、住院部3幢大楼组成的玉壶华侨医院(后改名玉壶中心医院)建成,成为当时县城之外最具规模的医院,现共有医务人员近100人。2006年上级拨款120万元,医院拿出40万元装修改造了门诊部、病房设施并进行了围墙绿化,并向省厅争取了1000万资金建造住院综合大楼。

## 六、古迹景点:从单一寺殿到亭台楼阁遍布

玉壶历史悠久,有许多古迹建于宋、元、明、清时期。其中古刹玉泉寺(又名崇福寺)建于明永乐二年(1404)。1988—1990年,侨胞集资20多万元翻建玉泉寺后进观音阁为三圣殿;1993—1996年,侨胞集资40多万元扩建、改建大雄宝殿与金刚殿,中国佛教协会会长赵朴初题写匾联。庄济庙(又名三港殿)建于清初,1994年1月29日焚于火,旅法青年侨胞胡立正捐资25万元予以重建。1996年,侨胞集资40多万元增建了殿前风景亭。1992年,旅日侨胞胡从暖发起首建金钟寺,造价11万元。侨胞还捐资翻建了狮岩寨、佑善亭等古迹景点,它们如今已经是玉壶民众晨起锻炼、散步的好去处。

1982年,侨胞胡遇彩独资1.4万元在玉泉象岗建造一座钢筋水泥结构的六角亭,名曰"日月亭"。1991年,玉壶侨胞集资28.5万元,用8条钢筋水泥大柱将其与寿星桥连在一起,建造了2层计400平方米仿古式的"乐颐阁"作为老人活动中心。全国楹联学会副主席马萧萧题书楹联两幅,其一曰"信步长桥芝水千秋浪,展眉高阁玉壶一片心"。光明村侨胞集资1.7万元建造如意亭,1993年侨胞集资3.2万元建造友谊亭。1993年,玉壶侨胞胡美献捐资4万元在狮岩寨建观音阁。1994年,旅法侨胞胡立正捐资11万元在克木大桥西首建玉春亭,旅荷归侨周阿女捐资11万元在克木大桥东首建女英亭。1996年,旅荷华侨胡沪生捐资21万元在光明村修建以其父名字命名的胡中杰颐年楼。

## 七、侨乡影响：从名不见经传到走向世界

在欧洲40多个侨团中，有许多创建于玉壶华侨之手（但因秉性谦虚，创建者不一定任首届会长或主席），如欧洲华侨华人社团联合会、荷兰皇家中国饮食业公会、全荷华人社团联合会、荷兰中国商会、荷兰中国和平促进会、奥地利华人总会、奥地利文成同乡会、意大利都灵华侨华人联谊会、意大利热那亚华人联谊会、布雷西亚华侨华人联谊会、雷焦艾米利亚华侨华人联谊会、米兰文成同乡会、米兰华侨华人商贸联合总会、米兰华侨华人妇女会、西班牙华侨华人工商会、埃及中国商贸联合会、旅法华人经贸协会等。在这些和其他社团中担任副会长以上职务的玉壶华侨有400人左右。其中胡志光于1998年6月19日与6月28日分别当选为中华海外联谊会第二届常务理事和浙江省海外联谊会第三届副会长。他和奥地利华人总会会长胡元绍被浙江省政协连续聘为第七、八、九届海外委员。

1997年7月1日，胡志光、胡允革、胡元绍3位玉壶侨领应邀参加香港回归政权交接仪式。1998年12月，中国侨联杂志《海内与海外》第12期封三刊登题为《中国侨联代表出席浙江玉壶镇华侨之家落成典礼》的报道，着重报道了浙江玉壶镇，可见玉壶华侨在中国侨联的影响和地位。1999年省政协出版的《都有一颗中国心——浙籍华侨华人风采录（欧洲篇）》，提及51名著名侨领，其中来自玉壶镇的有胡志光、梅仲微、胡允革、胡志榜、胡志东、胡允迪、胡志潺、胡元绍、胡绍枢9人。1999年12月20日，胡志光和胡允革应邀参加澳门回归政权交接仪式。20世纪末，国务院授权各驻外使馆推荐100名"世界华人"，由中央电视台海外中心专题部《世界华人》摄制组将他们的事迹拍摄成专题片在中央四套播放，中央四套在2000年12月28日以《胡志光的路》、2001年1月25日以《我所认识的胡允革》为题报道玉壶的两位荷兰侨领。2003年10月11日，旅荷华侨胡志光和旅意华侨胡守近在首届"世界温州人大会"主席台就座，胡志光代表200多万在外乡亲讲话。

因侨领多，国内外来玉壶的访问、考察、调研频繁且层次高。1986年3月1日，首任中国驻米兰总领事陈宝顺来玉壶镇访问和视察，此后，张东华、余梅生、杜志滨、翁福贞、高树茂等领事和总领事纷纷来玉壶考察调研。2003年，时任全国政协副主席、中国致公党中央主席罗豪才一行10人视察玉壶。中国侨联和公安部的领导也都到过玉壶调研。2003年，荷兰HOS电视台总编Td（a）mdtnihe、《意大利晚邮报》记者奥索拉·瑞娃等国外媒体人到玉壶采访。意大利《欧洲侨报》总编泰山、布雷西亚外国语电视台总编陆介桓等国外中文媒体人到玉壶采访。国内有湖南卫视《晚间新闻》节目、浙江卫视对玉壶做了专题报道。侨乡玉壶，走向世界。

（原题为《侨乡六十年 旧貌换新颜》，载谢小荣主编《温州乡村60年发展变迁》，中国农业出版社2009年版）

# 第二章 侨乡文化

## 第一节 侨韵慢城

玉壶有着"七山一水二分田"的地貌特征,森林覆盖率高,四面环山,隔绝了外界的影响。玉壶有100多年的华侨历史,侨居海外40个国家和地区的华侨已超5万人。得天独厚的地理条件和独特的华侨文化背景,塑造了玉壶特殊的人口结构和慢生活氛围——镇内以中老年人、妇女、留守儿童居多,生活节奏较慢。随着域外文化影响的深入,咖啡、红酒、进口烟等商品逐渐增多,一些建筑也出现了"半中半西"的风格。有鉴于此,2016年5月10日,意大利国际慢城总部授予玉壶"侨韵玉壶·国际慢城"称号。国际慢城当时在全国有5个,浙江有1个,侨乡玉壶成为全省首张国际"金名片"。

玉壶镇将"侨韵玉壶·国际慢城"的名片分为6个板块来展示,即:"侨乡悠镇"(城镇中心)、"水巷炊烟"(垟头村)、"城郊野趣"(五一村)、"溪谷幽居"(五四村)、"归隐山居"(光明村)、"碧谷新乡"(碧溪村)。

蜗牛标志。在加阔的砾头公路桥两侧点缀着"国际慢城 侨韵玉壶"的盆花布景,布景的北头宽敞的平地上竖立着庞大的慢城标志——一只戴着由现代和历史建筑组成的王冠的橙色蜗牛。在五一村"城郊野趣"入口处立着蜗牛雕塑和"侨韵玉壶 国际慢城"几个大字。在距城郊野趣400米的"慢城诗路"的木栅栏上,装点着雕刻着40首赞诗的蜗牛标志。

一条彩色漫道转过旅荷侨胞梅守超捐建的以其父名字命名的昌稳桥,直达五一村"西山印象"。从乡贤亭绕过有着绿色地毯的公园即可到侨韵埠头的侨团风尚馆、乡贤馆、央港文化礼堂。如意、吉祥两桥把"城郊野趣"和"水巷炊烟"连成一片。

侨乡悠镇。春日,玉壶中心地段步行街两边盛开着美丽的樱花,门前行廊撑着大伞,伞下摆设茶几、椅子,供人憩息、聊天,大街两边是中国银行和商店。夜幕降临,芝水街门前的灯让街上一片明亮,芝溪中段的克木大桥和寿星桥及乐颐阁灯光灿烂,芝水平台和罗马苑的妇女们在悦耳的乐曲声中翩翩起舞,芝水两边千米走廊下层的壁上亮着几千盏五颜六色的半环球灯,真乃"芝溪两岸夜行廊,壁嵌球灯放彩光。蓝绿红黄多变幻,流光溢彩到学堂"。站在芝溪走廊环视四周,"远看民房星点点,近观街道尽辉煌"。

龙背文化礼堂。跨过克木大桥到龙背文化礼堂,在礼堂入口处首先看到的是余序整写的一首32句的《玉壶山水赞》,诗云:"壶山环抱景色妍,芝水迎春石壁潭。乐颐高阁桥心立,宝刹雄伟古玉泉。金钟玉鼓相对耸,三港大殿貌庄严。狮岩北面踞水浒,象岗南麓傍泉边。……高楼大厦双林立,楼阁亭台一线牵。幢幢学馆侨资建,华侨医院添景观。……若无改革与开放,哪有日日写新篇。"这首诗让人对玉壶的山水风光和侨胞贡献一目了然。礼堂二楼有书画室、阅览室、巧心室、国学讲堂等,并设有心中有党不忘恩、英雄赞歌、历史回眸、抗日救亡、红色阵地、心中有家不忘根、造福桑梓、华侨历史、四海创业、侨界之光、红色阵地、留守儿童、红色细胞、空巢老人、留住乡愁、国际慢城、美丽乡村、产业布局等主题文化展。龙背文化礼堂被浙江省评为示范文化礼堂。

慢城广场。西江对面是慢城广场。夜晚路边的花木点缀着赤橙黄绿青蓝紫的七彩灯光,大道上空布满五颜六色的珠灯。

归隐山居(光明)。李山素有文化之邦之称,其地民风淳朴,民国时期曾实行禁赌,至今有效。当地人文荟萃,早在清末民初就有著名星学家胡希望和胡伯庄编写的农村私学教材——《簿记适用》，即"李山书"，使得李山全民都能接受教育。到了当代，当地有当了30多年校长、退休后出国筹资建造李林中学教学楼和建立教育基金会的胡越，有省政协七至九届委员、创办《奥华》杂志和汇编《欧洲华侨华人社团联合会文件资料汇集》的著名旅奥侨领胡元绍。该地环境优美，古木参天，修竹葱葱，流水淙淙，空气新鲜，文化底蕴深厚。侨胞建造了友谊亭、如意亭、颐年楼、影剧院、保安亭、功德坊等文化设施，几幢古老的民房保存完好，是个怡养身心的好地方。

碧谷新乡（碧溪）。进入碧溪辖地，首先映入眼帘的是广场上六条通天蟠龙，一头金牛奋蹄前奔。双狮拱护着承德大门，公厕似亭阁，碑文刻名人。池中红鲤见，桂香扑鼻闻。两岸群山青翠翠，人造假山似园林。卵石小道添古色，沿溪侨屋处处新，宜游宜居。

## 第二节 文化设施

### 一、影剧院

玉壶华侨影剧院。为了使家乡的乡亲们不用露天看电影，1972年，胡志光（玉壶中村人）和胡忠鹤（东背长丰村人）等旅荷侨胞、胡允迪等旅意侨胞、胡守益等旅法侨胞92人合计集资76500元，于1973年建成共有960个座位的玉壶华侨影剧院。其中胡志光捐款15580元，胡忠鹤捐款7573元。

胡从探影剧院。1988年，87岁高龄的李林乡光明村旅荷侨胞胡从探，为使故乡的乡亲能有一个舒适的环境看电影，怀着一颗赤子之心，独资17万元建造了胡从探影剧院。1998年10月19日，当地举行了隆重的落成典礼。

朱寮华侨影剧院。1990年由旅法侨领朱体载、朱冠华等捐资22万元兴建。

麻山剧院。由侨胞侨眷集资10万元所建。

## 二、电视接收站

电视差转机。1982年,胡志光了解到文成广播站缺少1台电视差转机,即独资1.25万元购买了50千瓦电视差转机一台,赠给文成县广播站马山电视差转台。

玉壶卫星地面接收站。1987年12月8日,胡志光在参加海外侨领座谈会后返回家乡,发现文成只有电视塔,玉壶人民无法收看卫星电视,又于次年独资3.2万元给家乡添置了卫星电视地面接收站。

光明村卫星地面接收站。1990年,李林光明侨胞胡克捐捐资2万元建光明村卫星地面接收站。

## 三、活动场所

玉壶的著名活动场所有日月亭、乐颐阁、友谊亭、狮岩亭、克木桥西玉春亭、克木桥东女英亭、光明村如意亭等,多由侨胞捐资兴建,部分活动场所介绍如下:

颐年楼。1995年,光明村旅荷爱国老华侨胡中杰病危,临终前嘱咐子女自己逝后要叶落归根。1996年春,胡老之子胡沪生等护送其父灵柩回故里,并遵父嘱捐资21万元建了一座"颐年楼",1997年中秋节,胡忠杰颐年楼落成典礼举行。

诸葛岭村文化娱乐活动中心。2005年旅意侨胞董西北等捐资42万元筹建。

周墩华侨公寓和网球场。周墩侨眷胡允居在2013年投资200万元建造。

东溪乡东岩自然村老人活动中心。2009年以旅奥侨胞胡国荣为首的侨胞集资70多万元建造。

罗马苑。2013年以罗马侨胞蒋忠南为首的侨胞集资50多万元,建于玉泉溪畔玉壶医院前。

### 四、塔

为提高地方文化品位，1993年，旅外侨胞和侨眷集资建玉壶玉泉寺的无量寿塔。周墩旅意侨胞胡立赣捐资200万元建周墩和平塔。1995年，旅意侨胞胡奶荪女士捐资6万美元兴建大峃镇寨山千秋塔。

### 五、展陈

玉壶华侨历史陈列室。2001年8月16日，玉壶镇侨联余序整、周育朋、蒋美森、胡绍超等在时任县政协副主席刘建忠带领下前往青田参观学习，回来后于当年10月在玉壶侨联建立了玉壶华侨历史陈列室，内容有领导题词、亲切关怀、侨建工程、落成庆典、侨领简介、社团概况、造福桑梓、参政议政、评先获奖、妙语撷芳10项。据时任省侨联主席周慧兰说，此举开全省乡镇的华侨历史影像收藏展示之先河。10年后，随着华侨事业的发展壮大，玉壶华侨历史陈列室也随之扩大。

"文成华侨历史百周年"图片展。为了纪念文成华侨历史100周年，文成侨联征集华侨历史资料，搜集华侨活动和侨建工程照片。2005年10月19日，"文成华侨历史百周年"图片展揭幕仪式在国际大酒店举办的"文成华侨历史百周年纪念"活动上举行。

## 第三节　天蟾舞台

玉壶的文艺活动有着悠久的历史，其中享有盛名的要算是岩袍的木偶戏班和天蟾舞台京剧团。

1929年，玉壶街有一位名叫余式顺的文艺爱好者发起创办了一个少年京剧团——天蟾舞台。成员中年龄最大的虚龄16岁，最小的虚龄12岁。主要演员有玉壶中村塘下的胡仲访（饰武生他也是京剧团年龄最小的演员）、玉壶底村的胡春雷（原名胡益棉，饰大面）、玉壶外村的胡志谦（饰老生）、胡云鹏（原名胡岩溪，饰小净）、胡岩童（先饰旦后饰生）、山背的周守佐（饰二花脸）、大壤的郑庆正（饰小生）、半岭的胡克锐（饰三花脸）、南洋的胡崇样（饰二路小生）、朱寮的朱克诚（饰刀马）、吕溪的胡从眉（饰唱口老生）、大岜徐村的吴松鹏（饰武生）、平阳鳌江的洪宋保（饰文武武生）、阿岩（饰武打老生）、金乡的应阿崇（饰铜锤花脸）、大岜的陈绍平（琴师），总计30多名。

玉壶天蟾舞台在办团资金十分紧张的情况下奋发图强，通过长期刻苦的磨练，各人都练就了拿手好戏。如胡志谦扮演《黄龙反》中的朱春登、《狸猫》中的陈琳，胡春雷扮演《走麦城》中的关云长、《探阴山》中的包文拯，胡仲访的《黄忠代箭》《周瑜归天》和猴戏《孙悟空》，胡岩童的《夺印》，胡云鹏的《九龙杯》《小放牛》等，艺名远扬，至今仍在当地广为传颂。

1934年，天蟾舞台京剧团改名为"二二京剧团"，与当时的金福连京剧团齐名，成为温州地区最有名气的剧团之一。此后他们的足迹踏遍福建省上四府和浙江省的丽水、台州、金华等地，还曾到广州演出。由于他们声名远播，与他们斗艺的京剧、昆剧团纷至沓来。在温州等地先后与他们斗艺的有北平舞台、金福连京剧团、大三庆京剧团、胜阳春京剧团、同福昆剧团、品玉昆剧团……每次斗台，天蟾舞台均赢得观众的赞扬，他们也因此遭到同行的嫉恨。在一次斗台中，老生胡志谦遭人用指甲粉下毒，他那高亢、洪亮、甜润的嗓音不复存在。

几位饰武生的演员，刀枪棍棒、铜锤钢鞭、前扑小翻、武打出场、弓马、倒四卧等动作娴熟、敏捷、轻巧。特别是武生胡仲访苦炼的"仙人插剑"（将剑高抛空中，剑落入背后剑鞘中）从无旁落，更是博得观众经久不息的掌声。

1945年，二二京剧团与温州京剧团合并成"联合京剧团"，长驻市内东南大戏院演出，1949年后改名"红旗京剧团"。该团人马齐整、行头充足、武场配套，每场演出观众上座率都很高。如《蝴蝶杯》连续上演1个月，前来观看的观众人数仍然不减。与该团同时存在的温州五星京剧团称赞他们为"胡家班"。

1957年，该团应平阳县的邀请，经市里统一安排，由胡岩童带队在平阳成立了平阳京剧团，后由胡春雷接任团长。

随着时光的流逝，艺人们也相继辞世。为了抢救历史，我特地拜访了该团唯一健在的胡仲访。因他年事已高且又不喜谈往事，只能给从他那里了解到的一鳞半爪作个小记。

（原载《文成文史资料》1990年第6辑）

# 第三章 侨媒与侨著

## 第一节 海外侨刊

文成华侨特别是玉壶华侨在异国他乡做了大量弘扬中华民族文化的工作，其中创办中文报刊是一个重要组成部分，下面介绍几家文成华侨创办的刊物。

### 一、荷兰《华侨通讯》

1977年7月18日，旅荷华侨总会创办全荷第一份侨刊——《华侨通讯》。8月，胡志光（玉壶中村人）提出，可在自己的餐馆进行选稿、编辑、发行工作。此后，《华侨通讯》一直由胡志光负责，并免费赠阅，成为荷兰侨界不可缺少的喉舌，也是国内各级政府了解荷兰侨情的通道之一。其宗旨为：向华侨介绍荷兰社会动态、政策、法令、税务、福利措施，使华侨熟悉荷兰社会，更好适应环境；帮助侨胞学习荷文、职业知识等，更好参与荷兰社会经济发展；向侨胞报道海内外的要闻，使侨胞了解中华文化和祖国现状；向侨胞介绍华侨和侨社情况，增强侨胞之间的联系、互助和团结；增进中荷两国文化和经济交流，加强两国人民的友好关系，促进侨胞和荷兰人民的联系和团结。

### 二、奥地利《奥华》杂志

《奥华》是旅奥华人总会会刊，该刊从审稿至编排，从出版到发行，乃至编写卷首语，胡元绍会长都亲自参与。1993年冬，他给我捎来一册9月出版的《奥华》第14期，内有一篇《奥华总会举行新闻发布会——胡元绍会长答记者问》，文中介绍了他举办首次华人新闻发布会的细节，他就1993年以来奥地利新闻媒体连续对旅奥华人和中餐馆进行的偏离事实和夸张诬陷的有损华侨形象和祖国声誉的报道进行了澄清。会上，胡元绍会长发表了3点严正声明："一、奥华总会对于奥国警方打击偷渡犯罪活动的司法行动表示坚决支持和赞赏；二、希望警方和新闻界把个别犯罪华人同绝大多数奉公守法的旅奥华人严格区别开来；三、中餐馆一直坚持依法纳税，奥地利中餐馆的生存和发展，是同奥国旅游业和经济发展相关联的。"然后，胡元绍答复了外国记者诸如"奥地利有没有华人黑社会"等敏感提问，澄清了事实，提高了华人的声誉，弘扬了华人的爱国精神，发挥了华文通讯的作用。

### 三、意大利侨刊

《都灵华声》。都灵华侨华人联谊会办。1986年冬创刊，法人代表为玉壶中村籍华侨胡允适。该刊一度停刊，后于1995年11月复刊，改由玉壶底村籍华侨胡昌法担任法人代表。

《华侨通讯》。米兰华侨华人工商会于1990年8月创办，玉壶中村籍华侨胡志潺任社长，玉壶中村籍华侨陈金满为责任编辑。1996年1月，时任全国政协副主席、中国海外交流协会会长钱伟长为米兰《华侨通讯》题词。

《新华时报》。1999年3月18日创刊，罗马华侨华人联合总会会长董志清（南田二源人）任总监。

《同乡报》。米兰文成同乡会于1999年10月12日创办，玉壶底村籍华侨胡光绍为法人代表。

《欧洲侨报》。米兰华侨华人工商会理事长陈金满于2001年9月合股创建欧洲侨报社，陈金满任社长，聘请泰山为总编。该刊为周双刊，每期24版，面向全欧洲发行。2004年冬，报社改聘吴杰为总编。2011年10月11日《欧洲侨报》出版第1000期，在第30专版上刊登了负责人名录：董事长陈世甫（玉壶东头乡人），副董事长陈金满（玉壶中村人）、胡光利（玉壶底村人）、廖巧明（瑞安人）、陈建宗（玉壶东头乡人）、余序闹（玉壶中村人），文学顾问林毅斌、张仲武、余序整（玉壶中村人）、齐天。

《欧洲华人报》。创刊于2004年冬，法人代表为玉壶金星乡华侨胡体图，泰山为总编。2005年8月9日，该报总编泰山和苏德满、赵丹峰来玉壶侨联座谈。泰山总编说办报的宗旨是"爱国护侨"。

**四、侨社特刊和文件汇集**

《旅荷华侨总会成立五十周年纪念特刊》。1997年，在旅荷华侨总会成立50周年之际，总会出版了《旅荷华侨总会成立五十周年纪念特刊》，开篇就是总会会长胡允革发表的献词《再接再厉，造福侨社》，之后的内容是会庆题词贺词贺电、第十届理事会名单、半个世纪的奋斗历程、历届领导人名单与历届会长照片、历史的足迹、热烈庆祝旅荷华侨总会成立五十周年、携手合作开创荷兰华侨华人事业的新天地、会庆随笔、回顾我在总会二三事、广告栏、中华的中文教育工作、春华秋实话通讯、新中国城计划、中国人的远景、为侨界事业默默耕耘的人、珍贵的纪念、会务、旅荷华侨总会章程、总会组织机构、地区分会分布图、会务活动图片、五十周年会庆捐助芳名录、服务栏、部分国家驻荷使馆地址电话、荷兰华侨华人社团通讯录、荷兰全国商会地址电话、中国主要市县长途电话代号、中国各省市对外经济贸易机构通讯录、编后语、出版发行信息等，共132页。

《欧洲华侨华人社团联合会文件资料汇集》。2000年9月，欧洲华侨华人社团联合会第八届主席、奥地利华人总会会长胡元绍整理编印了《欧洲华侨华人社团联合会文件资料汇集》，其中包括欧洲华侨华人社会概况、欧洲华侨华人历史、欧洲华人社团概况、酝酿筹组欧华联合会最早文字资料、欧华联合筹备会资料、历届欧华联合会资料、欧华联合会三次修改章程

（1991年、1997年、2000年）资料、历届参加欧华联合会年会社团名单、欧洲华人社团通讯录等。这本资料汇集反映了欧洲华侨华人社团联合会的发展历程。

《都灵华侨华人联谊会25周年特刊》。2011年，意大利都灵华侨华人联谊会在成立25周年之际出版了《都灵华侨华人联谊会25周年特刊》，共267页。这本图文并茂的特刊有中国驻米兰总领事梁慧的序言、领导题词、贺电贺信、大事记、历届理事会组织名单、会庆感言、漫谈都灵华人社会的发展、忆联谊会二三事、真情寄语、再接再厉共创辉煌、辉煌历程、"壮哉意大利"都灵华侨华人联谊会、影集、亲情关怀、珍贵纪念、历史足迹、友好往来、融入社会、情系桑梓、母语教育、会务活动、报刊摘编、都灵华侨华人联谊会章程等内容。

《法国文成联谊会20周年纪念特刊》。2011年，法国文成联谊会在成立20周年之际出版了《法国文成联谊会20周年纪念特刊》，共81页。会长洪震波撰写了前言《传承美德，再创辉煌》。

以上特刊和汇集记下了海外侨团的光荣历史，充实了华侨文化的内容。

### 五、《杨叔尧先生旅欧诗文集》

海外侨胞的命运与祖国的命运息息相关，身在不同的历史时期的华侨华人对此深有体会。周壤乡新南村的旅法爱国老侨胞杨汝庭（字叔尧）在抗战时期闻日寇轰炸上海，恨身在海外未能从戎，写下了不朽的诗句。其文稿《杨叔尧先生旅欧诗文集》由其哲嗣旅法华侨杨步庆于1994年整理后，交由华东师范大学出版社出版。

## 第二节　文成县涉侨出版物

### 一、《文成华侨历史资料》

已故侨务干部王忠明为了寻找文成华侨的历史足迹，跑遍文成每个自然村落，调查1905—1984年华侨出国史，采访了几位80—90岁的高龄归侨，分乡、分村、分国登记和统计了5574人，编纂成这部资料集。《文成华侨历史资料》简述了文成县华侨在几个国家的早期发展情况，介绍了此前国外的侨团和旅荷华侨庆祝中华人民共和国国庆筹备委员会的进展，摘录了荷兰《华侨通讯》的报道，收集了侨汇、侨汇物资供应和华侨捐资兴办公益事业等宝贵资料，是文成侨史研究的开山之作。

### 二、《文成华侨溯源录》

此书由已故乡贤吴鸣皋于1991年编著出版。他寻访了大㟴籍的余忠、陈得春、金东鸿、洪祝三，龙川籍的赵超，黄坦籍的刘炳发，玉壶籍的胡克木、胡允迪、蒋文忠、胡中杰、胡逸民、吴正超、罗步登、周松燕、余式修、胡克球、胡俊明、胡守益、胡希梅、颜兴宝，东背籍的周存弟、周克信、周应恒、胡忠鹤、胡胜利，李林籍的胡允仕、胡问樵、胡志东、胡仲森、胡志贤、胡仲山、胡克回、胡昭卿，吕溪籍的胡志春，东头籍的周亭、周玉琳、胡克聪、周文锦、周士贵，周壤籍的胡克美、董玉琳、杨汝庭、胡有志、高仲容，朱雅籍的温存范、朱志松、林运祥、朱积仁等48位归侨侨眷，并介绍了他们的创业发展史。

### 三、《文成侨讯》

为了向海外侨胞和有关部门单位介绍家乡的发展变化和侨务工作情况，文成县侨联于1994年1月创办了季刊——《文成侨讯》，每期发行1000份，发行对象为国外各个华侨社团、知名华侨及侨办产业,以及文成有关部门和侨眷,至2018年止,已出刊101期。

## 四、《文成华侨志》

21世纪初,文成县已有6万多名华侨,分布在世界52个国家和地区,近百年的华侨历史积累了许多侨情资料,如果不及时修编整理,这些宝贵的华侨历史资料将会淹没于历史长河之中。有鉴于此,文成县成立以时任县长江海滨为组长,时任县委副书记陈建明、县政府办公室主任陈永富、县侨办主任胡志光(已故)为副组长,县侨联施正社、公安局外事科王晓敏、公证处毛惊涛、玉壶侨联余序整、县委办王新亮为成员的编纂领导小组,组织编写《文成华侨志》。后编纂领导小组人员有所变动,但编纂工作一直持续。经过全体编纂者的努力,《文成华侨志》于2002年12月由中国华侨出版社出版。

## 五、《文成县归国华侨联合会成立50周年》

2012年11月,县侨联印制《文成县归国华侨联合会成立50周年》,这是一部图文并茂的画册,分为50年光辉历程、亲切关怀殷切期望、侨联组织壮大发展、参政议政维护侨益、为侨服务多办实事、造福桑梓卓越贡献、海外联谊桥梁纽带、基层侨联根深叶茂、金色荣誉无上光荣、归侨代表风采无限等11个部分。

## 六、文成华侨研究会相关出版物

2014年4月15日,文成县成立文成华侨文化研究会。成立以来,已出版2册《文成华侨资料汇编》和4期《文成华侨研究》。

## 七、有关玉壶华侨的出版物

20世纪90年代,玉壶镇政府出版了我编纂的《壶山今古》。之后,我又相继出版了《玉泉笔谈》《玉壶华侨》《玉壶镇侨情纪事》《侨情与侨声》《芝溪草吟》《芝水晚霞》《壶山芝水吟》《侨乡教育—园丁》《胡志光的路》《拾遗》，与他人合编了《玉壶小学九十华诞》《玉壶华侨风采录》等图书，再版了《壶山今古》。

玉壶镇政府出版了画册《中国著名侨乡——玉壶》，玉壶侨联出版了《玉壶华侨百年》画册，创办了《玉壶侨声》杂志。1997年10月，温州市华侨华人研究所为旅意知名华侨胡立松之父胡允迪编纂了《胡允迪家族侨谱》纪念册。1998年，县侨联为胡立松之母汇编了《夏荷花女士哀思录》，玉壶镇侨联编纂了《胡立松影集》。

胡志访主编了《玉壶胡氏》《玉壶之演变》《赋诗、文物、名人录》《玉壶民间故事》。胡志忠汇编了《玉壶侨声——海外领事保护专辑》《玉壶侨声——玉壶镇侨联第五届工作掠影》。

# 第四章 侨团与侨领

## 第一节 结社组团

在不同的历史时期,玉壶华侨在侨居国创建了规模不同、服务性质不同的社团组织。这些社团组织,旨在维护华侨利益,解决侨胞困难,增进侨胞与侨居国的友谊,弘扬中华民族文化,加强侨胞的团结和爱国主义教育,团结不同地区的中华儿女,促进祖国和平统一大业的发展,开展节日庆祝活动,支援祖国和家乡建设,赈济灾民,开展有益身心的文化体育活动,增加华侨的福利。

根据多年的侨情资料积累,我梳理出以下创建于玉壶华侨之手的侨团。

### 一、新加坡温州同乡会

新加坡温州同乡会创于1923年,后改为温州会馆。文成籍华侨在该社团任过秘书长的有叶世周、胡益蒙、胡永中;担任过董事的有吴锡元、陈仲良、胡顺月、胡诒钗、夏志庭、刘开恰、胡乙郭、胡志厚、周桂从、周松南、林昌昆、林昌炯、胡玉波、董应田、陈圣作。

### 二、日本温州同乡会

日本温州同乡会创于20世纪30年代,玉壶底村华侨胡诒间(又名胡俊明)为首届会长。

### 三、意大利华侨社团

旅意北华侨工商会于1946年成立，首任会长为玉壶光明村籍华侨胡志贤。

米兰华侨华人工商会于1982年成立，光明村籍华侨胡克格任首届副会长。

都灵华侨华人联谊会于1986年10月6日成立，玉壶中村籍华侨胡允适任首届会长，玉壶镇中村籍华侨胡立松任副会长兼秘书长，玉镇中村籍华侨胡允迪受聘为名誉会长。

热那亚华侨华人工商联谊会于1996年6月3日成立，首届会长为玉壶籍华侨底村吴正光。

雷焦艾米利亚华侨华人联谊会成立于1998年6月，首任会长为玉壶籍华侨胡文胜。

1999年3月，意大利华侨华人友好协会成立，玉壶中村籍华侨余序闹为名誉会长。

1999年10月4日，米兰文成同乡会成立，玉壶外村籍华侨胡长钦当选为首届会长，底村籍华侨胡光绍为副会长兼秘书长。

1998年1月4日，罗马华侨华人联合总会成立，玉壶长丰村籍华侨胡守近当选为首届主席。

2000年7月10日，米兰华侨华人商贸联合总会成立，首届会长为玉壶底村籍华侨胡光利。

2001年10月，布雷西亚华侨华人联谊会成立，玉壶中村籍华侨胡守坦当选为首届会长。

2002年5月7日，米兰华侨华人妇女会成立，首届会长为玉壶底村籍华侨胡月燕。

2002年5月，米兰华侨华人妇女联合会成立，首届会长为廖小平（长丰籍华侨胡守近夫人）。

欧盟浙江联谊会成立后，周壤籍华侨吴昌文为首届会长，常务副会长为玉壶外村籍华侨胡长钦（意大利）、玉壶坪岩籍华侨周守局（荷兰）、玉壶底村籍华侨胡梅魁（意大利）、玉壶中村籍华侨胡文胜（意大利）、上林乡籍华侨胡克哲（法国）、玉壶中村籍华侨胡守坦（意大利）。

1996年4月，意大利华商总会成立，首届会长为玉壶底村籍华侨吴方方。

2003年1月25日，威尼托华侨华人工商会成立，玉壶上村籍华侨胡圣令当选为首届理事长，会长为王国华。

2004年7月18日，意大利北部华侨华人经贸总会成立，首届会长为金星籍华侨胡体图，理事长玉壶五一村籍华侨张余铿。

2007年6月10日，意大利南部文成同乡总会成立，玉壶五四村籍华侨胡海峰当选为首届会长。

## 四、荷兰华侨社团

1947年11月27日，旅荷华侨瓯海同乡会成立，会长为大峃山坑籍华侨余忠，玉壶光明村籍华侨胡问樵任第一副会长。

1953年，旅荷华侨瓯海同乡会更名为瓯海华侨会，会长为玉壶五一村籍华侨梅仲微，副会长为玉壶光明村籍华侨胡问樵。

1963年，旅荷瓯海华侨会改名为欧海华侨总会，首届至第三届副会长为胡问樵。

1968年，旅荷欧海华侨总会改名旅荷华侨总会，会长为大峃山坑籍华侨余忠，梅仲微、胡问樵当选为副会长。

20世纪80年代初期，玉壶中村籍华侨胡志光与其他旅荷华侨总会负责人一起发起了总会旅荷华侨总会第一届体育运动会。为了增进不同地区中华儿女的感情，胡志光跟其他侨团负责促膝长谈，奔走劝告，终于在1984年于乌特勒支市成功召开了全荷华人第一届体育运动会。1985年，全荷华人联合体育运动总会成立。为了表彰胡志光为旅荷华人华侨体育事业和全荷华人联合体育运动总会的日益繁荣所做出的重要贡献，1993年2月，全荷华人联合体育运动总会授予胡志光"永远名誉主席"的最高荣誉。

1985年，荷兰中国饮食业公会成立。当时，全荷兰餐馆数激增，中餐餐饮业生意呈现疲软之态，为了将正宗的中华厨艺和中国饮食文化推向欧洲，胡志光到处奔走呼吁，号召全面提高中餐质量。1985年，他跟其他几位侨团负责人共建了旨在为中餐馆服务的荷兰中国饮食业公会。此后，胡志光为公会和中餐业的发展做出了杰出的贡献。1992年5月25日，胡志光在荷兰皇家中国饮食业公会会员大会上发表辞职讲话，荷兰皇家中国饮食业公会聘他为名誉主席。

1988年，为了达成旅荷侨胞用一个声音对外说话的目标，胡志光做了各地社团和各自同乡会的工作，跟其他侨领共同努力，于1988年创办了全荷华人社团联合会。

1992年5月8日，由12个国家26个社团联合组成的欧洲华侨华人社团联合会（简称"欧华社团联合会"）在荷兰阿姆斯特丹市成立，胡志光谦让为永远常务理事，后任第五届主席，玉壶明村籍华侨胡元绍任第八届主席。

1996年4月1日，全荷中文教育基金会成立，胡志光当选为首届会长。

1999年9月8日，荷兰中国商会成立，胡志光任会长。

2000年，荷兰中国和平统一促进会成立，召集人为玉壶底村籍华侨胡允革。

2007年10月8日，荷兰文成同乡会在荷兰阿姆斯特丹成立，东溪裕民村籍华侨胡振款为首届会长。

**五、奥地利华侨社团**

1991年9月22日，奥地利华人总会成立，玉壶光明村华侨胡元绍任首届会长，副会长为光明村华侨胡三绍、玉壶龙坑华侨胡立井、黄坦镇华侨李尧良。

2002年，旅奥文成华侨联谊会成立，玉壶五一村籍华侨梅守取为首届会长。

## 六、西班牙华侨社团

1993年10月，西班牙华侨工商会成立，玉壶光明村华侨胡绍枢任首届会长，玉壶光明村华侨胡绍甫为第一副会长，光明村华侨胡克铏任副会长兼秘书长。

## 七、法国华侨社团

1971年，旅法华侨俱乐部创建，东溪茗垟村籍华侨周亭当选为执委。

1991年11月3日，旅法文成华侨联谊会成立，朱雅朱寮村华侨朱体载为首届会长，名誉会长为玉壶底村华侨胡守益，常务副会长为玉壶中村华侨洪才虎，副会长为上林华侨胡克哲。

1992年10月11日，法国北方华人协会成立，东溪茗垟村华侨周亭当选为首届会长，其子周运员为副会长。

1996年，旅法华人经贸协会成立。1999年，玉壶外村籍华侨胡浦忠蝉联会长，副会长为大壤华侨胡绍麻（兼秘书长）、朱雅下龙华侨温曙光、大壤华侨董文款。

2001年，法国华人进出口商会成立，玉壶上村籍华侨胡其业当选为副会长。

2004年12月27日，法国外籍兵团退役华人联谊会成立，玉壶中村华侨余三明任首届会长，第一副会长为玉壶上村华侨胡其业，副会长为周洪建，名誉会长为玉壶底村华侨胡允多、胡立靠。

## 八、德国华侨社团

1998年，旅德浙江华人华侨联合总会成立，玉壶中村籍华侨胡志钮为荣誉会长，常务副会长为胡季普、副会长为胡志俊（均系玉壶中村人）。

1998年7月16日，全德华侨华人社团联合会成立，常务副会长为周壤、峃底华侨胡少兵，副会长为玉壶中村华侨蒋美珍、吴昌树、胡永庆。

### 九、埃及华侨社团

2002年,埃及中国商贸联合会成立,玉壶樟坑村籍华侨陈建南当选为首届会长。

## 第二节 侨界人物传略

在25年政协委员生涯中,我写了近80份提案,在12次大会上作了典型发言,还在一次新委员培训会上作了辅导讲话。此外,我还撰写了很多文史资料,先后发表在《文成文史资料》和《浙江文史资料》第65辑《都有一颗中国心——浙籍华侨华人风采录(欧洲篇)》上,一共39篇,其中涉及的侨界人物及其家族的有胡志光家族、胡允仕家族、温怀毅家族和胡志榜、胡允迪、吴正超、胡志潺、胡元绍、胡光利、蒋步瑗、胡允革、胡立井、胡克铏、胡允央、胡克球、胡克添、胡从探、胡英姿、余忠等20例,兹选录于后。

### 一、傲雪斗霜迎来春色满园——记华侨楷模胡克木、胡志光父子

胡克木老先生于20世纪30年代初就漂洋过海侨居国外,至今已有50余载。现在全家20余人定居海外,事业兴旺发达,蒸蒸日上。其子为荷兰华侨总会会长胡志光,他关心公益事业,热心侨务工作,为世人所称颂。兹将其父子事业概况简介如下。

(一)幼年:风雨飘摇,饱尝辛苦

胡克木(1908—1979)出生于今玉壶区东背乡东樟村,出生时正值清末列强加紧瓜分中国之际,中国人民深受"三座大山"的压迫,生活在水深火热之中。胡克木7岁丧父,无钱上学,以放牧牛羊为生计,一家12口人住3间矮小的平房,靠着几丘薄田和几块贫瘠的山地过着清贫的生活。为了摆脱困

境，胡克木17岁始学木工，1931年只身到新加坡谋生。

胡克木有一双勤快的手，一身木工好技艺，抵新后，即刻投入紧张的木工工作。他做的木工家具比一般人做的美观精巧，因此易于销售。在新加坡奋斗7个年头后，1938年，胡克木返乡与龙背村周丹弟完婚，时年已是31岁。婚后他们生了长子胡志荣，不久，妻子再次怀孕，生下胡志光，日益加重的生活担子逼得克木只好离妻别子，于1941年春再次前往新加坡。

当时，第二次世界大战席卷全球，祖国的大好河山被日本帝国主义的铁蹄蹂躏，新加坡也沦陷在日寇手中。失去了祖国的庇护，胡克木的精神和肉体均受到严重的摧残。

大战期间，国内外音讯断绝，慈母思儿心切，不久离开了人世，善良能干的周丹弟勇敢地挑起了家庭重担，上山砍柴，下地种菜，耕耘纺织，含辛茹苦地维持着母子3人的生活。有一次，周丹弟将自己纺织的棉布背到青田去卖，突遇山洪暴发，几遭吞噬。这样的苦难生活，直至中华人民共和国成立前夕与胡克木取得联系后，才有所好转。

（二）青年：奋发图强，移居海外

1950年冬，胡克木返里为母安厝。此后，随着祖国外交政策的确立和侨务政策的落实，胡克木一家的生活质量也一步步有所改善。

1.合家欢聚。1962—1981年，胡克木带领家属12人在海外团聚。

2.事业发展。胡志光与其父胡克木最早于1972年在荷兰乌特勒支市开设了一家向阳酒家。1976年，胡志光的三弟胡志榜开设了分店。1979年，胡志光的妹妹胡彩娟开办了一家朝阳百货商店。1981年后，大哥胡志荣开设中、西餐馆各一家。1984年冬，胡志光成立荷兰玉壶国际贸易有限公司。一家四兄妹成为旅荷华侨中的殷实富户。

3.帮助亲友。胡志光不仅自己一家在海外安居乐业，而且恩泽广施亲友。在他的支助下，胡家亲友中有超过80人出国，大多数定居荷兰，部分改去法国和意大利。每逢国内亲友遇到困难，胡家总是慷慨资助。

（三）中年：崭露头角，侨界龙头

1978年，旅荷华侨总会改选，胡志光被推选为总会会长，其弟胡志榜被推选为常委。从此，胡志光把很大精力花在总会工作和服务侨胞上。今录其大事于后。

一是举办中文学习班。有鉴于在荷华侨少年一代在国外长大，胡志光深感急需创办中文学习班以解决侨胞子女学习中文的困难。1978年，华侨总会在中国驻荷代办处的支持下先在阿姆斯特丹创办了第一所中文班，1979年春又在乌特勒支市创办了一所中文班，嗣后逐步发展到各大城市，至今已有11所中文学习班，就读学员900余人。

二是创办《华侨通讯》。为了对侨胞加强爱国主义教育，使侨胞及时了解祖国新貌，懂得荷兰法律，丰富文化生活，胡志光提议创办《华侨通讯》，并自告奋勇担任主办人。在他的努力下，《华侨通讯》终于在1977年7月问世了。当时办报条件相当简陋，晚上餐馆停止营业后，胡志光就在餐厅里编辑排版，发稿打样，抄写订户外址，折叠包装，办理发行，经常为此忙个通宵。随着办刊经验的积累，在侨胞的热烈支持下，刊物自1984年6月开始改月刊为半月刊。到1989年10月底，已刊出212期，每期发行量从2000份增到6000份。从欧洲各国华侨组织和荷兰的各华侨餐馆、商店，到国内各侨务机构，《华侨通讯》的发行面逐步扩大，至今已出版300多期，且一直是免费赠阅，这在侨界和新闻界均无先例。

三是团结世界各地的华侨。1979年，胡志光任荷兰庆祝30周年国庆筹委会主席，1980年旅荷华侨总会换届，他被选为第五届总会会长。上任伊始，他便以耐心细致的工作，将来自中国内地、中国香港，以及印尼等不同国家和地区的华人华侨聚在一起，共同庆祝祖国的国庆。此外，胡志光还动员侨胞在《华侨通讯》上发表文章，并于1982年7月应国务院侨办主任廖承志的邀请，在中国人民政治协商会议召开的座谈会上作了题为《和平统一祖国及促进华人发展，更好为祖国"四化"建设做贡献》的发言，海内外有关媒体对此作了报道。1984年，胡志光应邀回国参加庆祝中华人民共和国成立35周年大典。1990年9月，胡志光和夫人胡冬花应邀参加了北京第十一届亚运会开幕式，受到了党和国家领导人的亲切接见。

四是服务、推广荷兰中餐馆。1983年以来，胡志光多次回国邀请名厨赴荷传艺。1985年，他跟黄音、林德华、张挺宏共同成立荷兰中国饮食业公会。1990年，为了扩大市场，他亲自率团赴波兰考察投资环境，希望帮助中餐业打进东欧国家。为寻求一套厨师培训课程，争取荷兰国会对中餐业的重视，胡志光发行了《中印餐馆指南》，并于1990年冬向荷兰国会众议院亲手呈交了《中印餐馆指南》。

五是集资创办贸易公司。1984年，胡志光集中了四兄妹的资金成立了荷兰玉壶国际贸易有限公司，至1991年底，该公司对华贸易已达300万美元。为了提高温州产品的档次，更好帮助温州产品打入国际市场，经国家外经贸部批准，1991年8月3日，胡志光在温州成立了首家国外公司常驻机构——荷兰JDU国际有限公司办事处。在此基础上，胡志光凭着自己的威望和一颗赤诚的心，于1992年4月跟黄音、毕传有、胡志敏、胡建树、周守局等20多人联合成立了荷兰华人经济投资有限公司，为荷兰华人华侨事业腾飞奠定了基础。

六是大力发展体育事业。早在1984年，胡志光率先与林清海等人发起组织全荷华人体育运动总会，现在由运动总会举办的一年一次的全荷华人联合体育运动会已成为荷兰侨界的一大盛事。现任旅荷华侨总会会长叶世顺在1992年6月2日召开的理事会上说："旅荷华侨总会会长胡志光在全荷华人体育运动总会、荷兰中国饮食业公会、全荷华人社团联合会以及欧华社团联合会的萌芽和形成过程中所起的重要作用有目共睹，功不可没。"

七是增进中荷友谊。胡志光十分注重与居留国增进友谊，每逢国庆佳节，总会都要邀请荷兰内阁成员等政要等参加庆祝会并设宴款待。如1983年国庆节，旅荷华侨总会邀请了温州瓯剧团和中央歌舞团部分成员赴荷演出，荷兰政府官员也应邀观看了文艺节目，与侨胞共同欢度国庆。荷兰政府也常请他参加会谈,特别是阿姆斯特丹、乌特勒支、鹿特丹等市的市长与胡志光往来尤为频繁。1980年,胡志光陪同乌特勒支市市长来杭州洽谈贸易事务即是一例。

(四)人品高洁,爱国爱家

在玉壶侨乡,人们提起胡志光,无不说他品格高尚。1980—1990年,旅荷华侨总会换届4次,他连任2届会长,另外2届虽然依旧得票最高,却将职位让给别人。在推动欧华社团联合会成立后,他任职联合会永远常务理事。1992年,他提早辞去荷兰中国饮食业公会主席之职。1993年,第九届总会改选前,他同梅旭华、胡志东向筹委会提出退出领导职位,以使更多的中青年侨领进入领导核心。每当记者把摄影机对准他时,他总是把别人推向前面,推在中心;记者、访问团采访时,他总把成绩归于集体。

在荷兰,一些年高体弱的侨胞生活上有困难,许多人发展事业缺少启动资金,一些侨胞一时办不出护照,他总是尽力帮助解决。侨团遇到了矛盾,侨领们首先想到的是请他出面调解,甚至有些夫妻吵嘴失和,也总是向他倾诉,请他主持公道。他在家乡为乡亲办理出国旅荷手续,为乡亲出国搭桥铺路,为申请出国者写留言给外事部门等,得到他帮助的人实在难以统计。不管是谁,哪怕接到邀请参加一个孤寡老人的简单葬礼,他也会驱车几百里赶到;在家乡哪怕是面对80岁老妪的唠叨不休,他也会和颜悦色,不厌其烦地与之交谈。

胡志光虽然名利双收,但他从不铺张浪费,始终生活朴素,衣不华丽,食不甘美。冬季返梓,他穿着20世纪60年代的棉袄,盛夏归来穿着普通衬衣与汗衫,还曾因穿戴朴素闹了一次笑话。1987年冬,他住温州旅馆,一天因忙于工作,至夜11时才归寝,被服务员拒之门外。当经理出来道出其身份时,服务员惶恐不安,连连道歉。但他不仅脸无愠色,反而赞服务员工作负责。此事至今还在家乡传为美谈。

在荷兰,胡志光对侨团工作事必躬亲,不论事之大小总是一手包揽。深夜归来肚子饿了，就在厨房吃点冷饮剩菜，一早又离家门。几位亲友旅荷回来说，在荷兰很难碰到他。其夫人对亲友说："我是他的身边人，他几时回来睡觉，几时离别家门尚且不知，何况你。"的确，在荷兰，胡志光对不起的唯有自己家人，妻子、女儿感到胡志光在家和亲人团聚时间太少了。

胡志光言必称祖国，语必称家乡。"我是中国人，我有中国心，不管风云如何变幻，不管遇到什么艰难险阻，我们的心永远随着祖国的脉博而跳动。"这是胡志光在欢迎全国人大常委会访荷代表团宴会上代表24个荷兰华人社团道出的发自肺腑的心声。

胡志光爱国之心可嘉，爱乡之情更是可敬。1972年，他为建造玉壶华侨影剧院捐资1.56万元；1982年，他捐资1.25万元给广播站添置电视差转机，后资助3万元建造玉泉公园；1988年，他捐资3万余元为玉壶镇建造电视卫星地面接收站；他还和侨胞胡志敏、周克信合资购买一辆小轿车赠送县侨联。此外，1982年6月，大峃镇遭受火灾，损失惨重，胡志光发动旅荷侨胞筹集救灾资金8000元支援灾民。此外他还多次捐资修路架桥和建造凉亭以及资助其他公益事业。

"旅居异国他乡的华侨华人是爱国的，祖国始终是海外游子的精神支柱。"这是中国文化艺术节中国代表团赠旗荷兰侨界时胡志光所说的一句话。"我们侨胞虽身居异国他乡，但心系祖国和家乡，因为是祖国和家乡培育了我们，因此，我们如果能为家乡的建设添砖加瓦也是乐而为之的事，不值得赞誉。"这是1991年7月23日胡志光在克木大桥通车典礼上的讲话。

20多年来，他为家乡发展助建华侨影剧院、东溪公路桥、东溪丹乐路、玉壶区小校舍、玉壶中学图书馆、东溪数学楼，独资捐建电视卫星接收站，发起筹建玉壶华侨医院，建立教育基金会扶持家乡的私立中学等，总计捐资90多万元。

（本文根据原载《文成文史资料》1989年第5辑、1994年第9辑的两篇文章修订而成）

## 二、甘作侨乡孺子牛——记全国侨联先进个人吴正超

省侨联委员、文成县政协顾问、全国侨联先进工作者吴正超多年来为家乡公益事业无私奉献，事迹感人，是我县侨眷中的先进典范。

（一）朴实的农民

1932年，吴正超出生于文成县玉壶镇底村。祖父是当地一位名医，有很好的医德，当地人尊之为"吴先生"。吴正超的父亲是一位善良诚实的农民，一生以宽和仁慈为本，母亲是一位勤俭持家的贤妻良母。少时的吴正超在其长辈的熏陶下养成了忠直、无私、勤劳的品质。中华人民共和国成立初期，社会尚不稳定，各地加强民兵建设，防范敌对分子破坏刚诞生的人民政权。吴正超加入了民兵组织，成为民兵中的骨干。他站岗放哨，夜里巡逻，看守犯人，递送情报，配合剿匪，样样都干。那时七星会活动猖獗，他跟民兵夏雅齐送信到40里外的朱寮，通知乡政府发动民兵加强防范。一次，一支冒充中国人民解放军的土匪从乐清登陆，向青田一带流窜，他跟几位民兵在上级主力小分队的带领下到青田杨村、白岩前等地巡视山头。金星乡一位少数民族村民在文成医院病危，他接受当地土改工作队刘金松队长的任务，连夜送信到其家，回到家时公鸡已报晓。

在农村，吴正超担任过大队出纳、治保干部等，每项工作都能身体力行。他身强力壮且又耐劳，队里凡有重活他都抢干在先。家有8兄弟，他是老大，除小弟回国定居，其余6位兄弟同自己的妻子、儿女、孙儿都侨居海外，唯他留在家里未曾出国。家中生活条件不错，可是他还是粗茶淡饭、衣不华丽，始终保持着劳动农民的本色，从不奢华。在几次参加省里的会议期间，因穿戴朴素、未系领带、不穿西装，与管理人员和服务员闹了笑话。1994年10月，有外县记者来采访他，他裤脚的补丁、半新半旧的解放鞋，均被记者暗地里拍了照。11月2日，采访内容《侨乡有个吴正超》为题发表在《联谊报》头版。

### （二）称职的厂长

1975年，玉壶侨眷与供销社职工集资创办了华侨造纸厂，因当时办厂经验不足，管理不善，企业亏空。1979年，侨眷推选吴正超为厂长，吴正超不摆厂长架子，与工人同吃同劳动。每天一清早，他空腹上班，先挑满水，做好"油水"，等待工人上班捞纸。收工时，他检点好工具，最后一个下班。由于他以身作则，管理有方，造纸厂生产蒸蒸日上，其产品远销省外，企业扭亏为盈。1984年产值已超4万元，工人发展到27人。后来虽然这个厂因老年技术员多是外地人，本地无接班人而停办，但外省的业务信仍不断寄来，可见当时名气之大。

### （三）侨乡的公仆

吴正超身兼多职，是一位没有工资的"白忙官""草鞋官"。他做公益不计个人得失。凡侨胞捐建家乡的公益项目，他都是基建小组、工程指挥部的主要负责人之一，为公益事业的建设竭尽全力。

1990年冬，区公所发文成立克木大桥工程指挥部，吴正超任副指挥。他不仅严格把关，而且跟全体指挥部人员做到了"四个不"，即不抽大桥经费一支烟、不喝大桥经费一杯酒、不吃大桥经费一顿餐、不拿大桥经费一分补贴。整个工程办公费支出仅为32.2元。后来，他监建由侨胞集资建造的寿星桥与桥中的乐颐阁，同样做到了以上"四个不"。

1992年4月，吴正超具体负责由旅荷侨领胡志榜临终前捐建的玉壶镇小胡志榜教学楼，每道工序均由他签字验收。他发现门架不合格、料太嫩、橡太细，顶着压力不放松考核，发现部分水泥型号不对，不准使用。由于管理严格，1993年4月接受工程验收时，胡志榜教学楼被评为优良工程教学楼。1993年6月7日，旅荷侨领胡志光来电告诉我，为实现胡志榜生前的遗愿，弟媳再捐2万荷兰盾在镇小建立教育奖励基金会，并确定由吴正超担任基金会会长。是年教师节，玉壶镇小授予吴正超一块写有"心注教育造福人民"的锦匾。

1993年，当吴正超得知自己的祖籍——大岙徐村急需建桥而缺少资金，他率先捐资1万元，又发动其他兄弟凑足10万元，建造了一座50多米长、3.6米宽的钢筋水泥结构桥梁，并以其父名字吴锡顺为之命名。

吴正超为侨界、为家乡做出了重要贡献，1982—1996年担任省侨联委员；1983—1996年任市侨联委员、常委；1984—1993年连任三届县政协副主席，又被聘为政协第四届顾问；1993年当选为市第八届人大代表；1994年当选为县人民调解委员会副主任。多年来吴正超一直是县、镇侨联主要领导。他曾两次被评为省、市侨联先进个人，5次被评为"县政协工作先进个人"，还曾被评为市级"尊师重教先进个人"，1994年被评为"全国侨联工作先进个人"，这是他获得的最高荣誉。

几年来吴正超的先进事迹在有关报刊被多次报道。

（原载《文成文史资料》1996年第10辑）

## 三、创业海外报效祖国——记米兰华侨华人工商会名誉会长胡志潺

1940年，胡志潺出生于文成县玉壶镇长丰村，少时因家贫，仅读了4年书就不得不辍学参加农业劳动。他上山割柴，下地干活，放牧牛羊，挑柴出售，样样都干，从小养成勤劳俭朴、同情贫苦劳动人民的思想品质，为他以后创业海外、报效祖国、热心公益奠定坚实的基础。

（一）执着追求事业

1956年，胡志潺由其旅居荷兰的二叔胡忠鹤办理出国手续，先抵香港，后于1957年前往荷兰，在二叔的餐馆打工。未成年的胡志潺为图上进，起早摸黑地干活，省吃俭用，积累资金。1964年，他用积攒的第一桶金在荷兰索梅根创办了皇城酒楼。由于他聪明能干、诚实待人，酒楼的生意做得红红火火，资金也逐渐雄厚起来。为进一步发展事业，他于1975年在阿姆斯特丹开办了皇城贸易进出口公司。该公司主要经营食油等餐饮业所需商品，旨在帮助祖国的农副产品打入荷兰餐饮市场。在欧洲经济繁荣的大环境下，公司发

展迅速。二十世纪七八十年代，伴随着侨务政策的逐步落实，以夫妻团聚、继承产业、助理店务、旅游探亲为由申请出国的人员大增，荷兰的餐馆急剧增多，并逐步趋向饱和，竞争也日趋激烈。胡志潺意识到长此下去事业难以进一步发展，于是决定另辟蹊径。1981年，他到意大利考察投资环境，返荷后，他当机立断，卖掉皇城酒楼，于1982年到意大利米兰开设新的皇城酒楼。该酒楼设施、规模均属一流，加之价格合理和服务优质，经常顾客盈门，座无虚席。

胡志潺对事业有着执着的追求，永不满足于现状。他认为华人的事业要想持续发展，立于不败之地，就必须联合起来，向更深的经济领域开拓。于是在1990年，他又吸收了部分当地的股份，创办了意大利国际贸易集团有限公司，自任董事长。该公司专营龙口粉丝、青岛啤酒，以及中国产罐头、调料等产品，业务遍及米兰、都灵、佛罗伦萨等地的300多家餐馆，事业蒸蒸日上。

胡志潺从事贸易活动，不仅为追求利润，还为了通过经贸联系帮助祖国的产品打进意大利市场。他曾将温州工艺美术品和小商品销往意大利，帮助家乡开拓外贸路子，把帮助祖国和家乡发展经济视为他从事贸易活动最重要的的目标。此候，他又到国内投资办厂。1989年，胡志潺与北京中医研究所合作，在邯郸市创办皇城针灸有限公司，大批生产一次性针灸针。1991年，他与人合作创办杭州海尔思生化药品有限公司，生产HCG针剂、白蛋白水鲜冻干胶囊等生化药品，1992年，他在温州创办中外合资长盛汽车出租有限公司，自任董事长与总经理，1998年，他在南京合资创办南京华东服装商城，该商城占地80亩，总投资8000万元。

（二）热心服务侨团

胡志潺不仅是一位优秀的企业家，也是一位活跃于华人社会的活动家。早在荷兰时，他就积极参加侨团活动，曾任旅荷华侨总会第三届财政组组员、第四届福利组组长、第五届总会常委、执行委员。1983年，他被新加坡温州会馆聘为名誉董事长。移居意大利后,他于1987年当选为米兰华侨华人工商会第二届副会长;1990年,他当选为第三届会长;同年,他被文成县人民政府聘为顾问。1992年5月8日,全欧华人社团联合会在荷兰阿姆斯特丹成立,他当选为首届常务理事并连任多届。

胡志潺在任职期间为服务侨团做出了贡献,如建议和筹措建立工商会活动场所——华侨之家;发起创办《华侨通讯》;和其他侨领一起创办中文学校。1990年9月,获悉温州地区遭受台风袭击,损失惨重,他不仅率先捐资2.5万元救灾,而且带领侨团几位骨干奔波于米兰100多家中餐馆和工厂,发动侨胞捐资救灾,共募资12.5万元帮助温州灾民度过难关,重建家园。

改革开放后,国内出访的团体越来越多,胡志潺以侨领的身份,先后接待了时任国务院副总理朱镕基、全国人大华侨委副主任委员梁灵光等领导和浙江省侨务访问团等团体,并受到党和国家领导人的亲切接见并合影留念。由于胡志潺为侨团工作做出了很大的成绩,1983年5月23日,在工商会第三次换届时,中国驻米兰总领事郭世宗出席会议并作了如下的讲话:"以胡志潺为会长的本届理事会,自成立以来不但成功地组织了诸如国庆节、欢迎来自国内的各级代表团及为家乡灾区捐款等重大活动,而且为侨团组织本身的建设,为侨胞在此安居乐业做了许多有益的工作,充分显示了米兰华侨华人工商会的生机和活力。"总领事的这段讲话,既是对米兰侨团活动的高度评价,也是对胡志潺会长的组织领导工作的充分肯定和表彰。

胡志潺退居二线后,被聘请为米兰华侨华人工商会第四届名誉会长。1995年,时任安徽省人大常委会副主任江泽慧访意,单独接见了胡志潺和其夫人胡荷花女士并合影留念。1996年4月5日,时任全国人大常委会副委员长田纪云为胡志潺主办的《华侨通讯》挥毫题词:"办好侨报,为国增光,促进中意友谊。"1996年9月21日,时任中央军委副主席刘华清访意,亲切接见胡志潺、胡荷花伉俪,留下了和他们亲切握手的珍贵照片。

（三）慷慨解囊办公益

胡志潺不仅回国投资办企业，而且慷慨解囊办公益。就我积累的侨情资料来看，自1960年以来，他在外地和家乡捐助公益事业的项目如下：

捐资助教：温州大学、温州华侨中学、玉壶区小办公楼、育人私立中学、文成二中实验楼、玉壶镇小校门；

改善交通：大京桥、乌阳度桥、蓬头坑桥、苍头坑桥、龙背桥、东溪口石碇步、上杨岭、金山岭、枫树坪岭、孔坑、千龙培等民间桥梁道路；

增添景点：玉泉寺、三港殿、枫树坪宫、五岭庙、七甲寺、谈阳殿、观瀑亭；

救灾福利：底村失火灾民、底村挖井、温州水灾灾民、长丰小型发电站；

公共设施：文成侨联办公楼、玉壶华侨影剧院、玉壶华侨之家；

单位赠物：赠省侨联、温州地区侨办、文成侨联日产德胜牌面包车各一辆，赠北京中医研究所、文成侨联日产三菱牌轿车各一辆，赠省侨联、丽水市台办、文成公安局、文成县政府传真机各一台，赠文成侨联电脑一台。

此外，他还给有关单位赠送了电脑，总计支援公益事业不下200万元，他确是一位创业海外，报效祖国的赤子。

（四）得力内贤助

一位成功的男人，背后通常站着一位贤内助。胡志潺的夫人胡荷花女士不仅全身心协助胡志潺创业，全力支持他服务华人社会，热心支持他办公益，而且教子有方。她深切地体会到夫妻俩学识不高带来的诸多不便，于是努力培养自己的孩子成才。长子胡允超大学毕业后，任爱立信通信公司日本分部工程师，次子胡允繁高中毕业后继承父业，三子胡允豪获博士学位，从事经济学研究工作，这当中不知浸润着胡女士多少心血。

她不仅培养自己的孩子成才成器，而且推己及人，帮助国内失学的青少年。1992年5月，当她得知家住大别山的江峰和家住大巴山的王爱华两位小朋友因家庭贫困而失学后，随即汇1000美金作为他们复学的费用，并写信给中国青少年基金会,请他们转告两位小朋友,望其好好学习,如能升上大学,她会供给费用。后又向浙江青年成才基金会的"希望工程"捐1000万里拉,这是浙江省接受数额最大的个人捐款。1996年返乡后,她不仅给家乡的私立育人中学资助3万元,还给该校中生活困难的优秀学生胡红梅和孤女胡双双提供学习费用、解决穿衣问题,使两位濒临失学的贫苦少年得以继续读书,后又捐6万元给母校玉壶镇小建造校门。此外,还与本县贫困乡——公阳乡挂钩,给10位贫困生供给学习费用,再一次为文成的"希望工程"做出了贡献。

(原载《文成文史资料》2000年第13辑)

### 四、侨团新秀胡光利

米兰华侨华人商贸联合总会会长胡光利与我是同乡,我对他的事业略有所闻,但不能尽悉,今趁其率团返乡考察之机,特地登门拜访,才对他有了更加全面的认识。

#### (一)脚踏实地稳步发展

胡光利,1963年出生于文成县玉壶镇底村一户农村老党员、老干部之家。他受到家庭环境的熏陶,从小就养成了勤劳俭朴、团结友爱、诚实谦和的品质,这为他以后事业有成、热爱侨团工作奠定了坚实的精神基础。

1982年,胡光利定居意大利,与初来乍到的其他华侨一样,既无技术,又无资金,能依靠的只有一双勤劳的手和吃苦耐劳的精神。他先在一家餐馆打工,经过6年的勤劳苦干,于1987年11月在米兰市开办了设有250个餐位的华盛酒楼。在逐步积累了雄厚的资金后,又先后在米兰、雷焦艾米利亚等地经营过7家餐馆,2家成衣工厂。胡光利头脑灵光,善于捕捉商机,后来又将所经营的餐馆、工厂及时出售,以所得利润先后购买了2家店面和1套住房。如今,胡光利在米兰市经营赫赫有名的东亚大酒楼,已经成为米兰市年轻一代华侨华人中的殷实富户之一。

（二）创建商贸联合总会

1999年6月，胡光利当选为米兰华侨华人工商会副会长，从此开始涉足侨团工作，成为侨界后起之秀。

是年9月，住在米兰市唐人街附近的意大利当地居民不满华侨华人的经营活动对他们造成的影响，多次组织示威游行，并召开会议谋求遏制华侨华人的发展。胡光利等有识之士意识到只有联合起来，统一对外，才能使华侨华人的事业继续发展。10月份，在我国驻米兰总领事馆和米兰华侨华人工商会的支持下，米兰华侨华人商贸联合总会筹备委员会成立，米兰华侨华人工商会会长陈世甫、理事长陈金满委任胡光利为筹备组组长。胡光利开始着手以下几方面的工作：

1.派出6位代表参加本地居民召开的会议，掌握对方动态，制定对策；

2.与米兰总领事馆、华侨华人工商会负责人研究化解与VI·VISAARP社区的矛盾，采取有理、有力、有节的策略与社区谈判；

3.联系100多家华人企业，取得他们的支持；

4.商议确定商贸联合总会会员名单。

经过半年多卓有成效的工作，2000年7月10日，胡光利在东亚大酒楼举行了米兰华侨华人商贸联合总会成立大会，他众望所归，被推选为首任会长。9月25日，200多名嘉宾在LA·NOS大酒店举行了总会成立庆典，胡光利作了就职讲话，就如何带领总会为侨办实事、办好事，如何促进中意两国人民之间的往来，努力改善华侨华人群体的社会形象等发表了意见。米兰华侨华人商贸联合总会的成立，凸显了华侨华人的高度团结，为米兰华侨华人海外事业的腾飞奠定了基础，胡光利也由此脱颖而出。

（三）举办日本厨师培训班

年富力强的胡光利深感如何开好局、带好头，直接关系到商贸联合总会的前途与命运。他看到中餐馆骤增，中餐市场处于饱和状态，日餐的兴起更使中餐业不景气。同时也看到一些中餐业主开辟了新的经营方式，在经营中餐业的基础上兼营日餐，但缺少会做日餐的中国厨师。为了解决这些难题，也为给广大侨胞开辟一条新的就业门路，胡光利提出了举办日餐厨师培训班的设想。他的想法得到了中国驻米兰总领事馆商务处的支持，总领事通过米兰市政府同日本驻米兰领事馆联系，由日本驻米兰领事馆介绍，米兰华侨华人商贸联合总会于2001年2月聘请了日本东京名厨山宫峤一（KEI）来米兰商业大学举办了日餐厨师培训班。20多位中国厨师通过3个月的培训，掌握了日餐烹饪方法，赶上了意大利人爱吃日餐的时髦，增强了中餐馆的竞争力，取得了良好的效益。

（四）构架中意贸易桥梁

商贸联合总会成立不久，胡光利即应浙江省义乌市侨办的邀请，于10月份组团访问了义乌市政府，考察了义乌市小商品市场，跟义乌市侨办商务中心签订了有关为中意贸易服务的协议书。2001年4月上旬，胡光利率领米兰华侨华人经贸考察团访问、考察了北京、上海、浙江、广东、河北等省、直辖市的有关部门，陪同外宾到浙江诸暨、温岭、湖州洽谈珍珠生意，初步确定了外商到中国经商的意向。这次活动增进了外商与国内有关部门的相互了解，起到了构筑中意经贸桥梁的作用。

（五）不断提高，奋进不止

1999年7月，胡光利应邀参加浙江省第六届侨代会。2000年1月16日，他在德国波恩参加了欧华联合会七届常务理事会第二次会议。2000年8月，他参加奥地利维也纳第八届欧华联合会，9月，他在德国柏林参加了全球华侨华人和平统一促进会。这些活动使他有机会得到有关领导的接见，开拓了视野，增加了见识和才干。用他自己的话说，这些活动提高了他对和平统一中国的认识，明确了侨团工作的任务和目标，增强了他为侨服务的信心。他说，就目前的形势来看，不懂电脑知识就不能在商海中竞争，因此下一步的目标是举办一期电脑培训班。胡光利的事业就是这样充满信心，一步一个脚印地走出来的……

（原载《文成文史资料》2000年第15辑）

## 五、高风亮节树乡间，与人为善美人间——记已故归侨蒋步瑗

  蒋步瑗的道德典范之名闻名遐迩，旅欧三返而落叶归根，行商卅载而童叟无欺；广施恩泽而不图报答，善积功德而隐姓埋名；为赎人质而不吝破费，为济贫困而暗中周旋；为治丐子重病而不顾自身洁白，为救士兵二命而对枪跪哭求情；礼贤下士而广结君子，助人为乐而有口皆碑；不义之财分文不取是其宗旨，慷慨解囊惜苦怜贫是其秉性。其德高望重芝水少有，高风亮节永垂壶山。

  这是1989年3月19日蒋步瑗茔封龙门时，我受其子蒋运帏之托为其父写的悼词中的一段话，今将悼词中所写的善举略作介绍。

  蒋步瑗，字文忠，1905年出生于玉壶镇中村，小时候家贫，只能读完小学，但写得一手好字。14岁去三源一家药铺当学徒，师满到大岠王合吉四房当店员。蒋步瑗为人厚道、耿直，深受东家信赖。24岁时兄弟分爨，蒋步瑗继承父业，以经营染坊谋生。那时染料多数要到王合吉四房赊购，年终一次算清结账。有一年，蒋步瑗托人带钱给王合吉四房结账，店东家却退回54块银圆。蒋重新将账核对一次，原来是店东家漏算一笔10斤的德国快靛。大年初一，蒋步瑗即亲自送银圆交还王合吉四房东家，受到店东家的接待和赞扬。

  1925年，玉壶中村13岁的余式修考取了丽水中学，因年幼无伴，父母不放心他一人去丽水求学。蒋步瑗暗中资助银圆20枚，帮助余式修夜晚前往营前坐船到瑞安，再从瑞安到温州去丽水，使余式修把握住了难得的读书机会。后余式修考取南京中央大学，蒋步瑗又不时给予资助。现居美国的余式修怀念蒋步瑗的接济之恩，欲在家乡捐建一项工程纪念蒋步瑗，但因诸多客观原因而未果。

1938年，一位平阳坑人挑黄鱼来玉壶换番薯丝，黄鱼被当地人拿光，但无人送番薯丝来，即使有人送来也是番薯种晒的番薯丝。平阳坑人迫于人生地疏，奈何不得，只是哭丧着脸。蒋步瑗见此情景，十分同情，把平阳坑人带回家中给了吃的，又给了番薯丝。第二年，平阳坑人带8尾大黄鱼来酬谢，蒋步瑗婉言谢绝。

1940年，蒋步瑗路过北岸垟，听到佛殿里有人呻吟，进去一看，发现一位病重的丐子。蒋步瑗不顾病丐脏臭，也不顾其尚能治疗与否，即把他背回家中，帮病丐洗身体、换衣服、延医治疗。病丐身体日渐好转，康复后，蒋步瑗再赠钱送别。

1942年，一营国民党军队驻扎在玉壶。一天，2名士兵私下宰杀了一条家犬，被村民告发，营长集合士兵，下令枪毙2人。人们赶到执行枪决的地方看热闹，纷纷议论量刑太重。蒋步瑗见此情景，认为杀了一条狗总不能抵上2条人命来赔偿，于是向营长求情。营长有感于蒋步瑗的义举，以责打40军棍代替了死刑。

1949年，一位高楼人挑一担索面被打劫，坐在天妃宫戏台哭泣。蒋步瑗将他带回家中留宿一夜，第二天赠他15升糯米回家过清明。

1950年，一位花岩籍的少女挑担到玉壶卖柴，当她背第二捆柴给另一买主时，发现柴顶上的小包被人偷了。童养媳当街哭着说，包内有几只番薯丝麻糍是自己的午餐，中午没的吃不打紧，但包内2元钱是人家托她带来买布的，如果找不回来，回家经受不起打骂。蒋步瑗看她实在可怜，带她回家吃午餐，又带她到布店里自掏腰包剪了青洋布。

1960年，金埠村一妇女收了人家30元的媒钱，后媒做不成而钱早已用光，无钱偿还，于是夫妻争吵，日夜不宁。蒋步瑗听了妇人哭诉后，赠钱30元，解决了家庭纠纷。

20世纪50年代，蒋步瑗一家16口，唯长子蒋运帻在供销社工作，每月工资30元，安排生活确实困难。因三哥蒋步仪在德国经商，于是蒋步瑗产生了出国挣钱的念头。他先后于1956年、1962年、1964年3次赴欧，在德国、意大利卖绣花，1965年冬返家。闲居数月，蒋步瑷时年已逾六旬，又到染布社上班，不久患上了高血压症。领导准其请假休息，但他认为不干工作拿工资是不劳而食，坚持去上班。1967年农历7月17日，他在染布社跟人弈棋，突发脑溢血，经抢救无效而逝，终年63岁。

蒋步瑷原配中村胡燮柳育一女月红，一子运帏，1943年，胡氏不幸病逝。1944年，蒋步瑷继娶大峃珊门籍金香花为继室，婚后金氏育二子运幄、运通，四女爱红、飞红、赛红、金红。现蒋步瑷三子五女及子女的晚辈计131人，而侨居在意大利、德国、法国的多达127人，是文成县侨界一大家族。其长子蒋运帏1981年第一次出国，1985年回国，先后担任过县侨联第一届副秘书长、第二届和第三届秘书长、第四届届中主席、温州市侨联第三届常委和第六届副主席、省人大代表、中国侨联代表、县政协第三届常委。他1991年再度出国，现定居德国。三子蒋运通任意大利都灵华侨华人联谊会第三、四届副会长。长房次孙蒋美珍任旅德浙江华人联合会总会副会长。他们为省侨联、市侨联、市侨史研究所、金温铁路、上林公路、乐颐阁、玉壶小学、玉壶华侨医院、玉壶华侨之家、县残疾人协会等公益事业的建设均做出了贡献。

（原载《文成文史资料》2000年第15辑）

## 六、侨领、儒商、文化人——记旅荷著名侨领胡允革

旅荷著名侨领胡允革1951年出生于文成县玉壶镇底村，1968年参加中国人民解放军，复员后在玉壶区小执教，1973年考入杭州大学历史系，1976年毕业，被分配到文成中学教历史，1980年初定居荷兰，经过6年的拼搏，终于在1985年开设了皇朝酒楼，继而开设了美堡快餐店。随着祖国改革开放的不断深入，胡允革迎时而上，于1996年在山东创办了山东蓬莱天阁葡萄酿酒有限公司，将该公司生产的优质产品通过自己创办的荷兰东亚进出口公司运往荷兰，供应中餐馆。

个人事业尚在空白之时，胡允革就已经积极投身于侨胞的共同事业——侨团工作之中，并加入了旅荷华侨总会。由于热心为侨胞服务，而且具有较高的文化水平，1993年，他被推选为总会副会长兼秘书长。1996年总会第十届换届选举时，他以最高票数当选为会长，同时还担任了全荷华人社团联合会副主席兼秘书长。

作为一名儒商，胡允革十分关心中文教育。早在1990年担任旅荷华侨总会哈莱姆市分会会长时，他就出任了该市的中文学校董事会副董事长，1991年，他又在莱登地区带领分会侨领们办起了总会莱顿中文学校，填补了两个地方的中文学校空白。担任会长后，他又带领侨领们办起了多德雷赫特市和阿姆斯特丹市中文学校，至2000年止，总会先后在全荷兰创办了17所中文学校，拥有学生2000多名。为了发展、普及、推广中文教育，胡允革在1996年10月联合其他侨团一起举办了首届欧洲华文教育研讨会，来自奥地利、英国、法国、意大利、西班牙、葡萄牙、挪威、荷兰和中国等11个国家的125位有关人士参加了会议。这次会议在加强各国中文教育工作的沟通与合作，提高中文教育质量，推动中文学校在所在国争取合法地位和得到资助方面都发挥了一定的作用，是一次欧洲华人团结合作开创中文教育新局面的盛会。紧接着，胡允革组织力量，促使总会成功地举办了师资培训班，以提高中文学校老师的教学水平，为将中文教育纳入全荷的规范教育提供了宝贵的经验。

除了为弘扬中华文化而不懈工作，胡允革还时时关心祖国的建设和家乡的发展。1994年，总会为国内"希望工程"发起捐款，他一人为50个山区贫困学生捐助了5年的教育费用。1998年3月30日，胡允革特地回国邀请时任温州市副市长陈莲莲、市教委主任潘龙俊到玉壶中学视察，两位领导对玉壶中学的发展、规划、建制等工作作了重要指示。同年8月，国内长江、嫩江、松花江流域发生百年罕见的特大洪灾，他四处奔走，发起成立全荷华人救济中国水灾委员会，并被推选为会主席。在他和其他侨领的共同努力下，在荷华侨华人共捐募了60万荷兰盾的赈济款，并拟在灾区助建两所小学。同年10

月,适逢玉壶小学90周年和玉壶中学40周年校庆,胡允革从筹建到庆典,从请领导题词到出版纪念册,从发动海外学子回国参加庆典到筹集资金等,均倾注了不少心血。10月11日,他在两校的庆典大会上和玉壶华侨之家落成典礼上作了热情洋溢的讲话。

1997年,适逢旅荷华侨总会成立50周年,胡允革与其他侨领们精心策划、举办了盛大的庆典活动。胡锦涛、温家宝、钱其琛、陈慕华、钱伟长、吴学谦等中央领导人专门题词,国务院侨办、全国人大华侨委员会、全国侨联、外交部领事司、浙江省人民政府等国内数十家单位和欧联会等欧洲侨团发去贺电贺信,从国内外前往与会的宾客达160多人,堪称一次大型的国际活动。在9月份出版的《旅荷华侨总会五十周年纪念特刊》上,胡允革作了《再接再厉、造福侨社》为题的特刊献词。

1998年,胡允革被聘为担任温州市第七届政协委员,这让他有了更好的参政议政的机会。他精心准备了一份题为《注重做好侨胞工作》的大会发言材料,提出了若干建议:大力扶持海外华侨华人经济;西方劳工市场已处饱和状态,非法移民不仅很难生活下去,而且给欧洲华人社会带来严重问题,有关部门一方面要严厉打击非法移民,另一方面要客观真实地宣传国外华人的实际情况,不要造成"国外遍地是黄金"的假象;在欧洲长大的下一代,许多人不会讲家乡话,分会侨领们开办了一些中文学校,希望家乡在本土教材、举办欧洲温籍青少年夏令营等方面给予大力支持;加强侨乡文化教育,为侨胞提供更多的方便等。

胡允革的爱国爱乡精神受到国内有关部门的赞赏。1997年7月1日,中国政府邀请他参加香港回归的庆典活动,全国政协邀请他参加48周年国庆活动;1998年,中共中央统战部邀请他参加49周年国庆活动;1999年,他以荷兰侨胞代表的身份被中国政府邀请参加12月20日的澳门回归大典。多年来胡允革受到李瑞环、陈慕华、何鲁丽、吴学谦、李泽民等领导人亲切接见并合影留念,并被选为浙江省海外联谊会常务理事、杭州大学董事会董事,被聘为天津市海外交流协会顾问、沈阳市海外交流协会名誉理事、浙江大学发展委员会名誉顾问、温州华侨中学名誉董事长。

2001年1月25日，中央电视台国际频道《世界华人》栏目播放了胡允革的专题片《我所认识的胡允革》，1月31日我在《文成报》发表了《侨领胡允革走进〈世界华人〉》的报道报道。

（原载《文成文史资料》2004年第17辑）

### 七、无上的光荣——记世界百名优秀企业家胡克钏

西班牙华侨工商会会长、西班牙中国和平统一促进会副会长胡克钏在北京参加了世界百名优秀企业家座谈会等会议之后，于10月4日返回家乡，给我赠送了一份厚礼——中国邮政发行的"世界百名优秀企业家肖像"个性化邮票。作为他的故交，我通过采访、交谈，撰文将其人其事略作如下介绍。

胡克钏1951年出生于玉壶镇光明村，1965年毕业于玉壶中学，同年9月参加教育工作，一干就是15年，直到1979年离境赴荷才终止了教学生涯。抵荷后一时无法居留，于1982年转到法国打工，又因机遇不至与法国大赦居留无缘，直到1986年8月正式定居西班牙，才开创自己的事业。

胡克钏为图发展，起早摊黑干活，省吃俭用积累资金，在西班牙居留不久即开设了长城饭店，后来又开设了马可·波罗中餐馆。由于经营有方，餐馆人手增多，资金日趋雄厚。1989年开设了马可·波罗Ⅱ中餐馆一间，1998年开设了第3间中餐馆——迎宾阁。如今胡克钏事业发展起来了，但他仍不满足于现状。他认为要使华人的经济持续发展，必须回国进行第二次创业，于是，2005年2月份，胡克钏回国与7位华侨合股2.2亿元在嘉兴平湖市搞热电联产。

胡克钏是一位具有远见卓识之士。他认为华人事业要向前发展，就必须要有一个维护自己权益的华侨社团。早在1992年3月，胡克钏跟胡绍枢、周克斋、胡立商、颜次林、董文党等发起成立了旅西华侨工商会，胡克钏当选

为工商会副会长兼秘书长。此后一直连任第二届第一副会长兼秘书长、第三届会长、第四届名誉会长兼第一副会长和秘书长主持会务工作、第五届名誉会长,并受聘为秘书长,主持日常会务工作,现为第六届副会长兼秘书长。2000年6月8日,西班牙华侨华人成立中国和平统一促进会,胡克钏被选为副会长。2003年9月28日,他回国参加国务院侨办召开的全球海外百名知名人士会议,进入全球首届海外百名知名人士行列。

兹将胡克钏从事侨团活动、服务侨胞、关心家乡建设的主要事迹略述于下:

接待访问团。西班牙华侨工商会成立以来,作为副会长和秘书长的胡克钏与其他侨领一起组织接待了48个团体到西班牙访问和考察,成员上至国家领导人、下至乡镇干部,他还多次邀请中国民族艺术团、江苏艺术团等到西班牙演出。

为侨胞补办护照和代办公证。1998—2000年西班牙政府大赦期间,胡克钏为侨胞补办护照200多本。2000—2001年温州市公证处在西班牙设点,由胡克钏和胡绍甫2人具体负责,他们为侨胞代办各种公证300余份。

树立正气,打击歪风。1997年胡克钏被西班牙《华新报》聘为记者,在此前后,胡克钏在有关报刊发表了《手牵手,血肉情》《沉思三事,世人谁为评说》《本是同根生,切莫论高低》《论两岸统一意义重大》《顾大局,求大同》《致中国外交部西欧司公开信》等32篇文章,树立正气,打击不良风气。

随同出访与和平促统。1997年,胡克钏参加西班牙社团负责人代表团,回国访问了广东、湖南、安徽、浙江4省。2001年7月,胡克钏参加了由28个国家华侨华人代表联合召开的东京促统大会,访问日本、韩国、匈牙利、比利时、荷兰、法国、奥地利、英国,并回国访问了北京、杭州、深圳、香港等地。2004年2月,他在莫斯科参加全欧和平促统大会,3月,他应邀列席政协文成县委员会六届二次会议,在座谈会上就如何优化投资环境、发挥华侨优势振兴家乡谈了认识,并提出了建议。

关心家乡教育与创办中文学校。胡克钏出身于教育事业，对教育事业情有独钟。1996年7月，当他看完我发表在《文成侨讯》上的《玉壶私立育人中学在前进》一文，即撰写《我们的愿望——愿育人中学再接再厉继续前进》一文，托我推荐发表在《文成侨讯》上，文中赞颂办学者的艰苦奋斗和执教者的诲人不倦精神，阐述了百年大计、教育为本的观点。他还赞助育人中学5000元。为使侨居国华裔不忘祖国，2001年以来，胡克钏积极筹办中文学校，经过一年多的努力，2002年11月9日，他在阿利坎特省创办了第一所中文学校，该校共3个班级，有61名华侨子女入学，胡克钏兼任中文学校校长，资金筹集、教室借用、教学人员聘请、教材搜集等办学事宜，他均亲力亲为，忙得不可开交，曾两次来信请我代购、邮寄国内教材和爱国主义唱片。胡克钏说，只要自己尚能走得动，一定把中文学校办下去并办好。

至高无上的光荣。2004年9月28日，应国务院侨办、中国和平统一促进会、世界华人企业家协会的邀请，胡克钏参加了在钓鱼台国宾馆举办的世界百名优秀企业家大会，大会为参会者赠送了"世界百名优秀企业家肖像"个性化邮票。该会以"企业、交流、合作"为宗旨，主要"团结世界华人企业家、维护世界华人企业利益、促进世界华人商贸合作与交流"。29日，他又参加了在人民大会堂举办的中国和平统一促进会会议，聆听了时任中央政治局常委、国家副主席、中国和平统一促进会会长曾庆红的讲话。

发起筹建玉壶镇华侨之家。1995年11月11日，我去光明村为亲戚送葬，夜里跟胡克钏单独谈心，当我提到玉壶是著名侨乡，但玉壶侨联无办公楼接待和办公时，胡克钏立即表态，返西后首先发起捐建。1996年2月2日，玉壶镇小退休书记胡茂说收到胡克钏寄来的17位旅西华侨捐赠的用于兴建华侨之家的94.5万西币，并托我写感谢信和出具收据。后因建设用地一时难以落实，胡克钏又连续修书5封催促落实。玉壶华侨之家在旅外侨胞侨眷的热情支持下，于1998年10月11日终于建成。该楼为三间五层，合计建筑面积638平方米的办公用楼。在举办落成典礼的这一天，胡克钏又发来贺电。2002年，胡克钏返乡时，又捐1万元给镇侨联作办公费用。

（原载《文成文史资料》2005年第18辑）

## 八、胡克球及其教学楼

胡克球系玉壶镇中村人，1908年出生于玉壶镇长丰村，1935年只身漂泊去新加坡谋生，苦干了6年后，渐有积蓄，于1940年返回家乡。

胡克球有远大的目光，他先是开办染坊，继而兼营百货。由于胡克球为人正直无私、诚信待人，生意十分红火，被当地人尊称为"球先生"。他还用自己劳动所得在玉壶中村购地建造了玉壶首幢洋房，后来由于连续3年的战争，货币贬值，物价飞涨，胡克球只得关闭染坊和商店。

1958年，胡克球申请前往荷兰。到了荷兰后，胡克球先在族弟胡忠鹤的餐馆打工。此时胡克球虽已年届五旬，但仍奋发图强，勤劳苦干，省吃俭用。1963年，他带长子胡绍西赴荷，父子同心协力创办了一家餐馆。此后于1971年、1976年、1978年、1979年，胡克球带夫人吴翠丁女士与四子胡绍南、三子胡绍东、长女胡巧月、次女胡月芬、次子胡西弟赴荷。四子二女在荷兰的事业有了长足的发展，成为较有名气的华侨家族。

旅荷30余载，胡克球广施恩泽于乡亲。初来乍到或者发展事业需要帮助的乡亲，不管远近亲疏，只要有求于他，他都热心帮助，因此他深受人们尊敬。胡克球有钱不吝，为建设文成侨联、玉壶华侨影剧院、寿星桥、碧坑桥等公益事业均做出了贡献。

1990年，胡克球落叶归根，回国安度晚年。1994年，胡克球意识到自己将不久于人世，决定捐资30万元在玉壶镇小建一幢教学楼。1994年12月8日，胡克球与世长辞，享寿87岁。12月9日，胡克球的遗体告别仪式在其本家举行，时任文成县委书记钱成良、县长夏瑞洲等党政领导参加了告别仪式。12月26日，文成县人民政府在玉壶华侨影剧院隆重地举行了胡克球教学楼捐赠仪式。会上，县政府授予其家属"捐资助教 功德千秋"锦匾予以表彰。

胡克球教学楼于1996年8月动工兴建，1997年10月建成，共4层，计有14个教室、3个教研室，建筑面积1146平方米。

1997年11月19日，玉壶镇小隆重地举行了胡克球教学楼落成典礼。这天上午，玉壶镇小校门口，两队少先队员手执鲜花热烈欢迎县委、县政府、县人大、县政协、县人武部、县教委及有关局办的领导光临。操场上空悬挂着"热烈庆贺胡克球教学楼落成""捐资助教功在当代，造福桑梓利泽千秋"等巨幅标语。9条彩带在校园上空飘舞，35面彩旗在教学楼顶端和栅栏上空迎风招展，两盏大红纱灯高挂新楼正门，"胡克球教学楼"6个金色大字耀眼夺目。教学楼正门横额书写着"胡克球教学楼落成典礼""殷勤赤子捐资助教，乐托栋梁同为范"。"拳拳丹心培土浇霖，欣见桃李广成才"对联分挂两边。整个会场布置得庄重而喜庆。县"四套班子"领导在主席台就座，时任人武部政委赵汉荣宣读县委书记高育厅的贺信，气氛十分热烈。

上午10时整，5位穿戴整齐的礼仪小姐庄重地端着剪盘，时任县政府县长江海滨、县人大副主任钟金莲、县政协主席廖梅柳、人武部政委赵汉荣与胡克球家属胡西弟为教学楼的落成剪彩。这是继1993年6月10日胡志榜教学楼落成典礼后，玉壶镇小又一次隆重的庆典活动。

（原载《文成文史资料》2005年第18辑）

### 九、积善之家必有馀庆——小记老善人胡克添与其长房后裔

在侨乡玉壶，凡60岁以上的老人经常会提起一位慈善老人，他的名字叫胡克添。

胡克添1886年出生于玉壶镇底村，出身佃农，识字不多，但善于筹划。胡克添育五子二女，长子胡志春、次子胡志员、三子胡志鞭、四子胡志湾、五子胡志修。长女胡驮奶适青田旅德华侨，次女适周壤归侨杨汝松。

胡克添为人慈善笃厚，乐于公益，一生热衷修桥铺路、建造亭殿等，干了不少功在千秋、德垂后人的善事。

胡克添长子胡志春于1908年出生，1932年去日本，1935年去新加坡，1940年回国务农，育二子：长子胡永快，1979年赴法定居；次子胡永豹，青年时卒于福建。

胡光春长子胡永快，1933年出生，1954年与五一村项埠垟胡碎奶完婚，婚后育3子1女：长子胡立靠、次子胡立平、三子胡立正、一女胡爱钗。胡碎奶产女后遭变，不幸辞世。胡永快青年失偶，悲痛万状，无法抚育女婴，忍痛割爱，将小女给天坪村胡菊妹抱去作养女。1979年，胡永快由其四叔胡志湾办理旅法定居手续赴法谋生，1995年回国安度晚年。

胡永快长子胡立靠，1955年出生，1980年赴巴黎，先服役5年，后创业。妻子周金钗，1952年出生，1987年赴法定居。育3子2女，长子胡建拉、次子胡建民、三子胡建国。长媳胡爱月育1子1女，长女胡建芬育3女，次女胡碎芬育1子，全家十多口，其乐融融。

胡永快次子胡立平，1958年出生，1982年赴巴黎，先服役5年，后创业。妻子吴李玉，1962年出生，1987年赴法定居。育2子1女，长子胡建光、次子胡建荣均在巴黎读计算机专业，女儿胡瑞丽。

胡永快三子胡立正，1960年出生，1980年赴巴黎定居。妻子周丽华，1963年出生，1983年赴法定居。育2子1女，长女胡小仙，1981年出生，1983年随母赴法定居，长子胡建树在读计算机专业，次子胡建馀、小女胡小丹在美国大学读书。胡立正勤劳俭朴，思维敏捷，善捕商机，经营有方，资金日趋雄厚。1994年，他回国省亲，适遇玉壶景点三港殿失火，他接过曾祖建三港殿的衣钵，捐资25万元用于重建。1995年，看到母校玉壶中学总务处失火，出于热爱母校之情，他捐资25万元建玉壶中学胡立正教学楼以解母校校舍紧缺之急。看到克木大桥东首旅荷归侨周阿女建造了女英亭，他又捐资11万元建造了克木桥西侧的玉春亭。1995年8月21日，温州侨乡报记者林庭康以《慷慨与节俭组成的动人二重奏——文成传颂着一个"侨乡之最"》为题对其一年捐建3项工程的事迹作了报道。1995年10月18日，玉壶中学隆重地举行胡立正教学楼落成典礼。文成县政府、县人大、县政协、县委组织部、县委统战部、县人武部、县教委、县妇联、县团委、县侨办、县侨联及有关科局与玉壶镇有关部门计60个单位的成员参加了庆典活动。时任县长夏瑞洲在大会上对他虽身在欧洲，却心系中华，情注桑梓，爱国爱乡爱教育的精神作了高度赞扬。时任县长夏瑞洲、县政协主席廖梅柳、统战部长雷开勤、县侨办主任胡志光，以及胡立正岳父周守钏为教学楼落成剪彩。

胡永快女儿胡爱钗，1963年出生，1983年赴法定居，丈夫蒋美云，1962年出生，1980年出境，先到荷兰，后定居法国。育二子，长子蒋加明、次子蒋加庆均在高中读书。为报答养母养育之恩，她携养兄施德宝赴法并为其开设餐馆，助其娶妻。

胡立靠四兄妹团结一致，不分你我。他们意识到凭借个人有限的资金难以在市场上竞争取胜，于是集中资金在巴黎开办了中华安定有限公司。该公司总部大楼共5层，计3600平方米，内设餐厅（600餐位），兼营商场与舞厅。另辟停车场与车库，装潢气派，规模、生意均属一流，在巴黎侨界颇具影响。如今胡克添长房裔孙合府30余口，家庭和睦，事业蒸蒸日上，呈现出一派欣欣向荣的景象，这正是：积善之家，必有余庆。

（原载《文成文史资料》2005年第18辑）

## 十、追记旅荷爱国侨胞胡从探二三事

> 令尊望重德丰隆，耄耋之年再建功。
> 桑梓增光剧院建，青史留名颂胡公。

这是我于1998年10月19日在文成县玉壶镇光明村参加胡仲森（胡从探）影剧院落成典礼后写给其女胡冬花的一首颂诗。时至今日，胡老虽已作古多年，但他那爱国爱乡的精神、大义凛然的气概和乐于公益、与人为善的道德风范永照后人。下面我将自己所听闻到的几件事录于后，以飨读者，并寄以哀思。

（一）罢工斗争

胡从探1912年正月出生于文成县玉壶镇光明村，1934年冬远离家乡，飘洋过海，出国谋生。随着中日战争的爆发，意大利法西斯政权对中国侨民进行种种迫害，他不堪忍受，于1938年辗转来到荷兰，从事花生糖小买卖。1940年，他到荷兰西印度石油公司做工，随同的同乡的有胡希檀、胡庆祝、胡克提（胡中杰）3人。他们在公司里做水手、茶房，工作繁重，但工资比本国工人低得多。一直到1942年，他们的工资还没有增加。工人们忍无可忍，要求增加工薪，否则就罢工。罢工几天过去后，涨薪仍无进度。一个星期后，公司派几个工头欺骗说，先上班，工薪问题可派代表商量，当工人选出代表去谈判时，却被警察局软禁。代表被放回后，又被荷兰军警押到一个孤岛，切断了跟外界的联系。随着斗争的步步深入，荷兰政府派出军队包围工人住地。胡从探等中国侨民大义凛然、毫无畏惧地跟大批全副武装的荷兵战斗起来。荷兵竟开枪进行屠杀，当场打死12人，打伤50多人。1998年10月19日，当我问及此事时，88岁高龄的他对此记忆犹新，追溯往事仍滔滔不绝。

（二）造福桑梓

1958年，胡从探再次出国，定居荷兰。他虽年近半百，仍奋发图强，不仅携亲带友百余人出国谋生，还为修建李林华侨教学楼、民间道路，重建李山水口殿和助建如意亭等公益事业慷慨解囊。1998年，已是86岁高龄的胡老仍然怀着一颗赤子之心，独资17万元为家乡建造了影剧院。1998年10月19日，影剧院落成典礼隆重举行。

2003年3月19日，胡从探在瑞安市马屿镇与世长辞，享寿九秩晋三。由于他在侨界影响卓著，贡献良多，中国驻荷使馆建议批准其实行土葬。中国驻荷使馆，以及旅荷华侨总会、旅奥华人总会、荷兰中国商会、荷兰中国和平统一促进会、中华医药研究发展中心、意大利米兰华侨华人工商会、意大利罗马华侨华人联合总会、意大利米兰华侨华人商贸联合总会、意大利佛罗伦萨华侨华人联谊会、意大利华侨华人米兰文成同乡会、旅荷华侨瑞安市教育基金会、西班牙华侨工商会、旅奥文成同乡会等几十个侨团，以及全国人大华侨委员会办公室、全国政协港澳台侨委员会、国务院侨务办公室国外司、外交部领事司、中华海外联谊会海外处、中国侨联海外联谊部、浙江省人大民族宗教华侨外交委员会、浙江省政协港澳台侨委员会、浙江省侨务办公室、浙江省海外交流协会、浙江省侨联、浙江省海外联谊会，连同温州市、瑞安市、文成县政协与涉侨部门，以及时任浙江省政协常务副主席龙安定和知名华侨发来唁电。

2003年年3月24日上午，时任文成县政协主席徐世征，县委常委、统战部部长刘玲玲，县政府副县长吴高宏，文成县涉侨部门与玉壶镇党委、政府、镇侨联，以及旅意知名华侨胡立松、旅澳知名华侨胡立井、旅意华侨余云峰与我等驱车到马屿参加胡从探遗体告别仪式。600多人送柩归山。

（原载《文成文史资料》2006年第19辑）

## 十一、胡永仕家族侨谱

胡永仕又名胡振鹤，1897年出生于文成县玉壶镇凉际村，有兄弟3人，他居长，二弟永力、三弟文力，三兄弟居住在偏僻的山沟，谋生不易，创业更难。为了改变困境，1935年，胡永仕远涉重洋去荷兰谋生。中华人民共和国成立后，他的事业有了长足的发展，不久开设了欧海酒楼。1957年、1959年，胡永仕分别携长子胡志东、三弟的次子胡志敏出国谋生，并扶持2人创业。此后胡氏三兄弟及其后裔的事业蒸蒸日上。现在长房四子及其后裔、二房六子及后裔、三房两子及后裔计174人分布在荷兰、意大利、德国等国，事业兴旺，其乐融融，成为文成侨界名门望族。胡永仕勤劳俭朴，爱国爱乡，有钱不吝,为家乡的教育、交通、文化等公益事业做出了贡献。1970年,他回国安度晚年,于1985年病故,终年88岁。

下面将胡永仕家族侨谱开列于下:

长子胡志东,1921年生于文成县玉壶镇凉际村,1957年定居荷兰,开设东亚酒家。妻子黄阿兰,1925年生,1979年定居荷兰。育二女二子。

次子胡志好,1924年生,1975年定居荷兰,开设中国城。次媳张冬梅,1939年生,1978年定居荷兰。育四子一女。

三子胡志桃,1931年生,1964年定居荷兰,开设北京酒楼。三媳董林桃,1933年生,1973年定居荷兰。育三子二女。

四子胡志登,1933年生,1979年定居荷兰,开设宝芙蓉、金殿、玫瑰酒楼。四媳周守月,1942年生,1983年定居荷兰。育三子(中略)。

胡志东热心侨团工作,历任旅荷华侨总会第三届(1974年)总务组副组长、第四届(1977年)常委、第五届(1980年)、第六届(1984年)、第七届(1987年)、第八届(1990年)副会长、第九届(1993年)、第十届(1996年)名誉会长、高级顾问。1983年,胡志东率领总会访华团访问北京、上海、杭州、广州、桂林、扬州等城市,并在北京中南海和钓鱼台国宾馆受到党和国家领导人的亲切接见。1994年,他被聘为浙江省海外联谊会名誉理事,应邀参加全球第五届浙江籍侨团负责人、著名人士联谊会,并陪同时任浙江省省长万学远到美国纽约考察并合影留念。

胡志东先后为1976年唐山地震、1983年整修万里长城、1986年建温州大学爱国楼、1987年大兴安岭森林失火、1991年百年罕见的特大水灾、1993年建造金温铁路、1994年华南水灾、1995年温州市侨联乔迁等重大救灾与建设活动捐款。他还在家乡建村校、造桥梁、筑道路、建影剧院、造小型水电站、建华侨医院和华侨之家,改善县侨联、县侨办、玉壶派出所等部门办公条件,现年事虽高,但还有意向再为教育做出更大的贡献。

(原载《文成文史资料》2006年第19辑)

## 十二、相夫教子创业有成——记海外委员胡英姿女士

胡英姿，女，1967年出生于玉壶镇中村。1981年初中毕业后在玉壶镇中心小学代课。当时她家中四兄妹全凭长兄一把篾刀维持生计，生活较贫困。少年懂事的胡英姿为了改变现状，决心到欧洲闯荡，于是放弃教学生涯，于1985年赴意大利谋生。她先在台湾人开办的酒店打工，后在米兰同村同学胡守坦的金钱餐馆打工。在相处中，胡守坦吃苦耐劳、诚实守信、奋发向上的品质让她产生了好感，而她的头脑灵光、脚手勤快、能说会道也吸引了胡守坦的目光。二人互相爱慕，从一般的同学发展成一对恋人。婚前两人合伙到意大利和瑞士交界的地方开设餐馆，立下誓约，餐馆开得成功就完婚，不成，就继续奋斗，一直到事业有成，否则不完婚。后因两人经营有方，生意十分红火，1989年，两人完婚。为了进一步发展事业，两人转到米兰开设了一间打包店，但生意不景气，1991年俟长女出生后，胡英姿卖掉打包店，事业处于低谷。

1991年，意大利政府对无居留权者进行大检查，当时一华人开办的装搭汽车玩具厂因有黑工被查封，老板在拖欠30多名工人工资的情况下逃走，一些工人的生活没了着落。胡英姿夫妇虽然处于逆境，依旧在自己仅有50平方米的住家收留了十多位失业工人，供他们住、吃、喝。胡英姿夫妇这种助人为乐、解人之困、无私奉献的精神大大地感动了这些失业工人。一周后，这些工人将玩具厂老板的外国公司业务信息透露给胡英姿伉俪。当时有很多人想接外国公司的业务，但外国公司的老板不信任华人，业务一直没有交给华人。当胡英姿夫妇拿出自己仅有的积蓄付清逃走老板所拖欠工人的工资后，外国公司老板深受感动，于是把业务交给他们夫妇来经营，夫妇两在米兰和布雷西亚之间开办了500平方米的工厂，为发展事业奠定了基础。1987年后她自购厂房，增加了3个袜包装工场。此时的胡英姿已有3个子女，又有50多名工人，她既当妈，又当老板，却没有雇保姆，里里外

外一把手，忙得不亦乐乎。

眼看祖国日益繁荣昌盛，许多侨胞回国创业有成，胡英姿意识到强盛的祖国是海外华侨的坚强后盾，要想让自己的事业得到长足的发展，必须回国创业，于是从1994年起开始给家乡汇钱，积累资金，为以后在家乡创业奠定经济基础。1997年回乡后，看到别人合伙开的东四电厂停建，她认为水力资源是无穷无尽的，于是抓住这个机遇投资1500万元承包了东四电厂，建成了500平方米的厂房，安装了2000万千瓦的发电机，从2003年开始发电，利润颇丰。胡英姿在办东四电厂的过程中积累了经验，决心在玉泉溪下游再建东五电厂。2003年，投资2800万元建造的东五电厂落成，2005年建成了700平方米的厂房，安装了3200万千瓦的发电机，于当年开始发电。

为了使布雷西亚华侨华人有一个自己的组织，2001年，胡守坦筹建了以他为首的布雷西亚华侨华人联谊会。胡英姿热心侨团工作，配合丈夫积极参加筹备工作，当年10月，联谊会正式成立，胡守坦当选为首届会长，胡英姿当选为副会长。2002年，她又当选为意大利华侨华人妇女总会常务副会长。

为了让子女回国学习祖国的文化语言，胡英姿强忍不舍，送10岁的次女和8岁的儿子到北京汇佳学校学习。从北京返意后，膝前少了终日相处的子女，一种莫可名状的感觉油然而生，胡英姿后悔自己当时狠心将这么幼小的子女寄托在远方，夜里翻来覆去，老是睡不着。为了寻找精神上的慰藉，她深夜去电给高树茂总领事诉说。高总领事以为她这么晚来电一定是夫妻吵架，一听原来是思儿女心切，便给她讲了母狼将仔狼推下山坡的故事，告诉她这不是母狼狠心，而是母狼给仔狼创造一个艰苦的环境磨练仔狼，仔狼只有脱离母狼的依赖才能寻找到谋生的道路，才能自食其力。经高总领事的启发、开导，胡英姿逐渐解开心结。现在两个子女能说一口流利的普通话，能认几千个汉字，能适应祖国的环境，证明胡英姿当时的决策没错。

2004年9月，胡英姿应邀参加文成县妇联会议，县府办林乐融主任对她说，大连有人来文成招商引资。头脑灵光、善捕商机的胡英姿一听即知晓这是回国创业的良机，于是谢绝了妇联的邀请，主动提出与大连温州商会旅顺口区分会刘开友会长一起聚餐，两人一见如故。之后，胡英姿与大连市有关领导做了沟通，并于10月份去旅顺口考察，并发动由胡守坦带队的意大利考察团来旅顺口考察投资环境。考察团觉得十分满意，12月份即付定金，并以每平方米160元的优惠价购地3万平方米用以兴建厂房，总计投资3800万元的守坦木制品制造（大连）有限公司得以创办，胡守坦担任董事长。经过6个月的奋战，公司于2005年3月份奠基，8月19日首批集装箱出口到欧洲。

胡守坦是胡英姿的坚强后盾，胡英姿是胡守坦的好搭挡，好内助。夫妻二人现在双双加入中国侨商投资企业协会。2008年1月16日，胡英姿以大连华商会副会长的身份同胡守坦在北京人民大会堂参加了中国侨商投资企业协会，聆听了温家宝总理的重要讲话，受到了很大的启发，增强了在中国发展事业的信心，准备在原有的基础上继续创业，创办连锁百货店，把中国企业的业务拓展到欧洲。

（原载《文成文史资料》2000年第22辑）

### 十三、记荷兰皇家骑士勋章获得者、旅荷华侨总会会长胡永央

担任旅荷华侨总会第十二届会长的胡永央1946年出生于文成县玉壶镇底村一户老华侨之家。1961年，未读完初中的他办理探亲手续，出境香港，于1963年定居荷兰。在荷兰，胡永央在乡亲胡克林的中国餐馆打工，1971年与人合伙开设大庆酒楼。此后分别于1972年、1980年、1992年独立经营了延安酒楼、安丰酒楼、兴隆酒楼，又与人合伙在荷兰、西班牙、比利时等国开设了金山、马拉、亚洲、富贵等酒楼，还回国投资水力资源与房地产的开发。在频繁的回国考察活动中，胡永央跟许多省市建立了友好的关系，近两年来分别被江西省、江苏省和长沙市海外交流协会选为理事，被连云港海外交流协会聘为名誉会长。

胡永央不仅是一位优秀的实业家，而且是一位活跃于华侨社团中的活动

家。从1990年至今,他连任鹿特丹华商会副会长、代会长、名誉会长,并于1995年以代会长的身份出任欧洲华侨华人社团联合会常务理事,此后一直连任至今。1996年,胡永央当选为旅荷华侨总会第十届副会长,为了做好迎接香港回归和旅荷华侨总会成立50周年的庆典活动,他随同以胡志光为团长的荷兰侨领代表团访问了北京、西安、南京、苏州、杭州、广州、深圳、香港等地,与有关部门沟通庆典活动的前期工作。1999年,正值50周年国庆,他又应邀同胡志光、胡允革、周守局等侨领回国参加了盛大的庆典活动,参加了国宴,受到了党和国家领导人的亲切接见。2000年12月,胡永央被选为旅荷华侨总会第十一届会长,不仅在荷兰频繁地接待了前来考察、访问的从中央到地方的有关部门和各级领导,而且频繁地应中央统战部、国务院侨办等单位之邀回国参加活动。2001年,他应邀参加全球华侨社团侨领联谊会,又率团考察辽宁沈阳,熟悉投资环境。2002年,他应邀参加美国浙江乡贤会,又率团回国访问济南、青岛、泰安、曲阜。2003年率团访问了杭州、南昌、厦门等地。2004年4月,胡永央作为荷兰华侨总会中文学校负责人,应邀回国考察了北京、上海、杭州、温州等地。此后还多次参加浙江海外乡贤聚会。这些考察与访问,拓展了侨胞的视野,扩大了华侨的影响,为侨胞回国进行第二次创业奠下了良好的基础。

20世纪90年代,荷兰中餐馆数量骤增,生意呈现疲软状态,许多餐馆降价招揽生意,这种恶性竞争导致餐饮行业质量下滑,胡永央意识到只有全面提高中餐人员技能,提升菜品质量,才是正道。1994年,胡永央在自己的侨居地鹿特丹市举办了有100多位名厨参加的烹饪技艺大赛,扩大了大众对中餐文化的认识。

胡永央十分关心中文教育,他看到许多华裔生长在国外,对祖国的传统文化与历史几乎全无知晓,对祖国的感情日趋淡薄,深感长此下去祖国的文化语言将在荷兰华侨华人中断层。为了弘扬中华文化,鼓励华裔认真学习祖国的语言、文化,1991年,他创办了鹿特丹教育基金会,制定了给前3名学生发奖金、奖杯的奖励办法，2001年和2002年，他组织了夏令营活动。

海外华人子女的中文教育牵挂着胡永央的心，贫困地区孩子的教育也备受他的关注。在得知国内"希望工程"后，他一次性包下15名贫困山区学生的学习费用。

为了发挥妇女"半边天"的作用，提高妇女的社会地位，2004年"三八"国际妇女节，胡永央举办了妇女联欢活动，特地邀请了时任中国驻荷兰大使薛捍勤参加。

胡永央十分重视与侨居国增进友谊，多年来借国庆和春节之机举办多场大型联欢晚会，邀请浙江小百花越剧团、深圳市民族歌舞团、安徽黄梅戏剧团、陕西敦煌歌舞团，以及多位中国明星到荷兰献艺。在联欢晚会上，胡永央邀请荷兰内政部部长、外交部部长、鹿特丹市市长及社会名流一同欣赏灿烂的中华文化艺术。2003年春节期间，胡永央特地拜访了荷兰女王90岁高龄的父亲，荷兰女王在中国传统节日向他发来贺电。

胡永央虽身居异国他乡，却心系祖国和家乡。在1998年国内发生特大洪灾和2003年"非典"流行期间，他均发动侨胞救灾和抗"非典"。当台湾陈水扁大搞"台独"活动，两岸关系严峻时，他在鹿特丹举行集会支持中央台办和国务院台办声明，坚决反对"台独"，维护祖国统一。

2004年4月29日，荷兰女皇授权斯希丹市市长授予胡永央荷兰皇家骑士勋章。

（原载《文成文史资料》2005年第18辑，

《温州文史资料》2017年第34辑选载）

**十四、侨界后起之秀——记旅奥华人总会副会长胡立井**

旅奥华人总会副会长胡立井是我的学生，我对他的事业有成早有所闻，但尚不清楚全貌。日前趁他回国参加中国文成刘基文化暨生态旅游节暨首届世界温州人大会和中国国际轻工产品（温州）博览会之机，与其做了交流，使我对他有了一个较全面的认识。

（一）脚踏实地，稳步发展

胡立井，1971年出生于文成县玉壶镇枫树龙村一户勤劳俭朴而善良的农家。小时候的胡立井受到家庭环境的熏陶，养成了勤劳俭朴、团结友爱、诚实谦和的品质。他在求学阶段品学兼优，是一位受师生称颂的好学生。1987年高中毕业后，即在玉壶街开设百货商店一家，因经营有方，生意做得十分红火。

1988年，胡立井由其在奥地利的长兄胡立谦帮忙办了出境捷克的手续，于1989年定居奥地利。在奥地利，他先在长兄胡立谦的餐馆打工，通过自己勤劳的双手逐渐积攒了资金，1990年自行开设了汉宫酒楼。开始时酒楼不大，仅有70多个座位。1992年酒楼进行了改造，增加了餐位。此后，他成立了胡氏国际贸易有限公司，兼营副食品。1999年，胡立井将汉宫酒楼的面积扩大到1000平方米，餐位增加到140多个，并建造了露天花园，又增加了300多个餐位。胡立井也成为奥地利年轻一代殷实富户之一。

（二）造福桑梓，报答亲恩

横跨上村溪，贯通五一、五四村的外婆桥是胡立井独资建造的。说起外婆桥，尚有一段激动人心的来历。胡立井尚未出国之前，看到自己生长的村庄出入需经过一条狭小的小桥，若遇上洪水期，乡亲们还需绕道，非常不便。1997年11月，胡立井的外婆胡奶宝女士辞世，胡立井返梓为其外婆送葬。他想到自己的一家能有今天的发展，离不开外婆一家（几位舅父均在奥地利）的帮助，于是出资建立外婆桥，以此表达对外婆的怀念。这种义举在侨乡玉壶尚无先例，故一直被家乡人民所称颂，传为美谈。

2000年，胡立井的母亲梅花叶驾鹤西游，为了表达对母亲的思念，2003年胡立井捐资25万元，在玉壶中学建梅花叶综合楼。此外，他还为祖国的救灾、乐助组织及家乡基础设施的建设捐献40多万元。

**附：外婆桥碑志**

　　横跨上村溪，贯通五一、五四村的外婆桥系旅奥爱国青年华侨胡立井先生为纪念外婆独资兴建。该桥于1997年11月22日动工兴建，1998年2月25日竣工，桥暨石狮总造价为16万元。

　　1997年11月，胡立井先生的外婆胡奶宝孺人辞世西游，胡先生饮水思源，不忘外婆之恩，慷慨解囊，捐巨资建桥纪念。用造福桑梓报答外婆深恩的义举在家乡传为美谈。今大功告成，特立碑晓喻后世。

　　建桥功德彪炳千秋

文成县玉壶镇人民政府

1998年2月立

余序鳌撰　胡金波书　胡立千刻

**（三）名副其实的企业家**

　　随着改革开放的不断深入，胡立井回国进行二次创业，2001年以来投资创办了许多企业，最近3年在国内投资300万元创办了属于国家三级企业的中外合资浙江瑞安市新风装潢工程有限公司，直接带动300多人就业。他还成立了浙江文成顺昌金属实业有限公司，为国内生产连铸连轧的钢材等建材。此外，他还投资3000万元，征地23亩开发文成工业园区；独资1500万元，征地1600平方米，建造了8层高的文成华侨公寓。为了给老年华侨创造回乡寻根认祖的条件，帮助他们落叶归根，过上舒适的晚年生活，他同旅荷著名侨领胡志光等5人合资了3500万欧元，在瑞安征地500亩，建高档华侨老年公寓（五星级以上高档生活小区）。他在沈阳、本溪，中外合资1.2亿元，征地800亩开发别墅，又在江苏常州市同另一名旅荷华侨一起投资1亿元、征地2万平方米建市政府宾馆。

胡立井的事业是成功的，他不愧是一名侨界后起新秀。

（原载《情系中华》2003年第12期，《文成文史资料》2004年第17辑转载）

## 十五、拳拳赤子，心系祖国——记旅荷已故侨领余忠

旅荷华侨总会的奠基人之一余忠，字孝师，又名克棣，1910年9月15日出生于浙南文成县马山乡山坑岭头，世代务农。小时侯的余忠聪明颖悟，喜画、能文、会唱，稍长，成为农村文娱活动的好手。20世纪20年代初，年轻的余忠受到前往日本、新加坡等国（地）谋生热潮的影响，跃跃欲试。18岁那年，他到台湾卖画谋生，那时处于日本帝国主义殖民统治下的台湾民生凋敝，没有什么人买他的画，几年后他返回家乡。

余忠回家后与陈爱珠结婚，生下长子余光宇，生活的担子日趋沉重。1934年，他迫于生计，忍痛离妻别子，远涉重洋，赴意大利谋生。后又几经周折，于1936年抵达荷兰，经营小本生意。正当他渐渐有些积蓄，想发展自己的事业时，第二次世界大战爆发了，荷兰的经济遭到严重破坏，但他坚持留在荷兰艰难度日。二战结束后，余忠经过几年的拼搏，筹措了一些资金，才开设了一家东风酒家，成为文成旅荷华侨中的首批创业者之一。

战后的荷兰物资奇缺，小贩们依靠个人进货相当困难，余忠意识到把大家联合起来集体进货或许较为有利，于是就提出成立同乡会的倡议。此举得到胡问樵、梅仲微、胡克林、胡挺超、赵构等一批温州籍侨胞的热烈响应。1947年11月27日，瓯海同乡会在荷兰阿姆斯特丹市成立，余忠众望所归，被推选为同乡会的首届会长。为了争取同乡会的合法地位，他立刻向阿姆斯特丹市政府登记注册，并向当时的中国驻荷兰大使馆报告此事，通过他们向南京市政府备了案。为了兴办中文教育事业，他又代表同乡会于1948年向市政府申请，建立了会馆，办起了中文学校并建立了会议制度。这个会馆几经装修、翻整，一直沿用至今。为创建旅荷华侨社团和创办中文学校，余忠真是费尽了心血。

1949年10月1日，中华人民共和国宣告成立。消息传到荷兰，余忠和广大旅荷华侨欣喜若狂，他立即以同乡会的名义致电北京，热烈庆贺，并在当地举行了多种形式的庆祝活动。1952年10月1日，为了庆祝中华人民共和国成立3周年，余忠又发起举办了庆祝活动，为旅荷华侨一年一度成立祝贺国庆筹备委员会、组织庆祝活动开了先河。

朝鲜战争爆发时，余忠等爱国侨胞响应祖国号召，发起支援祖国抗美援朝募捐活动，因荷兰当时是以美国为首的西方阵营的成员之一，此举引起了荷兰警方的注意，余忠和胡问樵、梅仲微、林昌松等爱国侨领的家均遭到搜查，甚至连护照也被扣留。直到1954年中荷建交，中国驻荷代办来荷后，经过交涉余忠才领回护照。

瓯海同乡会每届任职1年，余忠连任4届会长。由于同乡会爱国旗帜鲜明，入会者骤增，为了适应组织发展的需要，1953年，瓯海同乡会改名为瓯海华侨会，每届会长任职2年，余忠连任5届秘书（当时未设秘书长，会务均由秘书处理）。1963年，瓯海华侨会又将带有地域色彩的"瓯海"二字改名为"欧海"，以示团结广大旅欧华侨之意，每届会长任职3年，余忠又连任2届秘书。作为旅荷侨团的创始人，余忠为爱国侨团的发展做出了重大贡献，因此受到中国政府的重视。1967年，他受邀回国参加了北京的国庆活动和国宴，受到党和国家领导人的亲切接见。1977年，欧海华侨会又改名为"旅荷华侨总会"，每届会长任期仍为3年，余忠被选为第一、二届副会长兼秘书长，第三、四届副会长，后又被聘为总会第五届顾问。

经历了新旧中国两个不同时代，余忠深刻地体会到，没有中国共产党就没有新中国，没有新中国就没有侨胞的今天。1977年，在旅荷华侨总会成立30周年之际，余忠在庆祝大会上作了长篇演说，详尽地回顾总结了旅荷华侨总会发展壮大的光辉历程，并将演讲全文发表在会刊《华侨通讯》1977年的创刊号上，充分表达了一位爱国老侨领的赤子之心。

余忠十分关心祖国和家乡的建设。他曾为唐山大地震捐资救灾，为创办温州大学和建设温州华侨大楼、瑞安华侨电影院、文成侨联办公楼、玉壶华侨影剧院等事业做出了自己的一份贡献。

1953年,余忠从瓯海同乡会会长职务上退休,但仍长期担任瓯(欧)海华侨会、旅荷华侨总会的领导工作,直到1974年才歇手。在长达20多年的时间内,诸如章程、信件、会务工作文件等,大多出自他的手笔,他自始至终为会务奔走忙碌,鞠躬尽瘁,终因积劳成疾,患上了心脏病和肺气肿。1981年5月,余忠突发疾病,中国驻荷代办派员专程护送他经香港转回国内治疗。国务院侨办得知后,立即通知省侨办派专车到机场迎接,并先后安排他在浙江医院、温州地区外宾医院和文成医院治疗。住院期间,省、市、县有关领导曾多次到医院探望慰问,医疗单位精心组织治疗,但他终因年迈体衰,医治无效,于1981年9月27日下午3时30分病逝于文成老家,终年71岁。

余忠逝世后,文成县人民政府于1981年9月30日为他举行了隆重的追悼会,县委办公室的王光坑致悼词说:"余忠的一生是爱国的一生、光荣的一生,生前他把精力献给了爱国团结工作,他热爱社会主义中国,热爱家乡,为中国的社会主义建设做出了有益的贡献。他一向为侨胞服务,在侨胞中享有很高的威望,深受侨胞的尊敬,同时也深受国内归侨侨眷的好评。"悼词总结了余忠光辉的一生。余忠数十年如一日爱国爱乡的赤子之情,将永远鼓舞旅荷的广大华侨华人,以及家乡的人民,为统一祖国、振兴中华而团结奋斗!

[原载《浙江文史资料》1999年第65辑
《都有一颗中国心——浙籍华侨华人风采录(欧洲篇)》]

**十六、英年早逝的侨界新秀胡志榜**

被癌症过早夺去生命的旅荷侨领胡志榜,在家乡时和我同住在一条街上,我比他大20岁,其胞兄胡志荣、胡志光又是我的同窗好友,因此我和他一直以兄弟相称,关系密切。我曾看着他成长,后来又受他的委托监建和管理过他在家乡捐资兴建的社会福利工程。他在北京中日友好医院病危时,我也曾赶到病床前目睹过他临终前那催人泪下的场面。如今他辞世已整6年了，谨撰此文追忆其生前的业绩和身后的殊荣，以寄托不尽的哀思。

1956年7月21日，胡志榜出生于浙江省文成县玉壶镇的一户旅荷华侨之家。少年时的胡志榜大头圆脸，嘴方鼻正，白净微胖，十分惹人喜爱。1971年，胡志榜初中毕业后，就随父亲胡克木到荷兰定居，在父兄的呵护培养下迅速成长。1976年，他自行开设一家向阳酒家分店，开始独立经商，闯荡商海。1984年，他和兄姐们合伙创办了荷兰玉壶国际贸易有限公司。此后，他经常返回祖国，在内蒙古、天津，以及广州、温州、青岛等地洽谈生意，希望把中国生产的商品打入欧洲市场。

胡志榜爱国爱乡，办事公正，又精通荷语，很快就在旅荷侨胞中享有一定的声望。从1977年起，他先是担任第四届旅荷华侨总会的财政组组员、文艺组组长，以后又历任总会第五届（1980年）常委、执行委员，第六届（1984年）常务理事，第七届（1987年）和第八届（1990年）副会长。在筹备和主持旅荷华侨总会庆祝国庆和其他文艺活动中，胡志榜热情参与，精心组织，为传播中华民族优秀传统文化和增进中荷两国人民的友谊做出了积极的贡献。

胡志榜是一位热心为家乡兴办教育事业的有识之士，常以振兴家乡的教育事业为己任。1988年，他向家中的兄弟姐妹提议在家乡建立教育基金会，后因洪水冲垮了家乡的桥梁，他将已筹集的7.5万荷兰盾捐款改用于修建克木大桥，并独自增资3万元扩建桥面，委托我监管大桥修建。1988—1990年，筹建玉壶中学华侨图书馆。1989年，他和另外7人集资，为其父辈的老家——玉壶镇东溪自然村建造了一幢480平方米的乡村小学校舍。此外，胡志榜还在1982年两次捐资赈济文成县城遭受火灾的灾民，1986年出资为家乡修建机耕路……胡志榜热心造福桑梓的义举数不胜数，在此不再一一赘述。

在胡志榜风华正茂、大有作为的1991年，不幸的事情发生了：9月25日，作为大会执行主席的胡志榜在荷兰主持了侨界的国庆联欢晚会之后，应邀回国参加浙江省海外侨团负责人、知名人士联谊会，会议期间，他突发重病，不能进食。时任浙江省政府侨务办公室主任杨招棣立即陪送他到医院检查，检查结果为食道癌晚期。他无法继续参加会议活动，更不能返回家乡亲眼看看自己捐款修建并由他增资扩建桥面的克木大桥，只能急忙返回荷兰治病。在荷兰，专家虽精心治疗，但无甚效果。中国驻荷使馆与祖国联系，决定再送他回国医治。国务院侨办对此十分重视，专门指示北京中日友好医院组织专家抢救小组，尽一切力量进行抢救。12月8日，胡志榜在其夫人徐苏琴、二兄胡志光的护送下住进北京中日友好医院。医院立即组成以副院长潘瑞芹为首的专家抢救小组精心抢救治疗。全国人大常委会侨务委员会、国务院侨办、外交部等都十分关心，时任国务院侨办主任廖晖、副主任陈白皋，全国人大常委会华侨委员会副主任林丽韫等领导都曾前往医院探望慰问。

1992年1月22日，胡志榜委托二哥胡志光发专电给我，称他决定独自捐资25万元在玉壶镇中心小学建造一幢1060平方米的教学楼，望赶制教学楼草图、做好经费预算带去北京，让他亲自过目。我接电后立刻去文成请王大毅老师绘图，回来后向时任玉壶区委书记周育朋汇报说，这样年轻的侨领，临终前有这样的义举，党政领导和区小领导是否要派人去慰问一下。周育朋书记说，玉壶镇委或镇府理应派一个代表，学校也有必要派去一个代表。

1月26日，我带着草图和预算去医院看望业已骨瘦如柴、奄奄一息的胡志榜。躺在病床上的他，以顽强的毅力仔细审看了草图和预算，并听取了我关于家乡教育事业发展情况的介绍，他会心地点头，表示满意。他提出要请国务院侨办主任廖晖题写教学楼的名字，几天后，廖晖主任将时任全国政协副主席、中国海外交流协会会长钱伟长题写的"胡志榜教学楼"墨宝亲手送到胡志榜的手中，并和他合影留念。亲切的关怀，再一次温暖了病重垂危的胡志榜的心。接着，由胡志光向我转告了胡志榜的一席肺腑之言："有钱能给家乡干点事是应该的，也是高兴的。本来打算将公司里每年赚来的钱提取一部分在家乡建立教育基金会，但现在处境如此，只得提前实现自己为家乡办教育的一点心愿。"此情此景，使我悲戚难忍，在略谈数语之后，含泪告别。

1992年2月6日（农历正月初三）下午2时零5分，胡志榜在北京中日友好医院病逝，终年36岁。2月12日上午10时，在北京八宝山革命公墓第一告别奠堂举行了胡志榜遗体告别仪式，时任国务院副总理吴学谦献了花圈；时任全国政协副主席、中国海外交流协会会长钱伟长，国务院侨办主任廖晖，时任全国人大常委会华侨委员会副主任委员林丽韫，中国侨联主席庄炎林和副主席黄军军，以及外交部领事司、行政司，国务院侨办，中新社，中日友好医院，北京市侨办，文成县侨办、侨联相关领导，还有荷兰驻华公使和家乡的亲友共150多人参加了遗体告别仪式。送花圈和发来传真唁电的多达78个单位、203人次，仪式肃穆隆重。

其孀妻徐苏琴女士为了实现丈夫的遗愿，又再捐2万荷兰盾，在镇小建立教育基金会。许多文成籍的知名华侨都说，胡志榜的逝世是家乡教育事业的一大损失。但胡志榜教学楼的建成仍产生了巨大的激励效应。到1997年为止，侨胞们在家乡、在县城，已捐资建成了17幢中小学教学楼，大大改善了文成县的办学条件。

胡志榜逝世后，《浙江侨声报》《温州侨乡报》以及《华侨通讯》和《欧洲时报》等报刊均作了报道，并发表了悼念文章、诗词和挽联。按照胡志榜临终前提出的要求，他的遗体本拟安葬在北京八宝山公墓，并已择地在李大钊烈士的墓侧，后考虑子女回国扫墓路远不便，才决定改葬荷兰。

1993年6月1日，胡志榜骨灰安葬仪式在荷兰乌特勒支市郊举行，来自荷兰各地及意大利、奥地利、丹麦、法国、德国、西班牙等国的胡志榜生前的亲朋好友赶来为其送行，当地的众多侨领也参加了安葬仪式。旅荷华侨总会会长叶世顺、时任中国驻荷使馆代办王文博在仪式上先后致词。王文博代办说："胡志榜的去世使我们失去了一位热心的好朋友、年富力强的侨领；但是年轻的胡志榜并没有白白地度过他的36个春秋，他为家乡、为侨胞所做的许多好事，他那蓬勃向上、热情洋溢地献身于华侨公益事业的美好形象，将永远留在我们的记忆中。他以自己的行动，谱写了一曲人生的颂歌！"

[原以《悼念胡志榜》为题载《文成文史资料》1992年第8辑，后改今题载《浙江文史资料》1999年第65辑《都有一颗中国心——浙籍华侨华人风采录（欧洲篇）》]

### 十七、事业未竟后继有人——记已故旅法华侨温怀毅一家

被癌症过早夺去生命的温怀毅是我的堂弟，他小时跟我同住，我比他大4岁，所以他一直称我表兄。20世纪60年代时，他又和我在赵基小学共事过3年。他在文成病危时，我又目睹了他与亲人们永别的催人泪下的场面。他逝世后我还为他写过诔文，并执绋送其灵柩上山。如今他已逝世多年，其子女在海外的事业也已蒸蒸日上，我谨撰此文寄托哀思，并为其后继有人而感到欣慰。

1940年，温怀毅出生于文成县朱雅乡下龙村一个老归侨的家里，少时随其父母迁居玉壶镇中村舅母家，就读于玉壶小学。不久其父母相继辞世，成为孤儿的温怀毅生活无所依靠，只得返回老家通过劳动养活自己。这样苦度了2年之后，终于在1956年与旅居法国的同父异母的兄长温怀阳取得了联系，此后境况有所好转，再回到玉壶重新读完小学，并于1957年以优异成绩考入文成初级中学，1963年在该校高中部毕业。婚后先在粮管所从事粮食收购工作，1964年参加文教工作。温怀毅为人斯文寡言，诚实善良，教学认真，为人师表，又写得一手好字，深受师生好评。1977—1979年，温怀毅担任朱雅乡校校长，其妻程花菊担任教导主任。夫妻二人发奋工作，使朱雅乡的教育面貌大为改观。20世纪70年代末，国内侨务政策趋向宽松，1978年，其兄温怀阳为他办理了旅法定居手续。1979年4月，温怀毅卸去校长之职，赴法定居，开始了一条新的生活道路。到法国后，温怀毅一面在一家餐馆里做工，一面照顾身体日益衰弱的兄长。

他起早贪黑地苦干，省吃俭用过日子，终于渐渐地积累了一些资金，1981年11月办妥手续，将妻子与二子一女全家都接到巴黎团聚。有了亲人们做帮手，温怀毅的事业如虎添翼。1983年，他在巴黎开设龙宫餐馆，因规模不大，生意一般，夫妇俩经过商议，将餐馆卖掉，另行择地，重新开张。

1985年1月，兄长温怀阳于巴黎病逝。温怀毅遭此重大打击，仍以坚强的毅力，咬紧牙关坚持下去。1989年4月，夫妇俩在巴黎开设了温乐园大酒家，此店规模大、地点佳，装潢豪华，加上服务热情，生意十分红火。正当事业突飞猛进之际，温怀毅身患绝症，原来他因长期顶班干活，劳累过度，致使病魔缠身而不自觉，直到实在不能坚持时再去检查，已是肝癌晚期。虽经程花菊女士护送回国，到上海的大医院治疗，但已病入膏肓，不得不送回文成静养。在病危期间，他还谆谆嘱咐子女，要团结互助，爱国爱乡，发展事业，报效祖国。1989年10月11日，温怀毅在文成华侨新村病逝，终年50虚岁。

温怀毅不幸逝世后，其妻程花菊化悲痛为力量，毅然接过丈夫的事业，带着子女在法国进行二次创业。长子温曙光先后开办了面积均为800平方米的东亚第一百货商场、东亚第二百货商场；次子温晓光于1997年卖掉温乐园大酒家，另行开设了面积800平方米的欧亚百货商场；长女温玲玲经营3家百货商场，次女温丽丽也经营了两家百货商场，这些商场面积最小的也有600平方米。1998年6月，程花菊又投资1000万法郎，在巴黎93区创办了欧亚进出口有限公司，并在上海设立办事处。在海外华侨华人餐饮业普遍不景气的情况下，温家子女及时果断而顺利地实现了经营方向从餐饮业向百货业和进出口贸易这些新领域的转型。

温怀毅、程花菊一家在海外创业致富后，不忘祖国和家乡，多次捐款或投资支援祖国、家乡的建设和兴办社会福利事业。除资助数十万元兴办家乡的各项公益事业外，他们还投资500万元用于玉壶东溪三级水电站的建设，成为文成侨胞向三级水电站投资数额之最,为家乡的可持续发展做出了重要贡献。

[原载《文成文史资料》1992年第8辑,后载《浙江文史资料》1999年第65辑《都有一颗中国心——浙籍华侨华人风采(欧洲篇)》]

### 十八、侨界的长者——记旅意侨领胡允迪

现任意大利都灵华侨华人联谊会名誉会长的胡允迪系文成县玉壶镇中村人,1914年8月6日(农历7月12日)生于玉壶镇炭场,1923年迁居玉壶街租住胡同昌(店号)。当时胡家上无片瓦,下无寸土,一贫如洗,靠其父设屠坊谋生。少时的胡允迪聪明机巧,无奈家境贫寒,仅读3年小学即辍学,虚龄13岁的他单独来往于平阳和瑞安之间进货。为了测定店家秤的好坏,他巧妙地以自己的体重试测几家商店,嗣后从测得体重最轻的店家进货,从小就显示出经商的胆略、机灵、才干,这件事至今仍然在侨乡玉壶传为美谈。

1933年农历7月,胡允迪的长子胡立松与其二弟胡允连同日出生。家无隔夜粮的胡允迪无钱买米、糖,去店家赊购素面几遭冷遇。淡薄的人情激起了胡允迪发愤图强、开拓新路的决心。当时胡允迪家有父、母、妻、子,以及7个姐妹和1个弟弟,共13口。为了摆脱困难,是年农历10月,胡允迪忍痛离别亲人,远涉重洋赴欧谋生。他从上海乘船出发,于1934年初抵达意大利。那时中国的国际地位低,华人受歧视,特别是沿街叫卖领带的华人更是处于社会的下层。胡允迪饱受风霜,历尽艰辛,通过自己的勤劳、俭朴和忍耐,一年到头终于挣下了360元意币(当时1元意币相当于4块银圆)。经过8年的艰苦奋斗,1942年,胡允迪寄钱回家,在玉壶街尾建造了一幢5间2层的木楼房。1947年,胡允迪回乡定居。

胡允迪自回乡定居后,先是跟人合营联友商店,继而独营水产,再后参加水产合作小组。此时意大利的餐馆业、皮革业蓬勃兴起,又勾起了

壮心不已的胡允迪赴意创业的念头,于是他于1950年再度赴意。抵意后,胡允迪在同乡的帮助下开了一间皮革商场,由于经营有方,事业蒸蒸日上,资金日趋雄厚。1963年,他在家乡再建一幢钢筋水泥结构的5间3层的豪华侨房。

胡允迪在意奠下了根基,1958年起开始携家眷赴意。现侨居海外的有长子胡立松夫妇,4位孙儿夫妇及曾孙,4位孙女夫妇及曾外孙,女儿胡金翠夫妇及甥孙,四代同堂,全家共46人(胡允迪的夫人于1997年冬病逝家乡),侨居意、荷、法3国,成为侨界的名门望族。由胡允迪经手办理出境手续的还有二弟胡允连、三弟胡允适及6位姐妹、2位妻舅、3位姨丈的家属,总计多达400余人。这些人在海外创了业又各自携带自己的亲友去侨居国,定居的人数更是不胜其数。

胡允迪的家族在海外的事业是成功的。他们爱国爱乡,热心于侨团工作,许多人更是成为侨团的首领。1986年,都灵华侨华人联谊会成立,其三弟胡允适当选为首任会长;内侄胡昌法任第三届会长,孙婿余序闹现任第四届会长;其子胡立松、侄胡立苏、内侄夏昌燕均任过副会长。胡允迪的外甥陈金满自1987年以来一直任米兰华侨华人工商会第一副会长兼秘书长。胡允迪的长子胡立松在国内长期从事教育工作,20世纪60年代至80年代初担任过玉壶区小副校长、校长和玉壶中学校长。胡立松还长期从事侨务工作,1962年任文成侨联首届主席,1973年任文成侨联第三届主席,1979年当选为县人大副主任,1982年任温州市侨联副主席,主持日常工作,1984年当选为第三届全国侨联委员,现任省、市侨联顾问。胡立松1979年出席全国侨联第二届侨代会,1982年被评为浙江省和全国归侨侨眷侨务工作先进个人。20世纪80年代中后期,胡立松定居都灵,任联谊会副会长兼秘书长。胡允迪一家在经济上也颇有实力,长子胡立松、四孙胡曙光、三孙女胡小芳在都灵等地各自经营皇宫餐馆一间,长孙胡秋光经营中华餐馆和皮革批发店各一间,次孙胡小秋、三孙胡小兵、四孙女胡小珍合伙经营东方贸易公司（专卖中国食品），并开设胡氏兄弟贸易有限公司（专营冷冻食品批发），孙女胡小珍兼营熊猫餐馆1间，长孙女胡素珍经营皇城餐馆，二孙女胡素芳在荷兰经营外卖店一间。随着祖国的改革开放政策的实行，长子胡立松在杭州合资创办了伊格尔化工有限公司，生产高档内外墙涂料，其所生产的意大利水性丝光漆获1995年中国建筑装饰材料与建材设备博览会金奖。长孙婿余序闹与人合伙在山东德州市经营娱乐城一座，并在哈尔滨合伙经营住宿饮食业。

胡允迪常对人说，我们都是中华儿女，侨居异域，搞个面包吃吃，何必分个你高我低。因此，他能团结大多数人，在海外享有崇高的威望。20世纪50年代至60年代初，国内如玉壶、青田等地的侨眷因生活困难，写信向国外亲人求援解困，许多侨胞均感无力。为使国内亲人不致失望，胡允迪逐一做他们的思想工作，希望他们或多或少汇一点钱以慰亲望。如果有的侨胞确实无钱，胡允迪就先垫钱，之后在下月工资里扣回。侨胞们就这样把钱汇集起来寄到国内，由其长子胡立松通知各户前来领取，意大利侨胞称胡允迪为"义务邮差"，谓其家为"兑汇庄"。对初来乍到的生活上有困难、工作难安排、创业缺资金的乡亲，胡允迪都伸手帮助。旅荷著名侨领胡志光每每对人说，他在意大利时就得到了胡允迪的帮助，如果没有乡亲的帮助，他的事业就不会有今天的发展。

1984年12月17日凌晨，玉壶镇底村失火，烧毁民房26间，损失惨重。胡允迪闻讯后不仅率先慷慨解囊，捐款100万里拉，还冒着鹅毛大雪去米兰市，三昼夜发动侨胞47人捐资620万里拉救灾，并于1985年1月25日手书一封，给当时玉壶区公所领导转达慰问信，其信云：

> 这次我的家乡——玉壶遭到一次前所未有的火灾，被烧毁房屋达20多间，据说有些同乡生活困难，衣居无着，在意大利的华侨都深表同情。鉴于此况，他们都愿意解囊相救，共捐意币720万里拉，我们转交米

兰陈汇玉壶机关周育朋收。至于怎样处理，侨胞们都希望根据各人的生活状况给予合理的分配，并向各位受灾同乡致以亲切慰问。

胡允迪爱国爱乡、关心家乡的公益事业义举还有：1959年给玉壶区中心小学赠送乐器，1961年给其老家炭场建造水轮泵发电站，1968年与3人合建炭场石板桥，1972年助建玉壶华侨影剧院，1980年建炭场房舍，助资100万里拉建市侨联办公楼，1985年给底村失火灾民捐赠100万里拉，1989年赠市侨联日产小轿车一辆，1990年为文成水灾灾民捐赠2万元人民币，1991年捐500万里拉给省民政厅救济浙江水灾。特别是上林至玉壶公路停工多年，胡允迪急侨乡人民之急，于1992年捐资15万元作续建启动资金。在他的带动下，旅法文成华侨联谊会会长洪才虎捐资10万元，都灵华侨华人联谊会名誉会长胡允适捐5万元，总计集资了38.5万元，并争取到国家立项拨款，终于在1993年12月9日建成了该公路，圆了侨乡人民多年之梦。1995年胡允迪再捐5万元并发出捐款倡议，筹集了15万元建成了杨村垟水泥机耕路。

1973年，胡允迪应邀回国参加北京国庆庆典活动，受到了中央领导人叶剑英的亲切接见，1986年6月23日在都灵比阿蒙特王子宾馆受到访意的胡耀邦总书记单独接见并合影留念。凡我国驻意使馆举行盛大的节日活动，胡允迪均应邀参加。随着年事增高，胡允迪常思落叶归根，1992年，他偕夫人夏荷花女士返乡，安度晚年。在家乡，胡允迪以养鱼种花自娱。诗人陈夫曾赠诗曰："愿知落叶安归根，万里相思忆故园。异国风情终有别，家乡山水最温存。"胡允迪每念陈夫的诗句以抒怀。时任中国驻米兰领事董志仁、余梅生、杜志滨、翁福祯，全国侨联副主席黄军军、省侨办主任朱惠珍、省侨联主席周慧兰等领导均到其家探访和慰问过。

由于胡允迪的家族成员经历不同凡响，1997年10月，温州市华侨华人研究所为其编撰了《胡允迪家族侨谱》纪念册，时任全国侨联副主席黄军军、浙江省政协副主席耿典华及省、市有关领导人为该侨谱出版题词，时任省侨联副主席、温州市人大副主任李居轩为其作序。该侨谱全面地记下了其家族的事业和成就，在温州侨界尚属首创。

1997年12月2日，夏荷花病逝家乡，《欧洲时报》刊出了我撰写的《夏荷花女士安葬仪式在侨乡玉壶举行》的报道。中国驻米兰总领事馆、国务院侨办国外司、中国侨联联谊联络部及省、市、县有关部门、领导和海外有关侨团发来唁电，各级领导和亲友送来挽联28幅，花圈更是不可胜计，文成县侨联为其编撰出版了《夏荷花女士哀挽录》。

[原载《文成文史资料》1996年第10辑，后载《浙江文史资料》1999年第65辑《都有一颗中国心——浙籍华侨华人风采录（欧洲篇）》]

### 十九、侨界的佼佼者——记奥地利华人总会会长胡元绍

（一）人杰地灵孕良才

文成县玉壶镇北去30里旧称李山（玉壶镇光明村），为青田县、瑞安市两地交界处。该地群峦环绕，泉水淙淙，茂林修竹，郁郁葱葱，素有世外桃源之称。其地文人蔚起，贤达辈出，更是全省著名侨乡。旅奥华人总会会长胡元绍1950年6月14日就出生在此。

胡元绍的曾祖胡希望一生热爱办教育，乐于公益，压邪扶正，至今仍留下许多美谈。1897年，他立《永禁地方不许开庄放赌》石刻禁碑，为地方蔚成良好的社会风气发挥了重要作用，至今时逾百载仍生效。民国初年，他调解"禁烟事变"案件，平息了胡、周两姓风波。1938年胡元绍80寿诞，中国驻意大利使馆致辞庆贺，众多乡贤、后学敬和寿诗，极一时之盛，声播海外。胡元绍的祖父胡从庶秉性刚直，善务公益。1912年，他创办李山国民学校并执教多年。中年弃儒务农，开辟农田，大树耕读家风。二伯父胡志贤（胡克学）于1930年赴法谋生，于1933年定居意大利，曾任国民党意大利党务特派员、抗日救国会公债劝募总会意大利分会委员。1946年，他参与创建旅意华侨工商联合会（现名米兰华侨华人工商会），并任首届会

长。当年他以工商会名义向意大利政府提出交涉,解决了二战期间受难侨胞赔款问题(回国者每人赔150美元,死难者每人300美元)。1971年,他应国务院侨办邀请回国参加北京国庆观礼。三伯父胡克愚曾任李山国民学校校长、玉壶镇中心国民学校校长。为筹建李山校舍、筹措校田,竭尽精力而壮年早逝。胡元绍的父亲胡越,中华人民共和国成立后长期任李林乡校校长,耕耘40载,桃李计万千。1980年退休后,老骥伏枥,壮心不已,为改善家乡办学条件三往欧洲集资,筹建了李林华侨教学楼。胡越系县、市多届人大代表,至今仍是县政协常委,其事迹被《温州日报》、《浙江教育报》、文成电视台等报道过。

(二)服务侨团显奇才

1967年,胡元绍初中毕业后,参军服役于平阳某部队。1971年复员后,由其二伯父胡志贤办理出国手续抵意大利,嗣后转道德国,定居奥地利。打工若干年后,1979年在维也纳开设了国际饭店,1997年又创办了维也纳中国中心,中心内设饭店、快餐、百货、食品、电脑、旅游社、外语学校等多种服务项目。

胡元绍在发展自己事业的同时,也乐于助人。对初来乍到的乡亲,他从机场接来到安排住宿,从投亲靠友到帮找工作糊口,他都乐于伸出援助之手。有些乡亲赚了钱,打算自立门户,开间餐馆设个店,因他在装饰领域造诣较深,都请他设计、装饰,他均没有推辞。就这样,他帮了六七十家之多,却分文不收,被人誉为旅欧的"活雷锋"。

胡元绍目光远大,对旅奥4万华人长期以来各自为政、少有交流的情况十分忧虑。他认为华侨华人必须组织起来,必须有一个维护自己权益的社团。1991年9月23日,在他多方奔走之下,终于在维也纳成立了旅奥华人总会。众望所归,胡元绍当选为首届会长,并一直连任至今。尚须指出的是,由于连任多届会长,胡元绍于1996年来反复提出辞职或改选他人,并且"自动停职",其他侨领都说"非胡不可",以至于会长一职空缺多时,到头来还是胡元绍"复任"。

为了适应欧洲形势发展的需要，争取欧洲共同体成立之后让旅欧华人有立足之地，胡元绍认为各国侨团必须联合起来。于是他跟各国侨领四处奔走联系，于1992年5月8日在荷兰阿姆斯特丹市成立了一个由12个国家26个社团联合组成的欧华社团联合会，会上他被选为首届常务副会长，并一直连任至今。由于胡元绍为侨界事业做出了显著的成绩，1994年，他被浙江省政协增补为第七届海外特邀委员，1998年他继续担任浙江省政协为第八届海外特邀委员，是浙江省政协4位海外委员之一。1998年6月被选为浙江省海外联谊会第三届常务理事。

胡元绍有很强的观察力，他认为有了侨团还必须要有一块舆论阵地，于是产生了创办杂志的念头。他先于1991年创办了《奥华》杂志，随着欧华社团的成立，又开始追求更高的层次——改《奥华》为《欧华》。在资金十分困难的情况下，他还是不放弃这个阵地，又将杂志改为简易的《奥华通讯》，自己出钱继续出版。没有编辑和记者，胡元绍就去聘请，甚至亲自写稿，同时团结和利用知识分子为杂志撰稿。

1993年以来，奥地利新闻媒体连续对旅奥华人和奥国中餐馆进行了偏离事实和夸张甚至诬陷的报道。特别是在9月9日，警方打击少数偷渡犯罪活动之后，报界更引用警方的发言，把中餐馆说成是犯罪活动的"据点"。为了维护旅奥华人的正当合法权益，胡元绍奔走联系各界人士，统一了思想，做好了充分的准备，于15日下午在维也纳举行了首次华人新闻发布会。奥各大新闻单位应邀派员参加，共20多位记者到场。胡元绍代表总会发表了以下三点严正声明：一、奥华总会对于奥地利警方打击偷渡活动的司法活动表示坚决支持和赞赏；二、希望警方和新闻界把个别犯罪华人同绝大多数奉公守法的旅奥华人严格区别开来；三、中餐馆的生存和发展，是同奥地利的旅游业和经济发展相关联的，中餐馆依法纳税，也为奥地利的经济做出了贡献。总会最后呼吁各界人士支持旅奥华人为安定正常的社会生活做出的声明。之后，胡元绍又一一答复了各报记者一连串敏感尖锐的提问。其严正的声明、有理有据的答复及一身正气赢来了在场人士的理解、支持和敬佩。胡元绍的义举不仅是对诽谤者攻击之辞的有力回击，更提高了华人的声誉，弘扬了华人爱国爱乡精神，体现了海外华人在困难时期的空前团结。

胡元绍应邀回国参加活动频繁，据我所知的有：1988年应浙江省侨务办公室的邀请率团访问祖国，并应邀参加了国庆39周年国宴；1990年应邀参加温州三胞会议；1994年应国务院侨办邀请率团18人出席北京庆典活动；应邀参加1997年7月1日具有伟大历史意义的香港回归庆典活动。胡元绍回国不仅受到中央领导人的亲切接见，而且在海外接待了一批又一批国内各级领导人的出访，留下了跟时任全国政协主席李瑞环等中央领导人的珍贵合影。

（三）关心教育育人才

胡元绍不仅是侨界佼佼者，而且是一位关心教育的有识之士。1988年，他率先捐资2462美元助建李林华侨教学楼。1990年，胡元绍返乡看到华侨教学楼尚缺配套用房，再次慷慨解囊，独资10万余元人民币将原李林老校舍与汾河宗祠翻建为教师宿舍楼与办公楼。更需一提的是翻建的方案、设计与施工细则都是出于他手。他还曾派总会副会长到安徽为"希望工程"建造教学楼。此外，在其他公益事业如筑路、安装程控电话、赈济温州地区水灾灾民、赈济1998年长江和松花江流域水灾灾民等均做出贡献。

（原以《好地方好家风孕良才》为题载《文成文史资料》2000年第13辑，

后载《华侨华人研究论丛》第4辑）

## 第三节 综合研究三则

### 一、侨胞对家乡文成县玉壶镇的贡献

玉壶镇是浙江省著名侨乡,侨居在荷兰、意大利、法国、奥地利、西班牙、德国、日本、美国等20个国家和地区的侨胞有1.3万多人。全镇在各国华侨社团担任副会长以上的侨领多达54人,其中曾任欧华社团联合会主席、全荷华人社团联合会主席胡志光,欧华联合会主席、奥地利华人总会会长胡元绍,旅意知名侨领胡允迪,旅荷华侨总会会长胡允革等著名侨领都是玉壶人。

玉壶华侨深切体会到祖国是他们的靠山,祖国的命运与他们的命运息息相关。因此不论在任何历史时期,他们的心总是随着祖国的脉搏而跳动。过去,他们积极参加抗日救国,现在,他们热情支援祖国和家乡的建设。中华人民共和国成立后,他们为赈济唐山大地震、大兴安岭森林火灾、云南地震、江南多次水涝灾害灾民捐款,为建造金温铁路、创办温州大学、支持"希望工程"等均做出重要贡献。

(一)捐建教学楼

玉壶有小学23所,在校生2553人,其中镇中心小学1659人;中学2所,在校生1756人,其中玉壶中学1639人。为了振兴家乡的教育,玉壶侨胞为家乡建造了长丰、凉漈、炭场、坪岩、吴山、潘庄、五一、林龙等村小与自然村落的校舍。

继1952年旅新侨胞胡克美、胡玉波、胡建棉、雷成桃、陈圣作等助建了大南乡小学二层四间校舍之后,1956年起,玉壶侨胞为家乡建造了长丰、凉漈、炭场、大坑、黄河、坪岩、裕民、吴山、潘庄等村小学校舍;助建了五一、周南、玉壶区小等校舍;改善了碧溪、南茶、东背、东头乡校等学校

的办学条件；建成了玉壶中学水泥球场，玉壶区小、东溪乡校两座壮观的校门，资助玉壶私立育人中学，成立了李林、胡逸民、胡志光、梅守平、胡克聪、胡志榜、周克信等教育基金会；给大南、区小、中学、吕溪、周南等学校添置乐器。1986年旅荷华侨胡克庞独资10万元建吕溪乡校胡克庞教学楼的义举，为华侨捐资建设学校大楼开创了新局面。

20世纪80年代后期，玉壶侨胞掀起大造教学楼与建立教育基金会高潮。1987年，侨胞集资5.5万元在镇小建造了办公楼。1987—1991年，旅意华侨胡立松、旅荷华侨胡志榜集资10万元建玉壶中学图书馆。1990—1996年，玉壶中学校友集资10万余元，建造了3层计410平方米的玉壶中学华侨图书楼。1988—1990年，李林村侨胞集资6万美元建造了1幢3层计9个教室与1间办公室、建筑面积为724平方米的李林教学楼，并成立了教育基金会。1988—1989年，李林乡校退休老校长、侨眷胡越出国筹捐6万美元建李林教学楼。1989年旅荷华侨周立中将其母丧事简办，捐资2万元在镇小建校门。同年冬，旅法归侨胡渔民临终前将全部积蓄11万元捐出，为家乡建立了第一个教育基金会和社会建设基金会。1990年，旅荷华侨胡志榜等8人集资10.5万元建东溪教学楼（东樟村）。

1991年旅奥华侨胡元绍独资10万元翻建李林老校舍为宿舍楼。1992—1993年旅荷华侨胡志榜捐25万元建玉壶镇小胡志榜教学楼，旅意华侨胡志潺捐22.7万元建文成二中胡志潺实验楼，旅荷华侨林太找捐20万元建文成中学林太找教学楼，旅法胡绍麻捐17万元建周壤乡校胡绍麻教学楼。1993—1994年，旅法胡绍料捐22万建文成县小胡绍料教学楼。1995年，旅法年轻侨胞胡立正捐资25万元，在玉壶中学建造一幢建筑面积1100平方米的胡立正教学楼，总造价63万元。1996年，旅荷老华侨胡克球临终前捐资30万元，在玉壶镇小建造了一幢建筑面积为1146平方米的胡克球教学楼，总造价58万元，并请中国侨联主席杨泰芳题名。1994—1995年，旅法华侨胡立正捐25万元建玉壶中学胡立正教学楼，旅意华侨董文扬捐13万、董文党捐5万、董文学捐2万建诸葛岭董文扬教学楼。1995—1996年，旅荷华侨胡克球捐30万建玉壶镇小胡克球教学楼，旅荷华侨林太松、林太找捐27万建大坑林昌奶教学楼。1996年，旅法华侨程炜捐15万元建玉壶中学实验楼。至此，玉壶侨胞10年来为家乡学校建造了15幢教学用楼。1996年，旅法年轻侨胞程炜捐资15万元，助建了玉壶中学一幢930平方米的程延林实验楼（总造价46万元）。同年，省拨付扶贫款53万元在玉壶中学建一幢900平方米的宿舍楼。1997年，旅荷华侨胡振中捐25万元，建玉壶镇第二小学胡振中教学楼。旅德华侨蒋美珍捐2万元建玉壶镇小水泥球场。2000年，旅荷华侨胡克聪捐22万元建玉壶中学胡克聪教学楼（在建），旅意华侨胡志澋捐资5.5万元建玉壶镇小东校门，旅意华侨胡一中捐25万元建玉壶镇小胡希读综合楼。至此，玉壶镇校容、校貌焕然一新。村村无危房，入学率99.5%，达到国家验收标准。

（二）修路建桥

20世纪80年代开创了侨乡玉壶建设的历史新纪元。继建壶山路新房之后，玉壶于1983年拓建了塘下街，此后又新建了冰心街、玉泉街、芝水街、银河路、玉北路、溪南路、直路、市场路、迎春路、壶冰路、金狮路、沿溪东路、兴福路、龙南路、龙东路、天河巷、邮电巷、龙港巷、玉东新村、砗头新村等大小街、路、巷30多条，新建民房近2000间。这些路、街宽10—20米，房高3—6层。最长的冰心街730米，全部铺设了水泥路面。

公路。旧社会玉壶有"五十都窟"之喻（玉壶旧称五十都），交通十分闭塞，出入迂回，翻山越岭，水上交通仅靠芝溪排运。中华人民共和国成立后，1969年11月，文（成）——玉（壶）公路动工兴造。该公路全长23.1公里，由省、市、县投资32.5万元，投入民工35万人，于1973年9月1日竣工通车，这是玉壶至县城的主道线。玉壶至李林公路全长20.77公里，分2段修筑。玉壶至长丰段8.47公里，于1983年11月18日验收，投资98万元；长丰至李林段12.3公里，1986年11月完成；又有长丰至林龙段5.7公里，投资62万元，于1988年全线通车，这是玉壶至青田的主道线。

玉壶至东头公路全长11.2公里，于1981年3月2日动工修筑，因经费短缺而停工。1985年，省里补助61万元续建，于1987年6月25日全线竣工验收。上林至玉壶公路始筑于20世纪80年代末，因缺经费而停工多年。1992年，旅意知名华侨胡允迪率先捐资15万元，旅法华侨洪才虎捐资10万元，旅意华侨胡允适捐5万元做续建启动经费，并争取得到国家立项续建，其中侨胞集资38万元，于1993年12月9日竣工通车，这是玉壶至瑞安的主道线。

玉壶镇自1996年以来，掀起建村级简易公路热潮，侨胞集资15万元建造了杨村垟简易公路，与此同时又集资57万元，本镇民众统一集资一部分，政府每公里补助2.7万元，建造了叶坪、樟坑、赵基、天坪、坪岩、高坪、五一、枫树龙、茶垟坑、樟山垄、光明11条简易公路。至此全镇27个行政村除金埠、金岩、双岩、五四、凉漈5个行政村，其余22个行政村均实现了通车，行政村通车率为81.5%，改变了过去交通落后的面貌。

桥梁。自1960年以来，玉壶侨胞为家乡修筑了枫树坪岭、凉漈岭、槽坑岭、孙山岭、路山岭、黄河岭、千龙培、寿桃山、白岩坦、五岭、朱寮等民间道路656条；建造了项半垟、山背店、龙背、炭场、碧坑、溪源、龙井、凤溪、乌阴、苍后、克木、寿星、满为、寿溪、吴锡顺大小桥梁15座；修缮了乌岙木桥楼，建造了东溪门口碇步，助建了大坑、东溪、下龙等公路桥；铺设了玉壶街尾、玉泉街、外楼路、沿溪路等水泥路面；拓宽了黄河、外林、林龙、大坑、坪岩、岙底等机耕路和林龙等段公路。自1986年始筑东溪丹弟路（东樟村）后，玉壶侨胞助建独建了茗垟、上林、朱雅、叶坪等公路。1990年8月20日与9月8日，两次台风洪水冲垮蒲坑口石板桥，民众苦于绕道或涉水而行。10月，旅荷华侨总会会长胡志光应邀参加北京第十一届亚运会开幕式后返回家乡，感乡亲涉水之艰难，返荷后和兄志荣、弟志榜、妹彩娟商量合资30万元建造以其父名命名的克木大桥。该桥长73.8米，分6孔，宽8米，高4.8米，系钢筋混凝土双柱式桥墩、装配式空心板上部构造。1991年7月23日，通车典礼隆重举行。与此同时，玉壶侨胞又集资38万元，在离克木大桥下游500米处建造了寿星桥。该桥长130.5米，高5.2米，宽5米（中间7米），桥型为装配式钢筋混凝土空心板上部构造，现浇水泥混凝土实体式桥墩，于1991年2月22日破土动工，8月22日竣工。克木大桥、寿星桥，连同1984年12月建的砾头公路桥，被赞为"千米流程三大桥"，记载在文成史册上。

（三）完善水电、邮电通讯等基础设施

水。1987年以前，玉壶人民饮用溪水和井水。1987年，侨胞集资3万元，政府投资60万元，建造了450平方米的自来水厂。水厂设有淀清池、过滤池、清水池、大口井、高位池，能日产800吨检验合格的自来水，供2000多家用户使用，大大改善了当地居民的饮水卫生条件。

电。1958—1984年，玉壶全镇人民的日常生活用电之需仅靠漈门坑小型发电站和侨胞捐建的东溪、炭场、长丰、坪岩、凉漈等小发电站。1984年后，政府总共投资180多万元，建成了3.5万伏的变电所，其变压容器为3150千瓦。供电所日供电量为2万千瓦，可供全镇3000多家用电。每月生活用电为18万千瓦，工业用电为20万千瓦。

邮电通讯。玉壶电讯事业10年来得到飞快发展，继1987年建成679平方米的邮电大楼之后，1993年5月，国家投资200万元，征地15亩，建成了一座高6层、建筑面积为1527平方米的邮电大楼。1992年10月27日，在老局安装了线路集中器，开通了半自动电话。1993年，进口了日本生产的2000门程控交换机，1998年，安装了2700门程控电话。1996年4月，芝水街被浙江省邮电局农话处命名为国际电话一条街，1997年9月，浙江电视台在《现代城镇——侨乡玉壶》专题片中对此加以介绍。1996年，李林侨胞资助10万元安装电缆，偏僻的山区也开通了国际直拨电话。1997年，全镇基本实现村村通电话。1996年，国际平函出口29250件，小包出口3488只，占温州全市的1/10。全年国际大包出口343件，出口长途电话卡83877张，国际和港澳台电话卡出口16190张。

（四）打造文化地标景点

1972年，旅荷华侨集资93790荷兰盾，旅意华侨集资3838元，旅法华侨集资5417元，于1973年在玉壶建成了建筑面积1400平方米、内设902个座位的玉壶华侨影剧院，改变了以前露天放映的落后状况。1982年胡遇彩独资1.3万元在外楼建造了一座别具一格的日月亭（其彩图收在县地名志上），之后又在家乡和百丈漈建成了乐逸阁、如意亭、友谊亭、新岭亭、狮岩观音阁、玉春亭、女英亭、沁心亭、慈善亭、观音洞、观瀑亭、中杰楼等大小旅游景点与憩息的亭台楼阁17处；修缮与扩建了水口殿、玉泉寺、金钟寺、三港殿、高峰寺等大小古刹新庙18座；建造了无量佛塔与千秋塔两座七级浮屠。1982年，胡遇彩独资1.3万元在玉壶象港建造日月亭，占地400平方米，是钢筋水泥结构的六角亭。亭内六柱由玉壶书法名人余式衍题书："日昃日升日日升升昃昃，月圆月缺月月缺缺圆圆""天地钟灵壶山抱玉鼓，乾坤毓秀芝水击金钟""狮吼北山倾耳方惊松涛涌，象驰南麓举颈才觉谷云飞"3副楹联。亭中还有6幅戏曲画，画中人物栩栩如生。1991年，继建寿星桥后，玉壶侨胞又集资28.5万元在离桥5米的溪流中间，用8条大水泥柱托建了2层计400平方米仿古式的"乐颐阁"，作为老人活动中心。光明村侨胞集资1.7万元建如意亭，1992年又集资3.2万元建友谊亭。此外，自1985年以来，广大侨胞在玉壶镇建成了冰心街、迎春路、玉泉街、壶山路、芝水街、壶冰路、上新街、沿溪路、塘下街、府前路以及玉东新村与文成县城的华侨新村，为家乡的城镇建设与脱贫致富做出了巨大的贡献。

1993年，旅意华侨胡美献捐资4万元在狮岩寨下建造观音阁。1994年，旅法华侨胡立正捐资11万元在克木大桥西首建玉春亭；旅荷归侨周阿女捐11万元在克木大桥东首建女英亭。1996年，旅荷华侨胡沪生捐资21万元在光明村建以其父名字命名的胡中杰颐年楼。这些楼、亭、阁均系老人活动场所。1988年，旅荷侨领胡志光捐资3.2万元建造了电视卫星地面接收站。

1992年，五岭胡志敏捐5万元建造五岭影剧院。1994年5月6日，有线电视前端安置成功，使侨乡人民能清晰地收看到中央电视台和浙江、山东、四川、云南、贵州、新疆、西藏等11个地方台的电视节目。1998年，旅荷老华侨胡仲森捐资13万元建光明村胡仲森影剧院，于10月19日落成。

（五）支持当地文化福利事业发展

玉壶侨胞为家乡和县城建造影剧院、电视差转台、电视卫星地面接收站、图书馆，设立文艺基金会等，共18件文化事业；安装程控电话，造水库，装自来水，装电灯，架高压线，建小型水电站，挖水井，建社会建设与社会救济基金会，购柴油机和碾米机，救济五保户，支持残疾人事业，建文明用电标准村等社会福利事业42件（不含救涝灾）；建文成县侨联办公楼，赠车公安局、县侨办、县侨联，给公安局公字属外事科、公证处、县侨办、县侨联赠复印机、电脑、传真机、空调，给玉壶派出所修理车辆、添置电视设备及给某些部门团体添置办公用具等大小26件；筹建华侨医院。侨胞支援家乡各项公益事业建设已逾1300万元。

（六）翻建古迹名景

玉壶历史悠久，有许多古迹建于宋、元、明、清时期，其中古刹玉泉寺（又名崇福寺）建于明永乐二年，规模雄伟、风貌优雅，有历代名人题咏。1988—1990年，侨胞集资20多万元翻建玉泉寺后进观音阁为三圣殿；1993—1996年又集资40多万元扩建、改建大雄宝殿与金刚殿，由中国佛教协会会长赵朴初题写匾联。庄济庙（又名三港殿）建于清初，1994年1月29日焚于火，由旅法华侨胡立正捐资25万元重建。1996年侨胞又集资40万元增建了殿前风景亭。金钟寺于1992年由旅日侨胞胡从暖发起首建，造价11万元，在金钟夹谷中穿石铺石阶而上。以上古迹景点均是玉壶游览的胜地。

## 玉壶侨胞支援家乡建设情况表

| 分类 | 1985年前（件） | 金额（万元） | 1986—1996（件） | 金额（万元） | 主要工程或项目 | 总金额（万元） |
|---|---|---|---|---|---|---|
| 教育 | 1952—1984年（15） | 2.506 | 48 | 368.901 | 胡克庞、李林、东溪、胡志榜、胡绍麻、胡绍料、林太找、胡立正、董文扬、林昌奶、胡克球等教学楼；胡志潆、程炜实验楼；胡元绍宿舍楼；胡志榜、胡逸民、梅守平教育奖励基金会（3人逝世后建教育基金会）、玉壶中学图书馆 | 371.407 |
| 交通 | 1960—1984年（35） | 5.73 | 63 | 376.196 | 克木大桥、寿星桥、满为桥、寿溪桥、吴式顺桥、玉茗公路、玉林公路、叶坪公路、峦底胡小斌机耕路、朱雅公路、沿溪路 | 381.926 |
| 景点 | 1974—1984年（19） | 6.315 | 23 | 258.24 | 玉春亭、女英亭、乐颐阁、中杰楼、玉泉寺、金钟寺、三港殿（以上工程10万元以上），日月亭、友谊亭、沁心亭、观音洞、观瀑亭、观音阁、无量佛塔、千秋塔等 | 264.555 |
| 文化 | 1972—1983年（5） | 9.708 | 13 | 68.85 | 玉壶华侨影剧院、朱雅华侨影剧院、胡守近图书馆、胡志敏文艺基金会、电视差转台、地面卫星接收站等 | 78.558 |
| 机关办公 | 1963—1984年（8） | 24.435 | 18 | 95.24 | 县侨联办公楼，赠公安局、县侨办、县侨联汽车，赠公安局、县侨联等复印机 | 119.675 |
| 卫生 | | | 1992—1996年（2） | 104.6 | 玉壶华侨医院 | 104.6 |
| 基础设施和福利 | 1966—1985年（17） | 6.967 | 25 | 48.83 | 李林程控电话、玉壶自来水厂、胡逸民社会建设基金会、胡志言社会救济基金会、小型水电站、高压线、救火灾、挖水井等 | 55.797 |
| 合计 | 99 | 55.661 | 192 | 1320.857 | | 1376.518 |

（原载《华侨华人研究论丛》第5辑，收入本书时有所删节）

## 二、文成籍华侨华人及社团的现状和变化

文成县是全省乃至全国著名侨乡之一。自1905年东溪乡黄河村胡国恒开文成华侨出国谋生先河以来,至今文成籍境外华侨华人达9万多人。他们分布在世界六大洲52个国家和地区,其中侨居欧洲各国的人数占华侨总人数95%以上。百余年来,海外华侨、华人为侨居国的经济繁荣、社会进步做出了巨大贡献,为祖国和家乡的建设也做出了卓越贡献。

(一)文成华侨华人的优势

1. 经济实力不断增强

文成华侨不仅在各自的侨居国开办了数以千计的工厂、餐馆、商店,而且在荷兰、意大利、法国等国成立了荷兰玉壶国际贸易有限公司、荷兰利华集团公司、皇城贸易进出口公司、神龙国际贸易有限公司、欧亚集团进出口公司,林氏、周氏、胡氏兄弟等建立了40多家规模较大、经济实力较强的公司。1991年8月,胡志光成立了温州市首家国外公司常驻机构——荷兰JDU有限公司温州办事处。此后有胡志郎房地产公司上海办事处、胡立井温州市装潢有限公司、欧亚集团进出口有限公司上海办事处、邯郸皇城针灸有限公司等30多家国内常驻机构。他们还创建了以胡志光为首任会长的荷兰中国商会、以胡光利为首任会长的米兰华侨华人商贸联合总会、以胡浦忠为首任会长的旅法华侨经贸协会、以董志林为首任会长的全欧中医药学会联合会等商贸社团。2001年9月,第六届世界华商大会在南京召开,文成侨胞近20人应邀参加了会议,这一切都显示了文成华侨在海外的经济实力。

从华侨给国内的汇款来看,2002年文成侨汇高达7亿元,是2002年文成县财政收入的6倍。据公安机关统计,2002年文成华侨返乡探亲、办事的有4300多人,带回侨汇在13亿元以上,差不多跟全县总收入相等,充分说明文成华侨的经济实力在迅速增长。

2.建家园贡献大

文成是七山二水一分田的山区县,工业基础薄弱,曾是国家一类贫困县,通过全县人民的共同努力,终于在1997年实现脱贫目标。在发展建设过程中,侨胞做出了巨大贡献。教育上,他们为家乡建造了24幢教学用楼,成立了7个教育基金会。交通上,他们捐资架设了7条较具规模的桥梁与更多的小桥,铺造了几千米的水泥机耕路和资助修建了十多公里的沙改砼公路,修筑了近百条长短不一的民间道路。文化上,他们捐资建筑了6座影剧院和6处电视差转台与地面卫星接收站,几十座亭台楼阁,两座塔。另外,他们捐资还捐资建造了县侨联原办公楼和玉壶"华侨之家"及玉壶华侨医院,新建了文成华侨大楼,为许多单位改善了办公条件,为社会福利和支援"希望工程"等均做出了贡献。

(二)文成的华侨社团

文成籍侨胞创建的社团主要有新加坡的新加坡温州同乡会,日本的日本温州同乡会,法国的旅法华侨俱乐部、旅法文成华侨联谊会,意大利的旅意华侨工商联合会、米兰华侨俱乐部、都灵华人华侨联谊会、米兰华侨华人工商会(前身是旅意北部华侨工商会)、热那亚华人华侨联谊会、罗马华侨华人联合总会、佛罗伦萨华侨华人联谊会、普拉托华侨华人联谊会、雷焦艾米利亚华侨联谊会、意大利华侨华人友好协商会、米兰文成同乡会、米兰华侨华人商贸联合总会,荷兰的旅荷华侨总会、荷兰中国饮食业公会、全荷华人联合体育运动总会、全荷华人社团联合会、荷兰中国商会、荷兰中国和平统一促进会,奥地利的奥地利华人总会、奥地利文成同乡会,德国的旅德浙江华人华侨联合总会、全德华人社团联合会,西班牙的西班牙华人协会、西班牙华侨华人工商会。

为了适应欧洲形势发展的需要,早在1983年胡志光任荷兰华侨总会第五届会长时,他就在巴黎跟英国侨领文良生、法国侨领刘友焕、西班牙侨领萧继銮、比利时侨领黄普潮商议发起组织欧洲华侨华人社团联合会(简称欧联合)。经过多年不懈的努力，胡志光的组团主张被多数人接受，1992年5月8日在荷兰阿姆斯特丹成立了有26个社团的欧联会，其中有4个英国社团，8个法国社团，7个荷兰社团，西班牙、葡萄牙、比利时、奥地利、意大利、挪威各有数量不等的社团，温州籍荷兰华侨林德华担任首任主席，文成籍的胡元绍（奥地利）、胡志潺（意大利）为常务理事，胡志光为永远名誉理事。

1993年11月12日，第二届欧联会在法国巴黎召开，来自法国15个社团、英国3个社团、荷兰6个社团、意大利2个社团及奥地利、西班牙、比利时、葡萄牙、挪威、德国、瑞典、罗马尼亚各1个社团，计12个国家34个社团参加。

第三届欧联会于1994年6月20日在英国苏格兰格拉斯哥召开，会议由来自英国、法国、荷兰、奥地利、西班牙、德国、比利时、挪威、匈牙利等国家的21位常务理事组成，文成籍旅奥华侨胡元绍得票最高，会议最终一致通过，选举他为第一副主席（主席轮流，由轮值国的曾庆如担任），胡志光为永远常务理事。

第四届欧联会于1995年10月25日在挪威奥斯陆召开，有奥、荷、匈、德、罗、法、葡、西、英、比、挪、瑞典、苏格兰、北爱尔兰14个国家和地区的31个社团参加。主席温岭籍华侨潘子垣，文成籍华侨胡志光为名誉主席，胡元绍（奥）、胡守近（意）为副主席，文成侨领担任常务理事的有胡绍查（法）、胡永央（荷）、胡绍炊（西）、吴正光（意），取消永远常务理事设置。第四届华联会第一次主席团扩大会于1996年10月10日在荷兰召开，任副主席的文成籍华侨有胡允革、胡志光。

第五届欧联会于1996年12月7日在荷兰阿姆斯特丹召开，有奥、荷、比、法、西、匈、意、罗、英、瑞典、挪、德、葡13个国家的47个社团参加。胡志光为筹委会主席，胡允革、胡永央为筹委会副主席，大会选举胡志光为主席。

第六届欧联会于1998年8月8日在匈牙利布达佩斯召开，有奥、比、德、法、英、匈、希腊、意、挪、荷、葡、罗马尼亚、瑞典、芬兰、俄罗斯、斯洛伐克、南斯拉夫、丹麦、爱尔兰、卢森堡、捷克、保加利亚、瑞士、波兰、乌克兰25个国家的102个社团参加，主席是浙江青田籍华侨张曼新。

第七届欧联会于1999年8月9日在德国波恩召开，分布在近20个国家和地区的100多个华侨华人社团和400多名代表参加，出席大会的还有来自北京、上海、浙江、广东、福建、河北、天津、江苏，以及深圳、温州、顺德、青田等省、市、县的代表团。大会选举青田籍华侨孙焕然为主席。七届二次常务理事会于2000年1月16日在德国波恩召开，文成籍旅奥华侨胡元绍，旅德华侨胡志钮，旅西华侨胡克钏，旅荷华侨胡志光、胡永央和旅意华侨胡光利、陈建宗等侨领参加。

第八届欧联会于2000年8月19日在奥地利维也纳召开，参加大会的侨团数量如下：俄罗斯2个、荷兰11个、法国11个、西班牙9个、葡萄牙3个、马尔他1个、芬兰1个、匈牙利3个、意大利30个、罗马尼亚3个、瑞士1个、捷克1个、英国2个、挪威1个、德国8个、奥地利5个、南非1个、澳大利亚2个。文成籍华侨胡元绍当选为主席，时任全国政协副主席、中国和平统一促进会会长钱伟长，奥地利联邦议会议长帕伊尔，时任国务院侨办副主任刘泽彭，全国侨联副主席李祖沛，中国驻奥大使卢永华，浙江省侨办主任朱惠珍均在大会上作了讲话。截至第八届欧联会，浙江籍华侨任主席的有6人，其中来自文成与青田的各有两人。

第九届欧联会于2001年10月25日在比利时布鲁塞尔召开，有近115个欧盟侨团的600多名代表出席。青田籍华侨夏廷元为第九届轮值主席。

成立社团可以在在政治、经济上获得实惠，如会长及副会长均有机会获得中央领导人接见，还可以参加相关的庆典活动，与领导人合影留念，扩大个人和企业的知名度。在国内经商者有了头衔，受到政府的器重，就有利于洽谈生意，故20世纪90年代以来侨团不断涌现。但出现了个别人拉山头、争名利现象，使一些侨团不能按章程及时换届，甚至做出影响华人和中华民族形象的举动。为了多集资和平衡人员，社团中副职也越来越多，如2000年10月成立的布鲁西亚华侨华人联谊会，有第一副会长1人，常务副会长11人，副会长19人；又如2002年3月成立的浙江联谊总会，有常务副主席12人，副主席51人，以上侨团85%以上的成员是文成籍华侨。两位旅荷华侨总会副会长都说换届难度大，副会长就需设40个以上的席位。这说明侨团的林立，涣散了侨胞的凝聚力，对开展工作带来了诸多不利，要引起各级政府与统战部门及驻外使、领馆高度重视。

（原载《文成文史资料》2004年第17辑，《华侨华人研究论丛》第6辑转载，
收入文集时因与本章第一节部分重复有所删节。
参考资料：胡元绍《欧洲华侨华人社团联合会文件资料汇集》）

### 三、玉壶侨领与中文报刊

玉壶侨领在异国他乡做了大量弘扬中华民族文化工作，其中创办中文报刊是一个重要组成部分。20世纪60年代到21世纪初，玉壶侨领先后创办过《华侨通讯》《奥华》《欧洲侨报》《都灵华声》《同乡报》等报纸和杂志。这些报刊信息量大，发行面广，不仅发行到侨居国侨团、餐馆、商店、工厂，而且发行到国内有关机关单位甚至自己的家乡。

玉壶侨领为什么这样热心创办中文报刊呢？原因如下：一是改革开放后随着新移民的增加，侨团组织必须要有自己舆论阵地来维护侨民的合法权益；二是这些侨领们目光远大、观察能力强，他们深知，要有更好的发展，就要既了解中华文化和历史背景，又熟悉侨居国的社会动态、政策、法令，以及税务、福利等信息，熟悉当地社会。下面将各报刊有关内容试举几例，以证其实。

《欧洲侨报》第100期刊登《大赦将至你该如何顺利通过》，第148期刊登《内务部发布补充规定——特殊情况下可继续申请居留》，第211期刊登《中

国房地产是否过热了？》。《奥华》第14期首篇刊登《奥华总会举行新闻发布会——胡元绍会长答记者问》。《奥华快讯》第2期刊登《奥地利华人总会声明》，澄清了维也纳一家报纸诋毁华人的报道；第137期刊登《欧洲华侨华人社团联合会第八届年会关于促进中国和平统一的宣言》。《欧洲侨报》第55期刊登《中国驻米兰总领事馆召开意、中记者新闻发布会——高总领要求澄清中国虾仁事件》。意大利《华侨通讯》第3期刊登《支援温州灾区人民重建家园——意大利米兰华侨华人救灾募捐活动侧记》，第70期刊登《中华人民共和国国家主席江泽民对意大利进行正式国事访问》，第78期刊登《米兰华侨华人工商会就台湾局势的发展发表声明》，第85期刊登《米兰华侨华人商贸联合总会首届日本餐厨师培训班隆重开学》，1998年2月16日刊出《97港澳十大新闻》《97台湾十大新闻》。荷兰《华侨通讯》第299期刊登《荷兰皇家中国饮食业公会厨师培训班长盛不衰》，第403期刊登《中国科技竞争力国际排名上升》和《领取儿女金须知》，第412期刊登《九八中国十大新闻》。《同乡报》刊登《朱镕基总理访问威尼斯受到北部侨界的热烈欢迎》《塔建今世，功在千秋——记外籍文成人胡奶苏女士爱国爱乡事迹》等文章。

  侨领们创办的中文报刊对报道家乡要闻更是情有独钟。早在1978年9月，胡志光回国观光，耳闻目睹教育战线拨乱反正后出现的新气象，特约家乡友人撰写《学校新风，教育新貌》刊在《华侨通讯》上。1995年7月，都灵华侨华人联谊会会长余序闹等陪同中国驻米兰领事杜志滨考察、访问玉壶后，在《都灵华声》第1期刊出《深入侨乡、了解侨乡、慰问侨属——记杜领事一行访问玉壶侨乡》。1996年2月，荷兰阿姆斯特丹大学亚洲研究中心李明欢教授来温州玉壶调研考察。李教授在我的陪同下调研4天，后在荷兰《华侨通讯》发表《温州侨乡行》，分4期连载，后两期介绍玉壶侨联侨情资料最全、管建侨建工程最廉的情况。2002年5月21日，《欧洲侨报》刊登了《文成县玉壶镇召开第三次归侨侨眷代表会，时任省侨联主席周慧兰到会祝贺并作重要讲话》的报道。2003年8月，米兰华侨华人商贸联合总会会长胡光利（玉壶人）陪同《欧洲侨报》总编泰山考察访问文成后，在《欧洲侨报》209期头版介绍了侨乡玉壶，210期"捐资与币值"版全版以《中国文成——生态旅游的圣地》为题介绍文成，并配上了"天下第一奇观"——百丈漈景区、岩庵景区、朱阳九峰、飞云湖、珊溪巨屿潭等彩照，作了图文并茂的报道。玉壶侨领创办中文报刊，为和平促统、维护华侨尊严、宣传祖国和家乡等做出了贡献。

（原载《文成文史资料》2005年第18辑，《华侨华人研究论丛》第7辑转载）

# 第五章 教育与侨建

## 第一节 海外侨校

### 一、荷兰的侨校

早在1953年，玉壶五一村华侨梅仲微在任瓯海同乡会第一副会长时就创办了瓯海华侨中文学习班。1963年，玉壶光明村华侨胡问樵在任瓯海华侨总会副会长时创办了瓯海华侨会总会中文汉字班。1980年，玉壶中村华侨胡志光接任旅荷华侨总会第五届会长后，华文教育有了长足的发展。他首先想到的就是由总会自己创办一所中文学校。1981年，胡志光在访问英国期间，参观考察了当地华侨兴办的中文学校后，终于在当年9月间建立了全荷第二所中文学校——乌特勒支中文学校。到1998年，仅由旅荷华侨总会一家侨团举办的中文学校在荷兰已发展到17所，学生人数达2400多名。1995年7月，胡志光在参加一所中文学校的结业典礼时说："荷兰各地已有各个侨团举办的中文母语学校37所，其中相当一部分在多年自力更生、艰苦办学之后，已获得当地政府的支持和不同程度的资助。为使祖国的文化语言在荷兰华侨华人中不至于消失，必须要办中文学校，这就是华侨在海外办中文学校的目的所在。"被誉为儒商的荷兰侨领胡允革十分关心母语中文教育。早在1990年担任旅荷华侨总会哈莱姆市分会会长时，他就出任了该市的中文学校董事会副董事长。担任总会会长后，他又带领侨领们办起了杜德雷市和阿姆斯特丹市中文学校。

为了发展、普及、推广中文教育，他在1996年10月联合其他侨团一起举办了首届欧洲华文教育研讨会，来自奥地利、英国、法国、意大利、西班牙、葡萄牙、挪威、荷兰和中国等11个国家的125位有关人士参加了会议。这次会议对加强各国中文教育工作的沟通与合作，提高中文教育质量，推动中文学校在所在国争取合法地位和获得资助方面都发挥了一定的作用，是一次欧洲华人团结合作开创中文教育新局面的盛会。其后当地又成功地举办了师资培训班，提高了中文学校老师的教学水平。

2006年7月，胡志光和胡允革再次召开欧洲有关国家的中文教育研讨会，指定负责意大利都灵中文教育的余序钻在会上作题为《"都灵华声"——中文学校的历程、现状与发展》的典型发言，得到与会者的好评。

胡允央也十分关心母语中文教育，为了弘扬中华文化，鼓励华裔认真学习祖国的文化语言，他于1991年创办了鹿特丹教育基金会，制定了给成绩前3名学生奖金的奖励的办法。

## 二、意大利的侨校

意大利都灵华侨华人联谊会成立不久即创办中文学校。为了号召华裔学习中文，1986年10月27日，《都灵华声》第2期发表《适应环境我要学，发展事业要我学——给都灵华侨华人的信》，号召华裔报名参加学习。联谊会还确定了学习内容、辅导时间、学习方法和近期的辅导教师。

我曾于2006年5月6日上午在意大利米兰参观米兰中文学校，校长是朱雅籍华侨胡克督，该校有学生150多人，借用当地小学校舍，每周六、周日上课，是一所较正规的学校。

2006年9月12日，玉壶上村华侨蒋忠华老师在罗马创办了旨在"发扬中华文化，传播中华语言"的罗马中华语言学校。

2008年10月27日，中华语言学校办学3年，学生从50多人发展到200多人，班级从小学到初三，办学初见成效。

为了庆祝春节，2009年1月24日，罗马中华语言学校主办2009年新春联欢晚会。中国驻意大利使馆领导和有关社团负责人与会。蒋中华校长在演前作了充满激情的讲话。

2009年5月，意大利罗马中华语言学校《中华校园报》创刊，"刊首寄语"写道："创办中华语言学校以来，一直想办个校园报。是想将那些发生在我们校园里的新鲜事、有趣事，课堂上的妙趣横生、敏捷思维，师生之间感动的瞬间、难忘的回忆，以及我们的教育思路和方法与取得的成果，在这里向大家敞开……交流合作。"

为了加强海内外学校的交流合作，促进华文教育工作的开展，一些国外的中文学校与国内的学校结对成友好学校，如2008年5月，罗马中华语言学校与杭州大成实验学校建立兄弟联谊学校，2009年4月1日，意大利米兰中文学校与文成实验小学友好结对，2012年8月7日，罗马中华语言学校与文成树人学校友好结对，2013年8月16日，意大利米兰中文学校与文成实验中学友好结对。结对学校彼此就学校管理、教师培训、学生成长等方面的实践和学术研究，进行广泛的交流和合作。

2009年4月13日，由中国驻意使馆召集的弘扬中文教育研讨会在使馆领事部会议室举行，来自意大利各地中文学校校长、行政管理人员和老师欢聚一堂，就教育工作中积累的经验和面临的问题畅所欲言。孙玉玺大使、汤恒参赞、陶土根参赞、杨雁主任和领事部全体干部、政治部代表、教育处杨长春参赞、文化处李晰主任等出席了会议，可见我国驻外使馆对中文教育的高度重视和大力的支持与关怀。会上，罗马中华语言学校校长蒋忠华（玉壶上村人）、米兰第一中文学校校长胡光绍（玉壶底村人）两位玉壶办学者发了言。

2012年1月20日，米兰中文学校第一校长校长胡光绍特地来到我家，首先提及我昨天给他的《芝水晚霞》，他一直看到子夜，称赞我为弘扬侨乡文化做出的贡献，接着提及他的米兰中文教育所取得的成绩，他的学校被国务院授予"全国海外中文教育基地"称号,他本人受到中央领导人的接见。

### 三、西班牙的侨校

西班牙华侨工商会侨领胡克钏(玉壶光明村人)出国前是教师,对中华文化有很深的感情。为使华裔不忘祖国的文化,他自2001年以来在西班牙积极筹办中文学校。经过1年多的努力,他于2002年11月9日在阿利坎特省创办了第一所中文学校,计3个班63位华侨子女入学。他还邀请中国驻西班牙外交人员和当地政府、教育局的官员参加隆重的开学典礼。接着于2003年1月9日创办了第二所中文学校,共有3个班61位华侨子女入学,自己兼任两所中文学校的校长。从资金的筹集、教室的借用、教师的聘请和教材的搜集,他都事必躬亲,还曾两次来信请我代购、邮寄国内教材和爱国主义唱片。

## 第二节 侨乡教育

### 一、侨设教育基金会

玉壶侨胞自20世纪90年代初以来为家乡建立了许多教育基金会。下举玉壶镇小的几例。

1993年6月7日,胡志榜的孀妻徐苏琴女士捐2万荷兰盾(时合人民币11.2万元)。建玉壶小学胡志榜教育基金会。

1998年,玉壶中小学校友集资60万元建玉壶中小学教育基金会。

2012年5月21日,旅意华侨胡从欢之父去世,丧事简办,捐15万元建玉壶小学胡从欢教育基金会。

2013年5月28日,旅意华侨蒋中南捐70万元建玉壶小学蒋中南教育基金会。

2013年6月6日，荷兰文成同乡会在会长胡季普的带领下捐款22万元人民币建玉壶小学教育基金会。

2013年7月12日，旅意华侨陈正溪捐100万元建玉壶小学陈正溪教育基金会。

## 二、涉侨夏令营活动

随着留守儿童的增多，为丰富他们暑期生活，关心他们的健康成长，使他们不忘祖国的根，玉壶自2011年以来，连年举办夏令营活动，这里举3例。

### （一）"亲情中华·汉语桥"夏令营

2014年，中国侨联在全国主办5次"亲情中华·汉语桥"夏令营活动，而玉壶是唯一的一个举办此夏令营的乡镇。

夏令营主办单位为中国侨联、中国汉办，承办单位为浙江省侨联，协办单位为温州市侨联、文成县侨联，玉壶镇小学为营站。8月1日由时任省侨联副主席张维仁主持开营仪式。

### （二）2015年"亲情中华·侨界留守儿童"快乐营

文成县2015年"亲情中华·侨界留守儿童"快乐营分别在玉壶镇小、玉壶镇东溪小学、大峃镇大壤小学、大峃镇周南小学举行（那时行政区域大壤、周南划归大峃镇）。

7月14日，玉壶分营举行开营仪式。县教育局、县侨联、县文明办、县团委、县妇联、玉壶镇政府、玉壶侨联和办营学校等相关单位领导出席开营仪式。主办单位为温州市侨联。

来自温州大学各个专业一年级的学生（志愿者），在短短的21天时间里设计了音乐课、舞蹈课、绘画手工课、科学实验课、基本常识课、心理健康课和大型活动。他们在实践中奉献，用爱心的力量在孩子们的心里播下希望的种子，激发出孩子们对于未来的憧憬，促其健康成长。

## （三）"中国寻根之旅"夏令营

2019年7月12日，"中国寻根之旅"夏令营——文成玉壶分营开幕仪式在玉壶中学举行，来自法国、意大利、西班牙、荷兰、德国等国的100多名华裔青少年在文成玉壶感受中华文化的魅力和精髓，了解当代中国，增进民族认同感。时任文成县委统战部副部长、县侨联主席胡立帅，玉壶镇党委宣传委员蔡丽英，中国银行文成支行行长徐晓伟，玉壶镇派出所所长吴荣朝，玉壶镇侨联主席王夏叶，玉壶镇中学校长胡卫光，玉壶镇小校长孟文忠，温州大学"亲情中华快乐营"活动总指导徐旭东以及营员家长出席活动。

## 三、侨助私立育人中学

### （一）创办

1993年，玉壶的小学生毕业后升初中的比例只有2/3，尚有1/3的小学毕业生被挡在中学门外，这不仅不利于普及九年制义务教育，也让这些少年流散在社会上，增加社会压力。我作为教育战线退下来的老兵，想让这些少年继续学习却心有余而力不足。刚好玉壶中学陈胜华老师有创办私立中学的念头，我们可谓不谋而合。

8月7日，玉壶侨联发起了在镇侨联召开创办私立育人中学参谋会议。陈胜华老师的爱人、玉壶中学语文教师张丽俊随丈夫一起到育人中学教语文课，学校聘请玉壶中学退休副校长周克样老师教地理课，聘请玉壶小学退休书记胡茂说老师教社会课，聘请几位社会知识青年教英语和体育课，此外，玉壶中学同意几位教师到育人中学兼课。学校租用旅日华侨胡从暖闲置的石雕厂做校舍，一所新生的私立中学就这样在艰苦的环境中由陈胜华和张丽俊夫妇创办起来了。9月14日，育人中学召开创办庆典暨开学典礼，县教委、镇政府及20多个单位的代表前来参加。镇党委书记夏昌梯、县教委副主任林枫、玉壶督导室主任胡晓雄、学生代表、校长陈胜华讲话，我作为发起人之一代表镇侨联与退教协分会在会上致贺词。

（二）引资

1993年8月25日，著名旅荷侨领胡志光返乡，在其弟新建的教学楼会议室召开座谈会，我告诉胡志光，最近玉壶创办了一所私立中学，他立即问是谁创办，当场提出要见一见创办人，于是胡茂说当即派人找到陈胜华老师。陈胜华老师回答了胡志光提出的为什么要办私立中学、怎样办私立中学等问题后，胡志光立即表态，从现在起3年内每年资助1万元。

1994年2月16日，旅荷华侨胡志言在我家聊天，谈到私立育人中学时，当即赞助1000元。

1995年2月26日，胡茂说同我二人发起召开玉壶小学和育人中学向旅意侨领胡志潏等成绩汇报会，育人中学又得到胡志潏从现在起3年内每年1万元的资助。

3月27日，我为旅荷华侨胡大沛之父（旅荷华侨胡志光的姨父住玉壶街志光家）助办丧事，胡大沛赞助5000元支援教育，其中私立育人中学得到3000元，玉壶中学和玉壶小学各得1000元。

1996年7月9日，同余协亚一起为人办丧事时，我谈起育人中学，余协亚问我赞助1000元是否太少，我说即使赞助100元也是关心教育的体现，于是协亚赞助1000元。

以上6.5万元人民币全部由我经手交给育人中学。

9月23日，西班牙侨领胡克钏看了我发表在《文成侨讯》上的《私立育人中学在前进》报道后，不仅赞助育人中学5000元，而且写了一篇《我们的期望——愿育人中学再接再厉继续前进》寄给我，我带给《文成侨讯》加了编者按刊登。

（三）报道

育人中学办出成绩，1996年我以《私立育人中学在前进》《献冰心一片出墙红杏新一枝》《玉壶私立育人中学教学成绩斐然》为题，分别在《文成侨讯》《温州侨乡报》和《浙江侨声报》作了报道。下面转录原载于1996年7月

25日《浙江侨声报》的《玉壶私立育人中学教学成绩斐然》一文。

  本报讯：育人中学创办于一九九三年八月，是继求知中学之后的文成县第二所私立学校。由玉壶镇侨联发起，玉壶中学陈胜华老师承办，得到著名侨领胡志光、胡志潇二位先生的资助。

  开办之初招收百名被其他中学拒之门外的学生，他们的成绩普遍低下，在总分二百六十分的升学考试中，得分多数在百分之下。不少人摇头叹气，说这些学生是一堆"石蛋"，绝对孵不出"小鸡"。但是，三年来通过社会各界的支持和育中同仁的共同努力，年年取得可喜的成绩。

  今年更是育人中学"双喜"临门之年。一是教委根据"教学质量目标"把全县初中分为五类，育人中学被定为一类学校，跟文成中学、求知中学并列。二是今年中专上线人数达二十一名（不包括自费和技校）。公费生全县一百一十四名，玉壶片十五名，育人中学占十一名，是全县的十分之一；委培生全县一百五十六名，玉壶片二十三名，育中十名；文中重点班招收五十二名，玉壶片五名，育中占四名。

### （四）停办

  育人中学办学4年出成果，其教学成绩经常见于报端，仅有百人的学校，其教学成果同文成中学并立，中考成绩震动全县，名噪一时，声播海外。旅荷侨胞胡振中返乡得知育人中学为家乡的教育作出贡献但无校舍时，慷慨解囊，捐资25万元建校舍，我立即写了《雪中送炭人——旅荷胡振中捐助私人办学小记》《胡振中捐巨款建造教学楼》在《浙江侨声报》《温州日报》《温州侨乡报》《文成侨讯》等媒体刊出。因私立学校得不到国家的配套资金，1997年4月7日，我为胡振中捐资25万元建育人中学教学楼之事，去县里请求当时分管教育的郑国启副县长帮助。7月15日，我参加郑国启副县长、县教育委员会林建南副主任来玉壶镇政府商议将25万元转建龙背公立学校教学楼的座谈会，会上决定建成后分6个教室给私立育人中学。眼看到手的钱没了，而中小学同在一座教学楼，教学和管理都不便，育人中学在办学4年输送了两届40多名学子进入高级中学深造后决定停办。1997年7月29日，我同县教育委员会副主任林建南一起为私立育人中学办了移交手续，育人中学的一应事宜由玉壶中学接收。

（五）感恩

2004年3月27日上午，育人中学96届毕业生周裕胜、周伟丽、周丽华、周慧丹、胡允社、胡光星、胡立雷、胡玉胜、胡立利、胡丽南、胡香妹、胡丽丽、高潮、高礼央、雷荣阿、林小荷、朱采玉、周微微、郑素琴、高欣、胡小英、胡侠琼、董文贵等20多人在镇侨联召开同学会，我应邀与会。会上，我向同学们介绍了当年创办私立育人中学的艰辛历程和引资办学等情况。这些学生多数在教育战线上工作，他们说是育人中学改变了他们的命运，如果没有育人中学，就没有他们的今天，流露出对育人中学不尽的怀念和对老师无限感激之情。

（六）存史

育人中学办学4年，我参加了所有比较重要的事。除上述的创办和引资，我还3次义务去育人中学代课，以《壶山今古》和华侨历史为乡土教材对学生进行爱国爱乡教育；多次参加家长恳谈会，向家长介绍办学之艰难和教学之艰辛；多次参加开学典礼暨颁奖会议并讲话；两次帮助借用在外乡任教的朱祥斋和胡志余两位老师。我不仅写报道宣传育人中学的事迹，还于1996年7月17日写信将育人中学办学之艰难和取得的成绩介绍给旅居意大利的侨领胡志滔和胡绍通，求取海外侨胞更大的扶持与帮助。我为育人中学的创办尽了一份绵薄之力，今育人中学停办，实感痛惜，特撰《昙花一现惜育中》记之：

昙花一现惜育中

昙花本是珍稀物，花貌雪肤压群芳。

一夜落英悲早逝，现成历史记侨乡。

（原载《文成文史资料》2000年第14辑）

## 第三节　侨建工程

### 一、玉壶华侨影剧院

1972年，以旅荷华侨胡忠鹤、胡志光为首，召集赵超、胡志潦、胡志东、胡志敏、胡从村等76人，筹集93790荷兰盾，旅意华侨胡允迪等10人筹集3838元，旅法华侨胡守益等6人筹集5417元，总共92位华侨捐资，总捐资折合人民币7.65万元，托当时尚在国内的胡志荣、胡允连、胡西弟等负责建设，于1973年建成了建筑面积为1400平方米、有902个座位、配套齐全的玉壶影剧院。1976年，影剧院由文成电影站接收管理，1979年2月玉壶影剧院改名为"玉壶华侨影剧院"。

### 二、李林华侨教学楼和李林教育基金会

1988年，李林乡校退休校长、著名侨领胡元绍之父胡越为了改善山区办学条件，鼓励外地教师在山区安心教学工作，不顾自己年过古稀，出国向旅意华侨胡克格等、旅荷华侨胡仲森等、旅奥华侨胡元绍等，共102人筹款约6万美元。1989年夏，这些捐款被用来建成了一幢3层楼、有9间教室、建筑面积达724平方米的李林华侨教学楼，并建立了李林教育基金会。

### 三、玉壶中学图书馆

1987年，旅意华侨胡立松等爱国侨胞发起建立玉壶中学图书馆的倡议，首先得到了意大利侨胞的积极响应。同年10月，以胡立松为首的华侨向周王京、胡志潺、胡允适、胡守近等590人筹集了计790万里拉（合人民币31629元）给玉壶中学。1989—1991年，荷兰爱国侨胞胡志榜向胡冬花、周守局、胡克勋、胡允革、周克信、胡克聪、胡绍东等47人筹集了计21350荷兰盾，先后3次亲自送给玉壶中学，用以建玉中图书馆。

玉壶中学图书馆长21.85米，宽6.25米，高13米，共3层。1990年10月动工，1991年2月主体工程竣工。

### 四、克木大桥

1990年，洪水冲垮蒲坑口石板桥，交通因而中断，民众出门只得绕远，苦不堪言。适遇旅荷著名侨领胡志光夫妇应邀参加北京第十一届亚运会开幕式后回到家乡，目睹此况，决定由其兄胡志荣、弟胡志榜、妹胡彩娟合资30万元建设以其父名命名的克木大桥。

1990年12月20日，玉壶区公所召开成立克木大桥工程指挥部会议，发了（90）22号文件。指挥部总指挥为时任区长夏昌梯，副指挥为时任玉壶镇长胡志环、东背乡长郑松珠、镇侨联主席吴正超，会计为胡经华，出纳为余序整，指挥部成员有胡仲平、胡叶忠、胡从玺、余序现、周克柱。因工程以承包形式建设，只支付几次工程承包款，会计一职等于虚设。

1991年1月16日，开工仪式启动，人们不顾冬季天冷，从四面八方赶来观摩这一盛会。时任县人大办公室副主任梁小友、县侨联副主席夏昌勇、区委书记周育朋、区长夏昌梯、二建公司技术员林铮在仪式上讲话，盛赞胡志光一家爱国爱乡义举，功德千秋。

2月5日下午，旅荷华侨总会副会长胡志榜陪同时任温州市侨办副主任陈文清、温州市信托投资公司经理朱景璋视察克木大桥施工情况。时任副县长金坚如、县侨办主任胡志光听取了总指挥夏昌梯的汇报，胡志榜同意将桥面加宽，增加3万元建桥费。2月6日上午，我从胡志榜处领来75000荷兰盾建桥款，兑成260250元人民币存入玉壶信用社。2月27日，我同施昌忠去温州市信托投资公司经理朱景璋办公室领取胡志榜追加的3万元建桥费。

建造克木大桥之初，成立了以时任区长夏昌梯为总指挥的克木大桥工程指挥部，于1991年1月16日举行了开工典礼，经过6个月的紧张施工，大桥于是年7月23日竣工。桥长73.8米、宽8米，分6孔，钢筋混凝土双柱式桥墩，装配式空心板面。设计负重：汽车—15级，挂车—80级。桥梁设计者为周友丰，施工员为林铮，王大毅负责质量监督。

7月10日，我同胡志光主任去温州市侨办领取旅荷侨领胡志光托交的落成典礼费用1万元，此桥花费总计30万元。7月16日，时任县政协主席徐定良、城建局局长夏盛满等有关人员验收克木大桥，将其评为优良工程。

在半年的紧张施工中，我们管理人员从始至终做到不抽大桥经费一支烟、不喝大桥经费一杯酒、不吃大桥经费一顿餐、不拿大桥经费一分补贴，工程款总计30万元，办公费用支出仅32.2元，用于购买锁、畚斗、值班点名册。如此管理，节省开支，深得当地民众和海外侨胞称赞。

1991年7月23日上午9时，在新建成的克木大桥上，克木大桥落成通车典礼隆重举行。来自温州市、文成县、玉壶区以及其他乡、镇60多个单位的领导和5000多名群众与学生冒酷暑、顶烈日参加了庆典活动。730米长的冰心街高挂欢迎与赞颂标语，玉泉溪两岸鞭炮齐鸣。时任温州市副市长马云博、市侨办主任季柏松、旅荷侨领胡志光、县委书记金邦清、县长钱成良等在主席台前排就座。时任区委书记周育朋主持会议，时任区长夏昌梯、市侨办主任季柏松、县长钱成良在会上讲话。

9时30分，时任副市长马云博、侨领胡志光、县长钱成良为大桥落成通车剪彩。10辆小车徐徐通过大桥开往胡志光老家——东溪，又为以胡志光的母亲名字命名的丹弟路举行揭碑仪式，钱成良县长进行揭碑讲话。碑志由我和夏昌梯区长合撰：

> 树范当今，晓谕后世。
>
> 特立此碑，以示永志。

文成县人民政府

1991年秋月立

余式超书　胡志庭刻

大会期间收到浙江省侨办、浙江省侨联贺电和国内外贺信60多份。克木大桥落成典礼规模之宏大，群情之激昂，仪式之隆重，在玉壶的历史上属破天荒。

### 五、寿星桥与乐颐阁

**（一）寿星桥**

1991年，上村旅法侨胞叶三奶女士在门前溪修造碇步，这本是善举，但民众意见纷纷，以为雨季水漫碇步，行人来往有危险，应该建大桥才安全。1991年1月20日中午，区长夏昌梯、县政协副主席吴正超同我在镇侨联主席胡仲平家用餐时商议停造碇步，发起建造大桥事宜。

午后，召开镇侨联常委、政协委员与几位侨眷联席会议，会上80岁高龄的侨眷胡希望首先提出身后不事奢华，决定将2万元捐出兴建大桥，此举为建桥开了一个好头，最终叶三奶愿意将建造碇步的2.5万元钱改用于建门前溪大桥。1月23日，我为建门前溪大桥写《告全区乡亲父老书》的广播稿，晚上由镇委书记蒋志学向全区广播。为发动全区侨胞、侨眷捐建门前溪大桥，我于1月30日撰写《致侨胞、侨眷公开信》与邀请归侨侨眷参加春节座谈会的邀请书。2月3日上午，在区公所二楼会议室召开归侨侨眷春节座谈会，会上发放公开信，中村旅荷华侨吴翠丁女士认捐5万元助建大桥。区公所发文成立了寿星桥建设指挥部，成员有时任区长夏昌梯、县政协副主席吴正超、镇侨联主席胡仲平，侨眷胡绍祯、胡允科、蒋运石、胡元翰、胡友波、胡从玺、胡经华和我，时任镇政府派出前任镇长林福夏协助。2月17日，平阳施工队进场，广大侨胞纷纷捐资助建。3月8日，夏昌梯、吴正超、胡经华同我4人在镇侨联接待了旅荷华侨胡志郎伉俪，他俩答应同兄弟胡志敏合捐12.5万元建造大桥。施工期间，管理人员一样做到了"四个不"。

经过半年的施工管理，8月22日上午8时，在门前溪寿星桥上举行寿星桥落成典礼。县人大、县政协、县委统战部、县财政局、县交通局、县侨办等有关领导莅临参加。为了增加欢乐气氛，我们工程指挥部早做准备，让舞龙队员重习旧艺，在落成时进行滚龙表演，他们老当益壮，重新展现了昔日雄风。嗣后有关领导和工程指挥部成员在区委二楼会议室召开寿星桥工程质量评议座谈会。会议由时任区长夏昌梯主持，参加人员有时任县人大主任陈延炮、县政协副主席雷开勤、县委统战部副部长赵运图、县财政局局长朱志玲、县交通局副局长邢新中、县侨办主任胡志光、县侨办秘书郑建国、玉壶区委书记周育朋、玉壶区侨务工作干部胡协忠、玉壶镇委书记蒋志学、玉壶镇干部林福夏、县教委退休干部王大毅（质量监督员）、县交通局设计员周友丰、平阳交通工程队队长翁宗川（承建人）及全体大桥指挥部成员24人，我就概况、设计、施工、评议4部分内容整理了座谈纪要。

中午，大桥指挥部没有设宴，平阳交通工程建筑队请我们全体管建人员吃了一顿午餐。

大桥立有一碑，碑文如下：

位于玉壶门前溪的寿星桥、乐颐阁系侨胞、侨眷、民众集资64万元所建。该工程于1991年元月动工，1992年腊月竣工。它的建成不仅方便了交通，而且美化了环境，其功绩永垂壶山青史，现将捐资芳名勒石于下以示永志。

寿星桥筹建小组<br>1993年元月吉日<br>余序整撰　余式超书　邢永相刻

大桥与乐颐阁全工程集资64万元，支出包括舞龙队员的背心、毛巾，中午他们用的猪头和酒（开工时在三港殿许下的猪头愿），支出只有60多元，如此管理与节省开支再次受到赞扬。

（二）发起写乐颐阁楹联

1993年2月27日，桥心阁建成后尚未定名且无楹联，我觉得家乡的亭阁楹联应该由家乡的人来写，于是事先拟好10幅楹联，以期抛砖引玉。

上午，我发起召开寿星桥中的桥心阁定名与征集楹联研讨会。参加研讨会的有时任玉壶镇小校长胡晓雄、副校长朱茂海，玉壶邮电支局长蒋夏雷，镇干部周赛雄，镇小退休书记胡茂说，退休老师胡文光、胡绍祯、胡绍援、罗启蛟、胡步北、周月娟、魏金钗等人。会上有人提出取名蟠髯阁、水心阁、壶心阁、白眉阁、乐养阁等，最后大家通过我提议的乐颐阁。我早已写好10副粗联抛砖引玉，故在研讨会上引来18副楹联，通过筛选确定了11副入选。因乐颐阁建在寿星桥当中，故我的两幅对联中有一联用"寿星"两字分别嵌在出句和对句的头和尾，联云：

一

寿绵绵自古壶山钟大寿
星灿灿而今芝水毓智星

（注：此联入选2010年《温州诗词》庚寅集，第195页）

二

盛世启宏图孺子苍头同感戴

功勋传万古壶山芝水被荣恩

（注：此联入选2017年《温州诗潮》第4期，第59页）

## 六、胡志榜教学楼和教育基金会

  胡志榜去世后，玉壶镇委、镇政府遵循他的遗愿，开启建造教学楼的计划。1992年4月，教学楼基建管理小组成立，组长夏昌梯（玉壶区区长），工程施工管理和质量监督确定由吴正超和我具体负责，并规定每道工序验收由吴正超签字才能通过。7月，教学楼正式动工。1993年4月2日，县计委、县教委、建设银行、监督站、施工股、二建公司来验收，施工员陈志越作了胡志榜教学楼自评报告，经验收，胡志榜教学楼被评为优良工程。

  1993年6月7日，胡志榜的孀妻徐苏琴女士再捐2万荷兰盾（当时合11.2万元人民币）建玉壶镇小胡志榜教育基金会，并指定吴正超为会长，我为副会长。

  经过近一年的施工，1993年6月10日，玉壶镇中心小学隆重举行胡志榜教学楼落成典礼暨胡志榜教育基金会成立大会。文成县委、县政府、县人大、县政协、县委组织部、县委统战部、县委宣传部、县人武部、县教委、县妇联、县团委和温州市教委及有关局、站和玉壶镇党政机关部门等52个单位的领导前来参加庆典。

  庆典活动前，两队少先队员在校门口手执鲜花热烈欢迎贵宾光临。校园茂盛的花木上点缀着手工制作的灯笼、花球、五角星。操场上空悬挂着"捐资助学　功德千秋""热烈庆祝胡志榜教学楼落成""热烈庆祝胡志榜教育基金会成立""教书育人、管理育人、服务育人""把忠心献给国家，把孝心献给父母,把爱心献给社会,把热心献给大家,把信心留给自己""让我们共同担负起教育的使命培养,造就出走向世界和未来的新一代"等巨幅标语。五条纸剪彩带从胡志榜教学楼楼顶悬空到南侧校园树顶上,两盏大红纱灯高挂正门。教学楼顶上高插的36面彩旗迎风招展。时任全国政协副主席、中国海外交流协会会长钱伟长题写的"胡志榜教学楼"6个金字显得特别耀眼夺目。主席台横额书写"胡志榜教学楼落成暨胡志榜教育基金会成立大会","酬宏愿建广厦合乡梓楠同感戴,献丹心育英才满园桃李共争春"一联分挂两边。主席台前摆着《胡志榜教学楼纪略》与锦旗、证书,整个会场布置得庄重喜庆。

上午9时整,庆典活动开始,经过严格训练的1300多名学生随着音乐指挥正步入场。时任镇长虞克布宣布大会开始,礼炮齐鸣,文成县小军乐队、玉壶镇小乐队一齐奏乐。时任市教委副主任张志光,县委书记钱成良,县长夏瑞洲,县委常委、组织部长胡立同,县委宣传部长徐世征,县委统战部长雷开勤,副县长郑国启,县人大副主任钟金莲,县人武部政委赵焕荣,县教委主任潘亦健等领导于前排就坐。我在主席台上首先发言讲话,向来宾介绍了胡志榜的生平事迹。

接着,时任县教委主任潘亦健宣读文成县教育委员会、文成县教育基金会《关于成立胡志榜教育基金会的通知》。之后发言的有胡志榜亲属代表胡克丰、学生代表胡兵灶,以及时任镇小校长胡晓雄、镇委书记夏昌梯、县教委主任潘亦健、县长夏瑞洲、市教委副主任张志光。他们对胡志榜教学楼的落成和基金会的成立表示热烈祝贺,对胡志榜心系故乡、情注教育的崇高精神给予高度赞颂。

9时35分,文成县人民政府向胡志榜亲属代表赠"捐资助学 功德千秋"锦匾。县监督站向胡志榜教学楼颁授优良工程证书。玉壶镇小分别向二建公司和县监督站赠"尽职尽责 保证质量"和"认真监督 一丝不苟"锦旗。

9时40分,4名穿戴整齐的女教师庄重地端着剪盘,县委书记钱成良、县长夏瑞洲、市教委副主任张致光、胡光榜亲属周秀臣为教学楼落成剪彩。

**附1：在胡志榜教学楼落成暨胡志榜教育基金会成立大会上的讲话**

各位领导、各位来宾及全体师生们：

在这个庆祝大会上，我向大家简单介绍胡志榜先生的生平。

胡志榜先生于1956年7月21日出生于玉壶镇中村，1971年初中毕业后随其父亲定居荷兰，1976年开设向阳酒家分店，开始独立经商，1984年跟兄弟合创荷兰玉壶国际贸易有限公司。此后胡志榜除经营餐馆之外，常返回祖国各地，在内蒙古、天津以及广州、青岛、温州等地洽谈生意，尽力帮助祖国的产品打入国际市场，是一位经商的能手。

胡志榜先生爱国爱乡、个性直爽、办事公正、做事勤快，在旅荷华侨华人中享有较高的声望。弱冠之年即任旅荷华侨总会第四届财政组组员兼文艺组组长。后历任第五届总会常委、执行委员；第六届总会常务理事；第七届、第八届总会副会长。在庆祝国庆活动中，他先后担任30周年国庆筹备委员会文艺组负责人、财政组组员和庆祝42周年国庆的执行主席。在任职期间，胡志榜先生为开展总会工作、增进中荷两国的友谊、繁荣侨胞经济、传播祖国的文化等均做出了贡献，是一位著名的社团活动家。

胡志榜先生是一位热心支援家乡建设，尤其关心教育的有识之士。他于1988年就提出要在家乡建立教育基金会，后因洪水冲垮家乡的桥梁而将30万元巨款改建克木大桥。他曾捐资建玉壶中学图书楼。1989年他同8人集资10万元为其父辈的老家——下东溪建造了一幢480平方米的教学楼。正如旅意华侨胡立松先生所说的那样，胡志榜先生是整个侨界最关心教育的志士。

1991年胡志榜先生在荷兰主持了国庆活动后，于10月下旬回国参加浙江省旅外社团负责人、知名人士联谊会。会议期间，恶疾突发，省侨办主任杨招棣陪同去医院检查，发现已是食道癌晚期。年富力强的胡志榜先生来不及继续参加联谊活动，更来不及返乡欣看自己亲手捐建的克木大桥而急返荷兰。

　　1991年12月8日，胡志榜先生由其二哥胡志光先生护送到北京中日友好医院治疗，虽经专家组成的抢救小组精心抢救，奈何病情继续恶化。1992年1月22日，他在弥留之际托其二哥专电给我，要在家乡建一座教学楼，并要我赶制教学楼草图并做好经济预算，带到北京给其过目。

　　接电后我立即去文成请王大毅老师连夜制图，做预算，1月25日，我同区小校长胡晓雄、镇委书记蒋志学赶赴北京。1月26日早晨，我们带着教学楼草图去中日友好医院看望病危的胡志榜先生。其间胡志光先生向我们转达了胡志榜先生一席肺腑语，他说："有钱能给家乡干点事是应该的，也是高兴的。本来打算将公司里每年赚来的钱提取一部分在家乡建立教育基金会，但现在处境如此，只得提前实现自己为家乡办教育的一点心愿。"1993年6月7日，胡志光先生再次来电给我说，他准备再捐2万荷兰盾建立奖励玉壶小学优秀师生的胡志榜教育基金会，并确定了基金会的正副会长。

　　今天由胡志榜先生捐建的、县人民政府命名的及由全国政协副主席、中国海外交流协会会长钱伟长题名的胡志榜教学楼已落成，教育基金会也已成立，胡志榜之愿已遂，家乡人民子孙万代将永享其利，全体师生在其精神的感召下将永远奋发向上。对联中所写的"满园桃李共争春"的生动局面一定会随之到来。

## 附2：胡志榜教学楼纪铭

　　胡志榜（1956年7月21日~1992年2月6日），玉壶镇中村人。初中毕业后随父赴荷定居，历任荷兰华侨总会第四届财政组组员、文艺组组长；第五届常委、执行委员；第六届常务理事；第七届、第八届副会长。任职期间为传播中华民族文化、增进中荷两国友谊、繁荣侨胞的经济做出了贡献，并多次捐资创办家乡的公益事业。1991年10月，在杭州参加海外乡贤聚会时恶病突发，弥留之际不忘家乡的教育事业，捐资25万元人民币建造家学楼。教学楼由县人民政府发文命名，全国政协副主席钱伟长题词。县教育委员会魏永林设计、县二建公司承建、陈志越负责施工，1992年7月动工，1993年6月竣工，建筑面积1048平方米。

1993年6月立

余序整撰　蒋运录书

### 七、上林公路

上林至玉壶公路自20世纪80年代后期始修筑，但因国家财力不足而中途停工。1992年4月26日，旅意侨胞胡允迪捐资15万元作为续建上林公路的启动资金，接着旅法侨胞洪才虎捐资10万元，使停滞多年的工程争取到了省交通厅立项。与此同时，瓯海同乡会支持18万元助建上林公路。此后又向意大利胡允适筹集了5万元，向周王京筹集1.5万元，向余序闹、胡守近、蒋美金、蒋运帷各筹集1万元，加上向其他旅意侨胞筹集的资金，总计38.7万元助建上林公路。

上林至玉壶公路于1992年11月3日施工续建，1993年12月9日举行了隆重的全线通车典礼。

### 八、胡立正教学楼与其他

旅法华侨胡立正先生1980年出国定居巴黎，1994年偕夫人周春华女士回国探亲，适遇玉壶中学失火，一座教学楼焚毁，损失严重，胡立正毅然捐资25万元在玉壶中学建一幢教学楼。

教学楼于1994年重阳节破土动工，1995年8月竣工，1995年10月18日举行了隆重的竣工典礼，文成县人民政府赠与"捐资助教　功德千秋"匾额。

胡立正为被焚毁的玉壶景点三港殿慷慨解囊25万元予以重建，为点缀克木大桥，又捐资11万元在桥西建造了玉春亭，一年之中捐建家乡公益事业多达61万元。1995年8月21日《温州侨乡报》以《慷慨与节俭组成的动人二重奏——文成传颂着一个"侨乡之最"》为题对其作了综合报道。

## 九、胡克球与其教学楼

胡克球先生1908年出生于东背乡长丰村，1935年赴新加坡谋生，1940年回国定居在玉壶中村。1958年再度出国定居荷兰，1988年回国安度晚年。胡克球助人为乐，惜苦怜贫，有钱不吝，关心家乡的公益事业建设。1994年冬病危时决定捐资30万元在玉壶镇小建一幢教学楼以作纪念。1994年12月26日，胡克球教学楼捐款仪式隆重举行，文成县人民政府给其家属授予"捐资助教　功德千秋"的锦匾。

胡克球教学楼于1996年8月动工，1997年10月竣工，这是玉壶镇小第2幢侨建教学楼。

## 十、一日六庆

1998年10月11日，玉壶小学90周年、玉壶中学40周年校庆和玉壶华侨之家、玉壶华侨医院、玉壶中学程延林实验楼、东背小学胡振中教学楼落成典礼同时举办，谓之为"一日六庆"。我负责接待报到来宾并分发《玉壶小学九十华诞》给前来参加庆典的校友。来自海内外7000多名中小学校友汇聚一起，这是玉壶有史以来最大的盛会。在镇小广场主席台上就坐的有县"四套班子"成员、中国侨联代表、省市有关领导、著名侨领。天公不作美，下起了毛毛细雨，可是校友们还是冒着细雨开完庆祝会。会后，上万名校友与中小学的学生高呼口号，从校园出发游行集镇一周，极一时之盛。

中午，分三间餐馆摆了70多席庆功酒。下午，各级领导和侨领分成4组为华侨之家、华侨医院、胡振中教学楼、程延林实验楼落成剪彩。因我要代表玉壶侨联在华侨之家落成典礼上讲话，故参加了华侨之家落成组活动。

下午在玉壶城东开发区举行华侨之家落成典礼，时任中国侨联文化工作部副部长任梦云、省侨联主席周慧兰、省侨联秘书长赵向前、市侨联副主席陈永光、文成县长江海滨、县委副书记胡立同、副县长雷明远，以及旅荷华侨总会会长胡允革、意大利都灵华侨华人联谊会顾问胡立松、荷兰华侨总会高级顾问胡志东、法国文成联谊会名誉会长洪才虎、副会长胡克哲、都灵华侨华人联谊会副会长胡绍通、旅德侨领蒋美珍等领导和侨领参加华侨之家庆典仪式（其他众多的校友侨领分别参加其他3个侨建工程落成庆典）。

任梦云副部长、周慧兰主席代表中国侨联向镇侨联赠送了珍贵的礼物，县侨联和大峃镇、南田镇、周壤乡、东溪乡侨联赠送了纪念品。

会上，我代表玉壶侨联首先介绍了侨联大楼筹建和施工情况，旅荷侨领胡允革代表旅外华侨对华侨之家的落成表示祝贺，对镇侨联多年来为侨办实事表示赞许。周慧兰主席和胡立同副书记的讲话均高度赞扬了海外侨胞爱国爱乡精神，对镇侨联今后的工作提出了更高的要求。

任梦云、周慧兰、胡允革、江海滨、胡立松5位领导和侨领为华侨之家落成剪彩。

晚上各位来宾在玉壶中学观看丰富多彩的的文艺演出。

### 十一、华侨之家

1995年11月11日，我去光明村为亲戚长辈送葬，夜里为玉壶镇侨联没有办公楼一事跟旅西华侨工商会副会长胡克钏长谈。我提到玉壶是著名侨乡，来访人员层次高，没有办公楼接待来访者很不适应形势发展的需要，胡克钏说由他返西后发起集资，一定要把办公楼建成。

1996年2月2日，我同胡茂说二人收到胡克钏向17位旅西华侨集资的95万比塞塔（约合6万元人民币）。有了启动经费，我即在《文成侨讯》和《浙江侨声报》写了《旅西侨胞发起捐资筹建玉壶侨联办公楼》的报道，并同蒋美森多次向镇政府争取建设用地。1997年夏，镇政府最后敲定将镇政府、中村和旅荷华侨胡西弟3家合资开发的玉东新村一块116平方米的地无偿给侨联作为为建设办公楼用地。8月1日,我同周育朋、蒋美森3人以个人的名义起草了《告海外侨胞书》,传真海外有关社团和个人,发动侨胞捐资建造玉壶华侨之家。8月29日下午,我带教委设计师魏永林实地勘测华侨之家建设用地,准备由他设计华侨之家图纸。后因他不愿设计,9月8日,我去教委拿回图纸交城建局设计室,托赵志明设计,又因设计费太贵而作罢,9月10日上午,旅意华侨胡立松,旅荷华侨胡志东、胡西弟,侨联吴正超、周育朋、胡绍祯、蒋美森、蒋运林在我家商议筹建华侨之家之事,大家讨论决定图纸由胡立松老师设计。9月12日晚,我同蒋美森、蒋运林、周育朋、胡绍祯、胡金波、胡西弟、吴正超在胡立松家会审图纸,因建设用地前宽10米,后宽5米,不方正,胡西弟提出从二层起左边挑腿,向外挑出,他的提议立即被大家认可,于是胡立松老师重绘。最后由我送给文成城建局设计室设计员林秀华审定,10月12日上午,我去林秀华家拿回华侨之家图纸。

筹建华侨之家,从发信海外发动侨胞捐资和走出去登门筹资,到侨胞侨眷送资上门,总共筹集了60多万元。旅意侨胞胡允连负责施工,蒋美森、蒋运林、吴正超、周育朋同我一起监督。从1997年11月动工到1998年10月11日举行了隆重的落成典礼,全体管理人员同样做到"四个不"。

1998年10月11日下午在玉壶城东开发区举行华侨之家落成典礼(典礼盛况详见《一日六庆》)。

**附:华侨之家碑志**

玉壶镇是著名侨乡,更是著名侨领之乡,因此每年返国省亲、办事的侨胞多,来访、来调研者层次高,曾给全国政协华侨委员会副主任马庆雄、中华全国侨联副主席黄军军、省侨办主任朱惠珍、省侨联主席周慧兰、浙江侨声报总编李晓赞,以及荷兰学者李明欢、中国驻米兰总领事陈宝顺、领杜志滨等留下良好的印象。建一座"华侨之家"以满足侨乡的需要是侨胞、侨眷的共同夙愿。今在侨胞、侨眷的热情支持下，蒙合资开发玉东新村的玉壶镇人民政府、玉壶中村、旅荷胡西弟先生三家无偿供地116平方米作建设用地，于1997年11月1日动工，1998年10月竣工。它的建成不仅有助于侨务工作的开展，而且扩大了玉壶侨乡的声誉。为了纪念捐资者的功绩，特勒石永志。

文成县玉壶镇归国华侨联合会
1998年10月立
胡绍祯书　陈守勃刻
（注：该碑文没刻余序整撰，只刻胡绍祯书）

### 十二、玉壶华侨医院

20世纪90年代初，玉壶原有的医院早已不适应形势发展的需要，新建一座医院成为玉壶人民的急切需求，玉壶侨胞也早有捐建的愿望。

1991年7月，旅荷华侨胡志光返乡参加克木大桥落成典礼，同我和施昌忠3人一起去考察院址，我们考察了东山岗和蛙蟆坑，最后将院址确定为杨村垟沙地。当晚，时任玉壶医院院长陈永霖宴请胡志光。

1992年8月24日，时任县卫生局局长胡绍钗来玉壶侨联召开筹建华侨医院班子会议，出席人员有时任镇委书记夏昌梯、统战干事周赛雄，医院领导陈永霖、钟定都，侨联吴正超、胡经华、胡绍祯、蒋运石和我。会议酝酿成立了基建施工小组，确定包括医院包汝南、董文阁2人，侨联吴正超、胡绍祯、蒋运石、胡经华和我5人，加上周赛雄，一共8人。玉壶华侨医院基建小组成立以后，我写了《华侨医院筹建简况》，发动侨胞侨眷捐资建造华侨医院。

1993年7月21日，华侨医院奠基仪式隆重举行，我撰长联"捐巨资创大业赤子之心诚堪表，献丹心奠鸿基爱乡精神更可嘉"作为主席台彩门对联，为胡经华写了代表侨眷的发言稿。时任县长夏瑞洲、县政协主席廖梅柳、副县长郑国启、县委宣传部长徐世征、县卫生局长胡绍钗、镇委书记夏昌梯、侨眷代表胡经华在主席台就坐。仪式由时任镇长虞克布主持，夏瑞洲、胡绍钗、夏昌梯、胡经华先后讲话。

旅荷、旅意华侨率先捐资建造华侨医院门诊楼，继而旅法侨胞捐资兴建综合楼，后建住院部。因工程大，集资有困难，时建时停，虽已集资近200万元，但尚未建成，再发动捐资有困难，最后将已征的土地拿出一部分作宅基地出售，获96万元，才建成当时县城之外最具规模的医院——玉壶华侨医院（后改为玉壶中心医院）。1995年6月5日，我同出纳蒋美森去温州领取旅荷华侨胡志荣捐赠的1万荷兰盾。施工期间，管建人员不知开了多少次会，工程历经5年才竣工。1998年10月11日，玉壶华侨医院与其他3项侨建工程的落成典礼与玉壶小学、玉壶中学校庆庆典活动同时举行。

**附：玉壶华侨医院碑志**

医院肩负着救死扶伤的重任，但玉壶医院简陋，早已不适应侨乡人民的需求。为了改善医疗条件，旅荷、旅意华侨率先捐资建造华侨医院门诊楼、住院部，继而旅法侨胞积极捐资兴建综合楼。华侨医院于1993年7月21日破土动工，在政府与有关部门的大力支持下大功告成，现正式开诊。特将捐资者名单勒石永志。

玉壶华侨医院筹建小组

1998年10月11日

余序螯撰　胡绍祯书　陈守勃刻

（注：医院碑文刻1993年3月破土动工是误笔，应是7月21日）

### 十三、扩建玉泉寺

玉泉寺，旧称崇福寺，建于明永乐二年，1949年部分寺舍做玉壶区中心小学校舍。1988—1990年玉壶侨胞集资20万元翻建后进观音阁为三圣殿。1993—1996年玉壶侨胞又集资扩建大雄宝殿与金刚殿。此后规模扩大，集资更多，但我没有过问此事，详细情况就不得而知了。

### 十四、重建三港殿

1994年1月29日（农历腊月十八）凌晨，玉壶著名景点三港殿焚于火灾，适旅法侨胞胡立正夫妇归国省亲，得知此情况后，捐资25万元予以重建。为增其旧制，玉壶侨胞又集资40万元在殿前建风景亭一座，于1996年底竣工。此后扩建了几座庙宇，我没过问，详情不得而知。

**附：三港殿碑志**

庄济庙，亦名三港殿，始建于明代，在历史长河中曾几经毁损，几经修缮，可惜于1994年农历腊月十八日凌晨焚于火。旅法侨胞胡立正慷慨解囊，率先献资人民币25万元予以重建。为增其旧制，海外侨胞、地方民众踊跃捐资拓建庙前香房，今大功告成，立碑永志。

1997年秋月吉日立

余序整撰　胡绍祯书　陈守勃刻

### 十五、胡中杰与颐年楼

胡中杰，又名胡克提，1915年出生于李林光明村，1930年赴荷谋生，40年代归国在上海经商，1949年回家，嗣后定居玉壶中村，1956年再度赴荷，在荷积极参与旅荷华侨总会活动，1993年被聘为总会名誉顾问，为建文成侨房、玉壶华侨影剧院、李林水口殿等公益事业做出了贡献。1995年病危时，他表示要魂归故里,并要在出生地做点纪念。1996年春,其子胡沪生、胡玉生、胡兰生等遵其遗嘱扶灵归里,将其安厝在玉壶,并捐资20万元在其出生地——李山建一座中杰楼作为纪念。1997年9月16日,光明村举行胡中杰颐年楼落成典礼,我同镇长叶文武、镇委副书记胡志环、组织干事蔡明访一起去光明村参加典礼,我代表镇侨联致贺词。

# 第二编　侨事工作

# 第六章　会议发言

在退休前一年的1987年元旦后,我被推荐为文成县政协第二届委员,至2012年,已任至第七届委员(其中第六届为常委);1987年参加玉壶镇侨联工作,任第二、第三届副主席兼秘书长,至2007年卸任。在长达整25年周年的政协、20周年的基层侨联工作期间,我为服务侨乡、弘扬侨乡文化尽了一份绵薄之力,在教育界、政协、侨联召开的会上均有较多的发言。

## 第一节　侨乡教育发言

我就侨乡教育曾在各大会、座谈会上有过多次发言,主题涉及侨乡教育的各个方面(见下表)。

**有关侨乡教育的发言列表**

| 时间 | 主题 | 地点 | 会议名称 |
| --- | --- | --- | --- |
| 1993年6月10日 | 介绍胡志榜生平与业绩 | 玉壶小学 | 胡志榜教学楼落成暨教育基金会成立大会 |
| 1993年12月18日 | 我为侨乡办实事 | | 退教协首届年会 |
| 1993年9月10日 | 庆祝第9个教师节 | 玉壶中学 | 教师节座谈会 |
| 1993年9月14日 | 育中创办庆典暨开学典礼 | 育人中学 | 育人中学开学典礼 |

续表

| 时间 | 主题 | 地点 | 会议名称 |
|---|---|---|---|
| 1995年10月11日 | 代表老教师在祝寿会上讲话 | 县体育中心 | 老教师祝寿会 |
| 1995年10月18日 | 在胡立正教学楼竣工典礼上讲话 | 玉壶中学 | 侨联代表会 |
| 1996年1月7日 | 关心教育、报道侨乡、出版《壶山今古》等的典型发言 | 珊溪 | "老有所为"经验交流会 |
| 1996年5月23日 | 引资建教学楼等典型发言 | 玉壶镇小 | 关心下一代研讨会 |
| 1999年9月10日 | 崇高的职业 | 玉壶镇小 | 第15个教师节庆祝大会 |
| 2000年11月23日 | 学习"三个代表"重要思想谈体会 | 县退教协会 | 老教师学习会 |
| 2006年3月29日 | 应文成外国语学校之邀为师生介绍侨情教育 | 外国语学校 | 侨情教育研讨会 |

限于篇幅，这里仅收录2006年3月29日在文成外国语学校举办的侨情教育研讨会上的发言：

今天有机会被邀请参加侨情教育研讨会，我感到十分荣幸。文成外国语学校及时举办这个研讨会，对文成侨情教育有很大的促进作用。今领导要我讲话，盛情难却，我谈一点对侨情教育肤浅的认识和看法，不周之处请批评指正。

文成是全省乃至全国著名侨乡，因此侨乡的教育引起上至中央有关部门，下至乡镇领导的高度重视。自1994年11月9日全国政协华侨委员会常务副主任马庆雄率省、市三胞委领导来玉壶进行侨乡教育调研，提出7个问题以后，2004年2月17日，县政协主席徐世征率政协妇女组委员来玉壶调研侨乡幼儿教育问题，4月12日，温州市政协常务副主席王成云率全市各县、市三胞委主任来玉壶调研第二、三代华侨华人教育问题；2005年11月11日，文成县政协玉壶联络组委员在玉壶镇召开听政会，在提出加强基础教育，促进侨乡文化持续发展的主题的基础上，又提出教育资金投入不足、师资力量有待加强、家庭及社会对教育重视不够、隔代教育的弊端显现、学前教育重视不够等7个问题。凡此种种，都说明侨乡的教育引起了各级有关部门的高度重视。

在为数众多的调研活动中，最中心的议题是隔代教育带来的弊病：首先是爷爷、奶奶或外公、外婆年纪较大，大都没受过很好的正规教育，认为带好孩子就是让他吃好、穿好，特别是物质与金钱上竭尽所能，让孩子陷入深深溺爱之中，或者任由其无限度地上网、打游戏机，有的甚至引发违法事件。其次是华侨子女人生目标产生误区，认为读书不读书一个样，反正都要出国打工。再次是华侨子女经济条件优越导致贪图享受等问题。上级领导提出极力避免隔代教育带来的弊病等建议意见，如举办家教专题讲座，召开家教经验交流会，改变"重智轻德""重男轻女"和"管养不管教"的观念。从学校角度来说，首先应该从怎么教、怎么学、怎么管理上做好文章。要教会学生做怎样的人，树立榜样，培养其爱国情操，培养其民族精神。

办学要有"两条腿走路"的指导方针，光靠政府办学还不够，要发动全社会来办学。文成的求知中学已为全县做出了榜样，为国家和社会培养了大批有用之才。过去的玉壶私立育人中学办学4年，也为社会输出了几十位人才，培养成教师的也有30多人。总结他们的成功经验，大致是善于管理、以德促智，体现了"功夫不负有心人"的道理。如今的外国语学校已经取得很大的成绩，主要经验同样是善于管理，有一颗献身教育的赤诚的心。

华侨子女的华文教育关系到文成华侨的经济发展，关系到华侨文化的挖掘，关系到国家的形象，关系到侨乡经济与文化的发展。因此我建议各级政府和教育部门要加大对先进教育观念的宣传力度，进一步关心扶植民办教育，通过这次调研活动，把华侨华人的华文教育推向一个新的高潮。

## 第二节　文成政协侨务发言

政协大会是政协委员履行职责，向党政部门建言献策，行使民主权利的重要形式。自1987年担任县政协委员以来，我已经写了13份发言材料，其中三届三次会议有个人发言，还有代表集体的由其他委员发言（见下表）。限于篇幅，这里仅收录如下几篇。

### 在文成政协会议上有关侨务的发言

| 时间 | 题目 | 届别、名称 | 地点 | 备注 |
| --- | --- | --- | --- | --- |
| 1989年3月23日 | 服务侨胞引资建设侨乡 | 二届三次 | 县政府礼堂 | 代表集体 |
| 1990年5月4日 | 代表玉壶联络组发言 | 三届一次 | 县政府礼堂 | 代表集体 |
| 1991年4月9日 | 开展联谊活动引资建设侨乡 | 三届二次 | 县政府礼堂 | 代表集体 |
| 1992年4月9日 | 为侨乡修志编史 | 三届三次 | 县政府礼堂 | 代表个人 |
| 1995年3月29日 | 发挥侨乡优势　做好侨务工作 | 四届三次 | 县政府礼堂 | 代玉壶联络组 |
| 1997年3月19日 | 做好侨务工作　为推进两个文明建设服务 | 四届五次 | 县政府礼堂 | 代表个人 |
| 1999年3月17日 | 把握机遇　发挥优势　打好"侨牌" | 五届二次 | 县政府礼堂 | 代表个人 |
| 2000年3月14日 | 发挥个人作用　履行委员职责 | 五届三次 | 县政府礼堂 | 代表个人 |
| 2000年8月22日 | 在首次政协委员听政会上的发言 | 玉壶片委员听政会 | 镇侨联 | 代表个人 |
| 2002年1月10日 | 玉壶政协联络组工作总结 | 政协评比 | 县政府会议室 | 代表集体 |
| 2002年3月14日 | 从华侨大县实际出发给侨胞特殊照顾 | 五届五次 | 县政府礼堂 | 代表集体 |
| 2002年12月25日 | 玉壶片政协工作总结 | 政协评比 | 会议室 | 代表集体 |
| 2003年3月19日 | 借鉴外地经验　进一步落实侨务工作 | 六届一次 | 县政府礼堂 | 代表个人 |
| 2003年6月19日 | 发挥政协委员整体作用 | 新委员培训班 | 县党校 | 讲座 |
| 2004年3月11日 | 打造生态旅游县需要侨乡文化的呼应 | 六届二次 | 县政府礼堂 | 代表个人 |

续表

| 时间 | 题目 | 届别、名称 | 地点 | 备注 |
|---|---|---|---|---|
| 2005年8月5日 | 在温州市督察县政府工作政协委员座谈会上的讲话 | 抓落实见成效座谈会 | 国际大酒店 | 首席发言 |
| 2005年11月11日 | 治山治水　改善环境　美化侨乡 | 玉壶片委员听政会 | 玉壶侨联 | 首席发言 |
| 2006年1月23日 | 提高文成华侨经济品位 | 六届十三次常委会评议政府工作报告 | 县政府会议室 | 第一个发言 |
| 2006年3月2日 | 我是怎样履行委员职责的 | 六届四次 | 县礼堂 | 第一个发言 |

## 一、为侨乡修志编史（政协三届三次会议，1992年4月9日）

各位主席、各位委员：

1991年是我参加侨乡玉壶镇两条大桥建设管理工作的一年，同时也是为侨乡玉壶修志编史的一年，确实为侨乡做了几件实事。这里不谈如何管建工程与引资建设家乡，专谈如何为侨乡修志编史。

我常想，过去的人、文、事就是今天的历史，今天的人、文、事对于后人就是历史。只要人类社会存在，这个历史也就会永远存在下去。但每个地方、每个时代，如果无人修志编史，随着时间的流逝，历史就会断层，后人就无法研究历史。就拿我的家乡玉壶来说吧，它的历史已有千载，但尚未有系统的历史记载。为了抢救历史，挖掘侨乡文化遗产，让家乡今后有个历史借鉴，趁退休后尚有一点精力，我决心为家乡修志编史。下面将自己纂编镇志《壶山今古》和合作编纂《玉壶区中心小学校史》的经历分述于后。

（一）纂编《壶山今古》

《壶山今古》全书10万余字，分大事记、概述、分述3个部分。分述的内容有大事记建置、组织、华侨、农业、工业、交通、邮电、教育、卫生体育、文化、宗教、习俗、宗族、胜迹景点、人物16章，是一部综合性的地方志书。今将写作阶段和如何核实材料两个方面略作陈述。

  1.写作过程。1989年4月，县政协文史资料办公室负责人约我在《文成文史资料》第5辑上写一篇《玉壶镇简史》，我借此机会搜集资料，编写了玉壶志书《壶山今古》。经过半年的笔耕，于1990年3月完成初稿，计7万余字，4月油印50册征求意见稿分发给有关单位和个人审阅，按征求来的意见，又于当年11月和1990年5月增写了华侨和交通的有关内容，9月付梓，1992年1月印刷。

  2.核实材料。写志必须要"实"，不实不只劳而无功，而且会贻误千秋，故核实材料是写志首要问题，我是从以下5个方面去核实材料的。

  （1）原始材料。原始材料是写志的第一手材料，除平时自己手头积累的材料，还包括姓氏族谱、文成乡土志、文成交通志、区镇组织史、文成年鉴、"民间文学三集成"等。我对这些有关玉壶的资料有的作了补充，有的作了更正，然后记入《壶山今古》。

  （2）调查访问。调查访问采集来的材料是写史的活材料，但必须要经过核实。如文成交通志写1942年始设玉壶邮政代办所，经查核，早在1925年，玉壶办学者余钟麟就向瑞安县申报了玉壶邮政信柜，由余公记店房经营（办理业务者先是大壤陈正理，再是茗垟周添茂，后有玉壶塘下胡仲凯）。又如中华人民共和国成立前出国的华侨名单、旧时的民情风俗、最早的楼房与四合院等建于何时，都是通过走村串户调查采集所得。

  （3）实地勘察。实地勘察所得的材料能增加志书准确性，如玉壶3条过溪的碇步有几齿、大坝有多长等数据，均经过实地勘察，获得准确数据后再记入。

  （4）发信联系。凡是写到人，必须要与其人、其事以及其学历、职务、职称完全相符，否则好心肠办坏事，吃力不讨好，会引起当事人的不满。对于书中涉及的许多在外地工作的人，我都发信联系与其确认相关信息。

  （5）积累材料。平时勤积累材料不仅能增加写史的素材，而且能减少调查访问的时间。书中所记家乡发生的火灾、水灾、侨胞捐资、教育活动、公路通车、戏曲发展等都来源于我平时的一本《社会要事备忘录》。剪报也是积累材料来源之一，如一些习俗的历史缘由、侨界的一些要事就是从剪报中来的。

（二）合编区小校史

《玉壶区中心小学校史》是我跟在职的朱茂海老师合编的一册近5万字的比较全面反映玉壶区小发展历史的著作。我为何会在退休后受聘写校史呢？原因有3个：

1.我是玉壶区小创始人的后裔，1988年退休时学校赠我"耕耘百载 桃李芬芳"锦匾。在退休教师茶话会上，县教委刘化玉主任说我家为玉壶的教育事业做出贡献，勉励我退休后要继续为振兴家乡教育出力。

2.《壶山今古》一书已有"教育"一章作为现成的资料，写校史可以充分利用。

3.作为区小创始人的后裔，我对祖父办学的历史有所耳闻，自己又在区小3次执教，教学历史长，对学校情况有一定的了解，因此受聘撰写校史，而且我也十分乐意应聘。

写校史也并不是一件容易的事：内查、外调、编章、分类、核实材料等都要认真对待，只是相比写志书，内容有广狭之分。

各位领导和委员，近年来我为家乡干了几件事，靠的是集体的力量和智慧，靠的是领导的关怀与支持、同事们的帮助。今后我要继续发挥余热，争取把政协工作做得更好。

**二、把握机遇 发挥优势 打好"侨牌"（政协五届二次会议，1999年3月17日）**

文成是全省乃至全国著名的侨乡，现有旅外侨胞、港澳台同胞5万多人，分布在世界35个国家和地区。全县有归侨、侨眷6万多人。同时，文成也是著名侨领之乡,在国外侨团担任副会长职务以上的有80多人,许多侨领还受到党和国家领导人的亲切接见。华侨众多是我县的突出优势。邓小平同志曾精辟地指出"海外关系是个好东西",他认为几千万海外爱国同胞是我国发展的"独特机遇"。我县有5万多侨胞遍布世界各地,这正是我县大发展的独特机遇。几年来,我县侨务工作在县委、县政府的正确领导下,高举邓小平理论伟大旗帜,运用邓小平侨务思想,通过广泛联谊、真诚服务,赢得了侨心,极大地调动了广大侨胞、港澳台同胞和归侨、侨眷的积极性,激发了他们爱国爱乡热情。他们纷纷回乡捐款赠物、投资办厂,有力地促进了我县的经济和社会的快速发展。

改革开放的不断深入,为我们的侨务工作创造了十分有利的条件,提供了更为广阔的活动舞台。同时,随着整个形势的变化,侨务工作也出现了一些新变化,面临一些新情况、新问题。下面,我就如何更好地开展我县新时期的侨务工作提几点意见和建议:

(一)进一步加强对侨务工作的领导,努力把"侨"的优势保护好、发挥好

领导的重视和支持是做好侨务工作的重要前提。党和国家领导人历来重视侨务工作。在今年1月份召开的全国侨务工作会议上,江泽民总书记亲自到会并做了重要指示,朱镕基总理给大会发了贺电,钱其琛副总理到会并讲话。江泽民总书记一再强调:侨务工作是我们党和政府一项非常重要的工作,这项工作不仅过去重要,现在重要,将来也十分重要,需要长期做下去。对我县来说,侨务工作显得更为重要。所以,县委县政府应继续加强对侨务工作的领导,进一步重视和关心侨务工作,真正把侨务工作作为党的事业重要组成部分,作为政府的一项重要工作;继续把发挥"侨"的优势作为我县经济和社会发展的重要内容,采取措施,抓紧抓好。我建议县委、县政府成立一个侨务工作领导小组,切实加强对侨务工作的领导,加大依法护侨、为侨服务和招商引资力度,努力把"侨"的优势保护好,发挥好。

（二）要进一步优化投资环境，提高引资水平

在进一步扩大对外开放过程中，整顿好投资环境十分重要。对于投资商而言，最大的优惠是效率，最好的环境是服务。在吸引外资竞争激烈的形势下，能否吸引外资很大的程度上取决于一个地区的综合投资环境如何。由于我县财政困难，硬条件的改善能力有限，因此我们一定要花大力气改善投资软环境，力求形成满意的服务环境、优越的政策环境和良好的法制环境，实现文成大环境的"以软补硬"。我建议从以下几方面去优化"软环境"：

1.制定引资优惠政策。虽然我们已经为外资项目实行优惠，但优惠政策还没有一个系统的明文规定，可操作性不强。所以，我们应该尽快出台引资的优惠政策，以扩大宣传，吸引外资。

2.加强引资项目库的建设。选准、选好引资项目是做好引资工作的前提。我们应该经常组织和筛选符合我县产业结构、效益好的项目充实项目库。项目的资料尽量做到准确、详细、全面，并有一定的数量，投资额要有一定梯度，以便让外商有一定的选择余地，从而提高引资成功率。

3.强化涉外部门服务功能，提高服务水平。各级政府的有关部门都要积极简化审批和办事手续，能简化的尽量予以简化，确实不能简化的也要规范程序，增加透明度。要进一步强调服务意识，做到急侨胞所急，想侨胞所想，及时为侨胞排忧解难。对一些具体政策规定要结合我县实际研究贯彻，提高办事效率。

4.成立招商引资机构，加强项目引导。县里去年成立了一个招商引资办公室，这个机构一定要保存下来并不断充实加强。用这个专门招商引资机构指导全县的招商引资工作，及时发布招商信息，组织大型招商活动，负责全县重大外资项目的跟踪落实和宏观协调工作。注重把项目引向水电、旅游、基础设施和农业方面，以实现优势互补。

5.运用多种方式扩大利用侨资。要努力拓宽利用侨资的渠道和方式。既要邀侨胞回乡考察，也要送项目出门洽谈，如我们去年的招商引资联谊会就

举办得很成功。我们不妨继续举办第二届、第三届，以不断提高引资水平。

（三）加大外宣力度，提高文成知名度

江泽民总书记多次强调，对外宣传是党和国家的一项具有重要战略意义的工作。过去几年，我县外宣工作取得了一些成绩。但总的来说，我县的外宣工作基础还很薄弱。今后要主动地通过各新闻单位和媒体，加大对外宣传力度，努力使世界了解文成，最起码要让5万多侨胞了解文成。要向海外大力宣传文成改革开放后的巨大成就，宣传文成良好的投资环境和优惠政策，宣传文成的名优特产，还要有重点宣传项目，努力树立文成的良好形象。同时，也要大力宣传广大侨胞、港澳台同胞的艰苦创业历程和爱国爱乡的先进事例，进一步激发他们的爱国爱乡热情，积极支援家乡的"两个文明"建设。

（四）切实做好二、三代华侨和新移民工作，加大引资力度

华裔二、三代是生活在海外的老华侨的子孙，他们中不少人有文化，有实力，已经成为父辈事业的接班人。他们大多融入了当地主流社会，有能量，但对祖国和家乡了解很少，家乡观念淡薄。如果现在不重视这个问题，再过若干年后，随着老一辈华侨的逝去或退出当地的社交活动，我们的华侨优势也将随之消失。因此，做好二、三代华侨的工作已刻不容缓。我们要积极创造机会，同他们加强联谊，增进感情。例如每年邀请一批华裔回乡参加夏令营等活动。同时，我们要加强发挥侨团、侨报、侨校在争取海外华裔二、三代工作中的重要载体作用，开展多种形式的文化交流活动，加强华文教育的工作力度。

我县5万多名华侨中85%是新移民。新移民中的留学生则是我们华侨中的精英，是我们引智的重点。他们具有双语能力和双重文化背景，是中西交流合作的天然桥梁。他们具有的科学知识，是我们实现跨世纪目标所不可缺少的。我们要切实加强同他们的联系，保护他们的爱国心，激发他们的家乡情，积极引导他们为家乡的建设服务。同时，要下力气做好新移民和社团工作，努力发挥他们在发展壮大对我们友好力量中的积极作用，着力培养一支更加强大的对我友好力量。

（五）侨务部门要进一步解放思想，提高自身素质，创新工作机制，努力适应新形势

新时期的侨务工作具有工作范围、工作对象的广泛性和工作内容的多样性。侨务工作许多实际问题的解决，都需要其他部门的理解、配合和支持。因此，侨务部门在强化自身职能、发挥自身优势的同时，要善于广泛运用社会力量，调动各方面的积极性，这样，侨务工作的路才会越走越宽。同时，侨务干部要加强学习，增强本领，提高素质，扎实工作，不断解放思想，创新工作机制，加强调查研究，分析新情况，解决新问题，使侨务工作以新的面貌迈入21世纪。

最后，我还想提一个建议：成立文成华侨历史研究室和创办华侨历史陈列馆，以便加强对重点人物、重点侨团的研究，有利于弘扬广大侨胞、港澳台同胞爱国爱乡的传统美德，有利于我县侨务工作的开展。

## 三、在首次政协委员听政会上的发言（2000年8月22日）

今天，县委发文在玉壶片召开政协委员听政会，这充分说明县委对政协工作的高度重视；听政会择定在玉壶召开，说明县政协领导对玉壶政协工作的肯定和信赖；玉壶片乡镇领导乐意承办听政会，为政协委员听政开先河，说明各乡镇领导重视发挥政协委员民主监督、参政议政的职能作用。对领导的关心与支持，我代表玉壶片政协委员表示衷心的感谢，向来自各兄弟片区的委员表示热烈的欢迎。

下面我谈5点看法与建议。

第一，玉壶镇党委和政府一直来重视政协工作。几年来，玉壶镇委、政府十分重视与支持政协工作，如镇委叶文武书记亲自带领玉壶片政协委员去南田考察、参观、学习；镇长吴昌亮多次参加政协活动；凡有外出考察、学习活动，镇政府负担全部费用，镇人代会邀请全部委员参加；党代会邀请市政协委员和政协联络组组长列席会议；重大的活动如春节团拜会、防洪总体

规划会审、门前垟开发小区规划会审等均邀请市政协委员和组长参加。

第二，几年来，玉壶镇党委、政府在经济建设、基础设施建设、民主法制建设、落实侨务政策、加大引资力度等方面均取得可喜的成绩。但落实今年8项建设项目任务艰巨，进度不快，可否集中人力、物力、财力完成几项重点工作。

第三，重视青少年教育工作，培养高素质的下一代。

第四，创建一个优美、舒适的侨乡环境，必须要有山青水秀的自然环境和娱乐活动场所。山如何青，水如何秀，活动场所安置在何处，又是如何配置等，都值得研究。过去玉壶的沉龙潭、帽潭、子母宫潭水深而澈，是玉壶人民天然的游泳池，而现在潭水不仅污染严重，而且几乎干涸。要想真正像省侨办方士荣副主任所说的"沿溪路是玉壶的'上海滩'，乐颐阁是玉壶的'天安门'"那样，需要各级政府认真研究。

古语云"民以食为天"，我说"民以水为刻"，因为人民的生活一刻也不能离开水。因此如何保护水资源，合理使用水是关系国计民生的大事，各级政府必须加以高度重视。现玉壶水源被污染，还有建小型水电站的，已严重影响到群众的用水卫生问题。现在水质好的水源惟有龙井坑，如果把此水引到驮坪样，再在驮坪样筑蓄水池，装水管，使其流到千家万户，既经济又利民，何乐而不为？我们要有超前意识，玉壶人口不断增加，用水量日益增大，可是现在县城有人要把这仅有的水源开发成水电站，并已准备跟长丰村签定合同，如果此事成真，那么玉壶人民将有不尽的后顾之忧。建议镇党委、政府重视这个问题，阻止个别人的有损玉壶人民利益之举。

第五，进一步贯彻、学习《中华人民共和国归侨侨眷权益保护法》。今年是《中华人民共和国归侨侨眷权益保护法》颁布10周年，最近国务院侨办发出通知，决定在全国侨务系统开展《保护法》颁布10周年纪念活动，要把这次纪念活动作为今年拓展国内侨务工作的重要内容，进一步向全社会广泛宣传《保护法》。玉壶是著名侨乡，可否择时举办一次大型的纪念活动，借此让广大侨胞侨眷增强护侨意识，更加了解政府的工作思路，进一步调动他们投身家乡建设的积极性。

**四、提高文成华侨经济品位（政协六届十三次常委会评议政府工作报告，2006年1月23日）**

我浏览了政府工作报告全文，总的感觉是要点突出、标题醒目、语言简练，写得好。如果县政府在今后5年的工作中兑现这些内容，一个美丽的旅游县一定会建成。打造旅游县，应该说离不开一个"侨"字。青田的经济定位是华侨经济，它的政府工作报告肯定会提到侨务工作和华侨经济。这次的政府工作报告在"十五"经济社会发展的回顾中仅在第8页"表示衷心的感谢"中提到"海外华侨"，对侨务工作取得的成绩没提到。在今后5年工作思路中提到"五个坚持"，其中坚持开放活县，加大政策扶持力度，创新招商方式，这带有"侨"的成分。在14页提及加快城镇建设中，根据各中心镇的特色把玉壶镇建设成以侨乡文化为主体，以侨乡经济为特色的康居、休闲、生态侨乡城镇。我认为实现第十一个五年规划一靠今后的旅游，二应该靠现成的华侨经济。

中央和省里的领导如何重视侨务工作，对侨所做的贡献做如何高的评价，我这里暂且不说，希望政府能借鉴县委常委、统战部部长刘玲玲在《温州日报》上发表的《让华侨经济变为地方经济——关于文成华侨资金利用的思考》一文。因我是侨界的委员，故每次在大小会议上都为侨界的事业大声疾呼，这是一位政协委员的责任使然。

## 第三节　玉壶侨联侨务发言

我自参加侨联工作以来，代表个人和集体写了近30份与侨务相关的发言材料（见下表）。限于篇幅，这里仅录部分。

### 在玉壶侨联有关侨务的发言

| 时间 | 题目 | 会议名称 | 会议地点 | 备注 |
| --- | --- | --- | --- | --- |
| 1993年9月15日 | 为民办实事 | 老龄委、关工委会议 | 县老龄委员会 | 代表集体 |
| 1993年11月19日 | 为侨乡玉壶办实事 | 县五次侨代会 | 县政府礼堂 | 代表个人 |
| 1993年11月19日 | 开展联谊活动　引资建设侨乡 | 县五次侨代会 | 县政府礼堂 | 代表集体 |
| 1994年1月20日 | 开展联谊活动　引资建设侨乡 | 镇二次侨代会 | 玉壶镇小 | 代表集体 |
| 1995年3月14日 | 镇侨联二届二次全委会工作总结 | 镇侨联二届二次全委扩大会 | 镇政府 | 代表集体 |
| 1995年10月18日 | 在胡立正教学楼竣工典礼上的讲话 | 胡立正教学楼竣工典礼 | 玉壶中学 | 代表集体 |
| 1997年1月24日 | 1996年侨联工作总结 | 1997年侨联春节座谈会 | | 代表集体 |
| 1997年6月6日 | 二届二次全委会工作回顾 | 镇侨联二届二次全委会 | | 代表集体 |
| 1997年9月16日 | 在胡中杰颐年楼落成典礼上讲话 | 胡中杰颐年楼落成庆典 | 光明村 | 代表集体 |
| 1998年10月11日 | 在华侨之家落成典礼上讲话 | 华侨之家落成典礼 | 华侨之家 | 代表集体 |
| 1998年10月19日 | 在胡仲森影剧院落成典礼讲话 | 胡仲森影剧院落成典礼 | 光明村 | 代表集体 |
| 2001年1月7日 | 在迎春座谈会上汇报侨联工作 | 春节座谈会 | 华侨之家 | 代表集体 |
| 2001年8月22日 | 在中心医院职工代表会上讲话 | 中心医院职工代表会 | 玉壶医院 | 代表集体 |
| 2001年9月30日 | 在周壤乡第二次侨代会上致贺词 | 周壤乡第二次侨代会 | 周壤中学 | 代表集体 |
| 2002年5月16日 | 镇第二届侨联工作报告 | 第三次侨代会 | 华侨之家 | 代表集体 |
| 2002年11月14日 | 在上林乡首次侨代会上致贺词 | 上林乡侨代会 | 上林乡政府 | 代表集体 |
| 2002年12月22日 | 认真学习积极参政为侨办实事 | 2002年工作总结 | 华侨之家 | 代表集体 |

续表

| 时间 | 题目 | 会议名称 | 会议地点 | 备注 |
|---|---|---|---|---|
| 2004年3月18日 | 发挥侨联桥梁纽带作用 加快侨乡"两个文明"建设 | 县统战工作会议 | 县人武部 | 代表集体 |
| 2004年6月10日 | 弘扬侨乡文化 推进"三个文明"建设 | 市侨联信息工作会议 | 苍南渔寮 | 市侨联材料 |
| 2005年2月28日 | 我是怎样写信息报道的 | 县统战工作会议 | 县人武部 | 代表个人 |
| 2005年3月30日 | 发挥侨联委员作用 为推进"三个文明"建设作努力 | 县六次侨代会 | 县政府礼堂 | 代表个人 |
| 2005年10月19日 | 热心侨联事业 弘扬侨乡文化 | 纪念文成华侨历史百周年 | 国际大酒店 | 代表个人 |
| 2006年2月22日 | 捕捉信息及时报道侨乡 | 县统战工作会议 | 县人武部 | 代表个人 |
| 2012年9月19日 | 在文化产业发展座谈会上的发言 | 文化产业发展座谈会 | | |
| 2013年6月28日 | 在首次博物馆文本征求意见座谈会上的发言 | 首次博物馆文本征求意见座谈会 | 文化局 | 代表个人 |
| 2014年1月17日 | 在第二次博物馆文本征求意见座谈会上的发言 | 第二次博物馆文本征求意见座谈会 | 县侨联 | 代表个人 |
| 2014年1月21日 | 在玉壶镇侨联2014年迎新春座谈会上的发言 | 玉壶镇侨联2014年迎新春座谈会 | 镇侨联 | 代表个人 |
| 2014年9月3日 | 纪念抗战胜利69周年 缅怀为抗战作出牺牲的侨界英杰 | 镇侨联会议 | 镇侨联 | 代表个人 |
| 2022年1月11日 | 在捐书侨联暨受颁温州大学兼职研究员仪式上的讲话 | 余序整先生捐书暨温州大学颁发兼职研究员聘书仪式 | 镇侨联 | 代表个人 |

## 一、开展联谊活动 引资建设侨乡（第一届玉壶镇侨联工作报告，1994年1月20日）

各位代表、同志们：

　　玉壶镇侨联成立于1986年3月，迄今已整整8年，因多种原因，第二次侨代会推迟到今天才召开。

现我受原玉壶镇、东背乡、李林乡第一届侨联的委托,向大会作8年来的工作汇报,并对今后的侨联工作提出设想,请代表们审议。

8年来,镇侨联的工作在各乡镇党委、政府的领导下,在县委统战部、县侨办、县侨联的关心、帮助、指导下,依靠原乡镇侨联的全体委员和代表及海外侨胞的共同努力,遵循党的十一届三中全会以来的路线、方针、政策,以广泛开展联谊活动、引资建设侨乡为中心,维护归侨侨眷和海外侨胞的合法权益,发挥侨联的优势,为家乡的经济建设和精神文明建设做了一些工作,取得了一定的成绩。

(一) 工作回顾

1.组织政治学习,推进文明建设

根据"两个文明一起抓"的指导方针,8年来,我们在县侨联、县侨办的指导、配合下,多次组织归侨、侨眷和海外侨胞学习了《归侨侨眷权益保护法》和《归侨侨眷权益保护法实施办法》,配合玉壶司法办制作了归侨侨眷保护法宣传专栏,配合政协文成县归侨侨眷工作组学习了江泽民同志在中国共产党第十四次代表大会上的工作报告和中共中央关于学习邓小平同志重要谈话的通知。通过学习,广大归侨、侨眷、海外侨胞进一步了解了自己的权益,了解了改革开放后的大好形势,侨联干部的政治素质也提高了。

为了加强宣传教育工作,我们动员侨眷订阅《温州侨乡报》,使侨眷通晓国家的政策法令,了解到海外侨团的活动情况和各地侨乡建设的情况。此外,我们还注意用杰出华侨的光辉历史和光荣的业绩来宣传侨乡。1992年,由玉壶镇政府出资编写了玉壶镇志——《壶山今古》,向县志提供了"华侨编"的资料,向省、县政协提供了许多文史资料。

由于我们为侨服务工作和引资建设侨乡做出了一些成绩,8年来,镇侨联曾3次被评为市侨联先进集体,有3人次被评为全国、省侨联工作先进个人,9人次被评为市侨联先进个人。

2.接待各级各界人士，扩大侨乡知名度

玉壶是全省著名侨乡之一，不仅有6000多人侨居海外，而且涌现出一批著名的爱国侨领，因此慕名来采访、调研、考察者层次不断增高。中国驻意大利米兰总领事陈宝顺，领事张东华夫妇、余梅生先后来玉壶拜访知名华侨和侨眷，并调研考察侨情；原温州市长卢声亮来玉壶介绍出国考察情况；浙江省委书记李泽民来访贫；浙江公安边防总队杭州边防检查站来了解侨情与出境乘机等情况；经中央领导同志批示，省、市、县派员来玉壶召开电信故障情况座谈会；《浙江画报》特约记者刘显佑来拍摄玉壶风光以及市、县有关单位未进行侨情调研与听取意见，镇侨联均向他们作了介绍，使他们进一步了解玉壶，从而增大了侨乡玉壶的知名度。

3.开展联谊活动引资建设侨乡

玉壶华侨多，每年返乡探亲、办事的华侨多，因此接待也多。几年来，我们接待了一批又一批的侨胞。他们之中有德高望重的胡允迪、胡守益、周存弟等老侨胞，有胡志光、胡志敏、胡立松、胡志榜、胡志潺、胡守近等知名侨领，更有一批中青年的侨胞。最近又接待了荷兰青年贸易考察团玉壶籍的团员。联谊座谈使他们进一步了解到自己家乡近年来的发展变化，增强了他们的爱乡之情。据不完全统计，8年来，他们为家乡的建设已捐资438.05万元。其中建桥梁、筑公路、修建民间道路、铺设水泥路等交通事业34处，计130.3万元；捐建教学楼、图书楼，改善办学条件等15处，计95.3万元，建立胡逸民、胡志榜、李林等5个教育基金会，计35万元，总共支援教育事业120.3万元，其中10万元以上的有李林华侨教学楼、李林宿舍楼、东溪自然村教学楼、中学图书楼、胡志榜教学楼和胡志榜教育基金会；建自来水厂、打水井、装水管、建小型水电站、兴办社会福利基金会、救济五保户等基础设施建设和社会福利事业14件，计22.28万元；建造亭、台、楼、阁16处，计89.51万元，其中10万元以上的有乐颐阁、玉泉寺、金钟寺；资助单位部门购车、添置办公设备等花费6.53万元；建电视地面卫星接收站、影剧院、无量塔等文化设施，计19.2万元；建华侨医院资金已到位49.6万元。他们之中有许多是刚出国的新华侨，不论捐资金额多少，爱国爱乡的精神一样，其中胡逸民、胡志榜、梅守平3人临终前还捐建教育基金会和教学楼。周立中简办其母丧事，将节省下来的钱建造了玉壶区小的校门，这不仅是支援教育，更是带头移风易俗，意义深远。

为了使用好侨资，使捐资者放心，我们侨联参加几项侨建工程的基建管理。李林教学楼是县侨联名誉主席胡越不顾年迈，古稀之年三度出国集资6万美元所建，建筑面积724平方米，在建校舍时，李林侨联的干部日夜操劳。

胡志榜教学楼是胡志榜于1992年临终前捐25万元所建，建筑面积1048平方米，被评为优良工程。施工管理的每一道工序验收均由侨联负责人签字。

克木大桥由旅荷华侨总会会长胡志光及其兄、弟、妹4人捐资30万元建造。玉壶区公所为此发文成立了以玉壶侨联为骨干的大桥工程指挥部。

寿星桥与乐颐阁。1991年1月20日，在旅法侨胞叶三奶修造门前溪碇步进入第5天，镇侨联召开了侨联常委和政协委员联席会议，商议停建碇步改建大桥事宜。会上，83岁的侨眷胡希用率先提出身后不事奢华，捐资2万元建桥。会后，叶三奶亦同意将原本用于建造碇步的资金改用于建桥。1月23日，我们写稿向全区广播，1月30日向海外侨胞发公开信，2月3日，县侨办、县侨联、区公所、玉壶镇、玉壶侨联联合召开侨胞、侨眷迎春座谈会。会上，旅荷华侨吴翠丁捐资5万元。3月8日，旅荷华侨胡志郎、胡志敏两兄弟捐12.5万元，以上捐资为建桥奠定了经济基础。此后捐资者纷至沓来，共有294人捐款，计64万元，不仅建成了寿星桥，而且建造了仿古式的乐颐阁。在管理中我们一样做到"四个不"，由于我们认真负责，两桥均被评为优良工程。

4. 参政议政服务侨乡

8年来我们镇侨联在参政议政、服务侨乡方面也做了许多工作。

为了方便出国侨民住宿和购机票，侨联印了住宿证明和购机票介绍信。每年春节期间向老归侨困难户送救济款，给年老体弱的归侨拜年，送慰问品。

帮助华侨落实私房政策3户，帮助解决涉外婚姻3件，调解处理侨眷民事纠纷2件，帮助华侨购商品房3户。

侨联是群众团体组织，上级没拨款、无脱产人员编制、无公房办公，干侨务工作靠的是自觉奉献。办公地点借用民房，不必付租金，办公费用靠侨胞赞助。8年来有42位华侨赞助侨联17530元。去年以侨联名义办了摄影服务部，由胡绍超经营，收取10%的营业额上交侨联作为办公费用，目前已收入720元。侨联将这两项资金用于添置电话、电灯、报纸与接待等，在这里我谨代表侨联全体同仁，向关心支持侨联工作的侨胞侨眷表示衷心的感谢！

（二）今后工作设想

侨联服务的对象是为归侨、侨胞、侨眷。加强与海外侨胞的联系，及时向侨胞反映家乡的情况，为他们排忧解难，鼓励他们为家乡的经济建设做贡献，是我们侨联工作的主要出发点。为此，我对今后的工作提出以下几点设想：

1. 继续做好联谊工作，争取侨胞继续为家乡建设多做贡献。把已完工的华侨医院管建好，早日建成使用；

2. 积极创造条件，争取多方支持，力所能及地创办华侨企业；

3. 家乡人才短缺与教育上不去有直接关系，要关注家乡的教育事业，要帮助私立育人中学巩固、提高与发展；

4. 配合政府和部门，做好侨务工作，尽侨联最大的努力，为侨排忧解难。

## 二、热心侨联事业 弘扬侨乡文化（在纪念文成华侨历史百周年座谈会上的发言，2005年10月19日，节选）

金秋十月，丹桂飘香，我们迎来了文成华侨历史百周年纪念日。

回顾纪念文成华侨历史百周年，就不能忘记已故的侨务干部王忠明，是他在20世纪80年代跑遍全县每个自然村落，进行全面的侨情调查，写下2本厚厚的《文成华侨历史资料》，才让我们知道1905年东溪乡黄河村胡国恒开全县出国谋生之先河，为文成开辟了一条广阔的华侨道路。如今文成已成为拥有10万华侨大军的华侨大县，成为全省乃至全国著名的侨乡。也正因为这样，我今年在"两会"期间写了一份《建议开展文成华侨历史百周年纪念活动》的提案，今天终于得到落实。

文成是浙江华侨大县，更是全国著名侨领之乡，而玉壶镇又是华侨大县文成中的重中之重，那么玉壶镇侨联如何做好侨务工作，充分发挥侨联桥梁纽带作用，对全县侨务工作的顺利开展有着举足轻重的作用，如何挖掘侨乡文化、弘扬华侨华人爱国爱乡和艰苦创业精神就显得更加重要。

镇侨联几年来接待了大量的国内外高层次的调研、考察、访问与拍摄。1997年浙江电视台播放《现代城镇——侨乡玉壶》，去年8月30日湖南电视台在《晚间新闻》节目中对侨乡玉壶作了正面的报道。特别是2003年10月14日镇侨联答《意大利晚邮报》女记者问，得到省委宣传部在全省宣传部长会议上的表扬，在国内外树立了侨乡玉壶的形象。

吴开锋县长在2003年的政府工作报告中说："着力建设刘基文化、华侨文化、民族文化和山水文化，提高县域文化品位。"把发展文化作为增强地方综合竞争力的重要组成部分，充分说明县委县政府的远见卓识。侨乡文化的精髓是海外华侨华人爱国爱乡精神和艰苦创业精神。我们的华侨初到异国他乡，语言不通，人地生疏，白手起家，靠自己的拼搏开了餐馆、办了工厂、成立了公司，回国进行第二次创业。他们创造了财富后又热情支援家乡建设，为文成的经济发展做出了巨大的贡献。

海外侨胞为使华裔不忘祖国这个根，创办了中文学校，出版了中文报刊，举办了"可爱的中国"大型画展，筹建了中文图书馆，召开了中文教育研讨会，开展群众性体育运动，邀请国内艺术团出访演出，举办传统的中国象棋赛，努力弘扬中华民族文化，凡此种种，都是华侨华人爱国精神和弘扬华侨文化的具体体现。我希望通过这次纪念活动，成立文成华侨历史研究机构，编写出版华侨创业史、爱国史、《文成华侨风采录》，以提高文成的文化品位。

文成对侨乡文化的挖掘与研究已取得可喜的成绩。继已故的王忠明先生的《文成华侨历史资料》和已故的一代乡贤吴鸣皋先生的《文成华侨溯源录》之后，县侨办出版了《文成华侨志》，玉壶镇先后发行了《壶山今古》《玉泉笔谈》《玉壶华侨》《玉壶镇侨情纪事》《玉壶小学九十华诞》，建立了玉壶华侨历史陈列室，写了许多有关侨的文章和报道发表在省、市、县的文史资料，《华侨华人研究论丛》，《中华老人优秀作品集》，《情系中华》及有关侨报上。2003年9月15日，文成报社举办了"玉壶行"笔会，来自全县50多位新闻界、文艺界、教育界的精英就如何挖掘侨乡文化、促进侨乡发展作了精彩的发言。我们希望通过这次纪念活动，把握机遇、发挥优势，把研究侨乡文化，弘扬华侨精神推向新的高潮，让10万华侨大军为文成的"三个文明"建设做出更大的贡献。

补记：2005年10月19日，文成举办了纪念文成华侨历史百周年庆典活动，我在会上作《热心侨联事业　弘扬侨乡文化》的发言。刚从泰顺调来尚不认识我的谢副书记问胡英姿："发言者是谁？"市侨办周顺来副主任当场将我的发言稿送去。晚上会餐时，潘玉花常务副县长拍着我的肩膀说："老余，你每次发言都这么精彩。"而旅法文成同乡会罗启旦副会长说我的发言是文成一流的发言，可惜没有讲普通话。因发言受到好评，故我将发言底稿寄给《浙江侨声报》，报社摘录了本文于2006年3月15日刊出。我于2006年4月定居罗马，4月20日《欧洲侨报》将我的发言全文转载。

## 三、在捐书侨联暨受颁温州大学华侨学院兼职研究员仪式上的讲话（2022年1月11日，有删节）

尊敬的温州大学华侨学院包含丽院长，尊敬的县政协刘金红主席、会长、乡贤：

大家好！我是玉壶镇小于1998年提早8年退休的教师，今年86岁。1987

年起,我被县政协连续聘为第二至第七届委员(第六届常委),同年开始参加镇侨联工作,其间任侨联第二、第三届副主席兼秘书长。长达25年政协委员与20年侨联工作使我有机接触侨界和社会,使我长期有日记可写;长期积累侨情资料和地方史料,使我出版了14本地方史、侨书、诗词集,因时间紧,这里介绍其中9本。

说起创作,还得从1989年4月19日参加县政协文史资料征稿会议说起,会上政协领导说,全县四大镇,其他三镇的简史都在《文成文史资料》第4辑刊出,唯玉壶镇没有,玉壶要写的文史资料很多,但4辑《文成文史资料》中,玉壶竟无一篇。岀口一位参加会议的老师又从其他3件事上证实玉壶无人,听得我脸上火辣辣的,我决心要为玉壶争光,于是在会上接受了在第5辑《文成文史资料》上发表《玉壶镇简史》的任务。

(一)《壶山今古》

1989年4月26日,我将写好的《玉壶镇简史》初稿拿去征求张士海和邓小鸽两位副镇长的意见。他们说,如果把玉壶的名胜古迹、人物景点、古代诗文、历史沿革写成一本书更好。当时我随口答应了一句,说试试看。为了实现这句诺言,我于1989年8月开始通过搜集原始材料、实地勘察、调查访问、发信联系、整理平时手头积累的材料5个方面去着手编写玉壶镇志——《壶山今古》。此书内容分大事记、建置、组织、华侨、农业、工业、交通、邮电、教育、卫生体育、文化、宗教、习俗、宗族、胜迹景点、人物16章42节,计10万字,区委书记周育朋作序,两任书记镇长题词,由玉壶镇政府印550册,全部赠阅。《壶山今古》是全县第一本乡镇志书,1992年2月17日上午,县委宣传部、县政协文史委、县档案局、县委信息科来玉壶区公所二楼会议室召开《壶山今古》内部发行座谈会。会后,三级领导把镇政府赠送的"余序整老师编写《壶山今古》留念"锦匾送到我家,并合影留念。

2001年4月3日,米兰华侨华人商贸联合总会会长胡光利率商贸考察团考察了有关省市后回到家乡。随行的杨光向我讨取该书,但该书已赠光,我只好让他去镇政府拿。哪知镇政府也只剩下用以存档的一本,最后复印了一本给他。后来一位镇干部对我说,此书仍有许多人想看,有必要重版。2001年6月,由国际中华儿女出版社再版印制1000册用以赠阅。

(二)《玉泉笔谈》

为宣传侨乡光荣历史,弘扬华侨爱国精神,树立侨乡形象,我纂编了《玉泉笔谈》,全书分侨乡新貌、玉壶侨史、侨情日记、文史资料、文艺通讯、诗与楹联、校园耕耘、会场之声、编外拾零9编,计18万字,于2000年11月由文成县政协学习文史委员会和玉壶镇人民政府联合署名,由香港天马图书有限公司出版,印制了1000册用以赠阅。

(三)《玉壶华侨》

为了寻找华侨历史发展轨迹,弘扬华侨爱国爱乡的光荣传统,反映他们造福桑梓、支援家乡建设的业绩,2001年8月16日,县政协刘建忠副主席带领几位玉壶政协委员和侨联委员胡绍超、周育朋、蒋美森等去青田参观学习。回来后,参照青田华侨历史陈列馆的设计,于10月份创建了玉壶华侨历史陈列室,我担任主编,周育朋负责制作,胡立松、蒋美森、胡金波参与策划,胡绍超负责摄影。同年12月又以同样的内容出版了有领导题词、亲切关怀、侨建工程、落成典礼、侨领简介、侨界忠魂、社团概况、造福桑梓、参政议政、妙语撷芳等10多项内容的《玉壶华侨》,由玉壶镇人民政府和玉壶镇侨联联合印制了2500册用以赠阅。

(四)《玉壶镇侨情纪事》

玉壶镇华侨历史悠久,华侨做出的历史贡献大。我长期从事文史研究工作,搜集、积累了许多侨情资料。这些资料如果不及时整理出版,将会随着时光的流逝而湮没于历史长河之中。鉴于此,我从2003年8月6日开始整理,2005年1月由国际炎黄文化出版社将其出版。该书记载了1908年至2004年的819条纪事,包括最早华侨、参军抗日、社团侨领、捐建工程、侨界会议、国是应邀、参政议政、高层来访、评先获奖、侨报侨刊、新闻出版、中文学校等方面。该书印刷1000册,在县第六次侨代会上分发了350册,其余的全部用以赠阅。

(五)《侨情与侨声》

这本书收录了我在政协大会上的典型发言,如政协提案、文史资料和侨联的会上发言、有关报告、高层接待、侨乡报道等,都是反映侨界呼声和侨情的好材料。2006年2月,这些材料分文史资料、人物传略、通讯报道、提案报告、会议发言5部分汇编成《侨情与侨声》,由国际炎黄文化出版社出版,印制了1000册,在政协六届四次会议上分发了450本,其余的同样全部用以赠阅。

(六)《芝水晚霞》

2010年,镇政协要为我出版《芝水晚霞》,镇委刘一灵书记到我家说,镇政府也要为我出书,后来商定政协与镇政府联合发行,镇政府也已支付了8000元出版费。后政协以《文成文史资料》第25辑进行发行,内容分心存教育、写作出版、政协工作、侨联工作、社会回报5部分。因文史资料是政协专有,不能署名联合出版,只能在序言写了"玉壶镇党委、政府对这本书的出版十分重视,予以大力支持"。该书印制了1000册,在政协八届一次会议上发了500册,其余全部用以赠阅。

(七)《壶山芝水吟》

说起出版诗词,还得从出版《壶山今古》说起。那时我写了一首以"撰编壶山古今史书"八个字藏头的律诗:

> 撰写家乡历代缘,编修史册古今沿。
> 壶中开出冰心路,山下回流芝水泉。
> 古代贤良皆比是,今朝杰士更空前。
> 史宜记载人文事,书作冰轮照万年。

此诗得到文成诗坛老手吴鸣皋医师和陈夫老师的青睐,他俩各步其韵,和诗一首。1994年,陈夫老师叫我写3首诗带往温州诗词学会用以申请入会,我很快被吸收为会员,从此有了发表诗词的园地。2015年,我年届八旬,重阳节要参加县里举办的园丁祝寿会,特地将编在《温州诗词》《温州诗潮》《中华老人诗词作品集》《文成春蕾》《今日文成》的510首诗分侨乡风光、异国风情、盛世讴歌、赞美贬丑、山水情怀、缅怀追思、读史怀古、遣怀杂咏8辑,以《壶山芝水吟》为题出版,由玉壶镇政府资助1.24万元,文成诗词楹联学会印制1000册,给园丁祝寿会200本,其余用以赠阅。

(八)《胡志光的路》

《胡志光的路》一书是从1993年开始整理的。那时省政协文史委员会要单独为省政协委员胡志光出版一本传记,约文成文史委员会提供文字素材。因我是文成政协文史委员,在《文成文史资料》写过《胡志光的家史》和《杰出的社团活动家——记旅荷著名侨领胡志光》,故政协把这个任务交给了我。此后我向省政协提供了6万字的文字素材。1995年春节期间,省政协文史委主编叶炳南带着胡志光要用在在荷兰举办的"可爱的中国"大型画展的材料去荷兰访问。叶主编来信说:"胡志光不愿专写他一个人,而想改为写荷兰华侨集体,此事虽与原先的计划相比有很大的变化,但仍要重点介绍他爱国爱乡、热心为同胞服务的动人事迹和感人精神,您为此耗费许多精力收集整理的大量资料亦当尽量予以采用,特此奉告。"1999年,《都有一颗中国心——浙籍华侨华人风采录(欧洲篇)》出版。此后我继续积累胡志光的资料。

2018年10月5日,胡志光陪同前市委副书记金邦清来到我家,金老托我写胡志光的事迹,并合影留念,于是我汇总整理了原有资料,借中央电视台国际频道《世界华人》专题栏目播放的《胡志光的路》为题,由时任文成广电文化出版局局长张丽俊以文化局和文成华侨研究会的名义,于12月将其出版，陈胜华老师作序，我写出版前言。该书分为"胡志光的路""报道胡志光""家乡三工程"3辑，印制了1000册，在镇政府乡贤恳谈会上分发了100多册，其余全部用以赠阅。

(九)合编《玉壶华侨风采录》

大约在2014年，定居意大利都灵的胡立松老师请时任玉壶镇侨联主席的胡志忠老师汇编出版一本关于上过报刊的玉壶籍人物的书，当时我将自己刊登在省、市、县三级文史资料的20篇人物介绍和相关报道，合计30余篇文章提供给胡志忠老师，因难以全面搜集，胡志忠老师又定居海外，故进度不快。2019年，我受到省政协出版《都有一颗中国心——浙籍华侨华人风采录(欧洲篇)》的启发，再次搜集资料，特别是请洪才虎做其担任唯品会总裁的儿子洪晓波的思想工作，同意将其编入《玉壶华侨风采录》，俟胡志忠老师回国出版。是年冬，胡志忠老师回国，我将自己写的和搜集的40多篇人物资料(侨联工作人员周芳芳帮助打字)交给胡志忠老师，让他汇编。2020年9月，玉壶镇人民政府和玉壶华侨联合会联合出版了《玉壶华侨风采录》，镇委书记王荣华作序，印制了1000册用以赠阅。加上另外几本，至此我出版了14本著作。

在这里，我十分感谢县政协和镇侨联给我创造的创作平台，十分感谢镇政府、镇侨联、镇小、县政协、县文化局、县华侨研究会为我出版著作，十分感谢在座的包院长和领导、侨领、乡贤、光临参加活动。最后，祝大家虎年吉祥如意，全家幸福安康，谢谢大家！

# 第七章 提案报告

## 第一节 侨情提案

政协提案是政协委员行使政治协商、民主监督和参政议政职能的一个重要方面，是委员协助党政实现决策民主化、科学化的一条重要渠道。我自1987年被推荐为委员以来，写了许多代表个人的、集体的或和其他委员签名的提案，但当时尚没有意识到自己会有这么长的委员龄，也不会想到今后会整理自己所写的材料，故没有收集提案内容与答复文件。自1995年以后，虽然开始登记提案题目，但收集的内容与答复又不多，这里仅将1995年以后的提案列表，并将几份提案内容与复办文件举例于后。

**部分政协提案情况表**

| 年份 | 序号 | 题目 | 复办情况 |
|---|---|---|---|
| 1995 | 1 | 关于要求中国银行文成支行国外汇款随兑随付的建议 | 立即兑现 |
| | 2 | 关于要求拓宽文青公路铺浇柏油路面的建议 | |
| | 3 | 要求镇政府加强精神文明建设给丧事简办作出明文规定 | |
| | 4 | 建议交通部门加强社会车辆管理合理规定车价 | |
| | 5 | 建议加强自来水厂的领导和卫生管理 | |

续表

| 年份 | 序号 | 题目 | 复办情况 |
|---|---|---|---|
| 1996 | 1 | 建议公安局外事科办事一丝不苟 | |
| | 2 | 关于要求加强户籍管理方便群众办事的建议 | |
| | 3 | 建议上级政府和主管部门对玉壶中学落实教育发展总体规划 | |
| | 4 | 关于要求创办玉壶中心幼儿园扩大玉壶镇小规模的建议 | |
| | 5 | 关于要求法院对胡建东的伤害事件从速作出赔偿的处理 | |
| | 6 | 关于要求进一步发挥政协委员民主监督参政议政作用的建议 | |
| | 7 | 建议玉壶自来水厂配备火力发电作应急之用 | |
| 1997 | 1 | 关于要求落实《浙江省华侨捐赠条条列》调动侨胞支持家乡建设的积极性 | |
| | 2 | 关于要求落实玉壶镇侨联办公楼建设用地的建议 | |
| | 3 | 要求解决侨胞侨眷办结婚证难的建议 | 现场复办 |
| | 4 | 车票、煤气价何其高，建议有关部门管一管 | |
| | 5 | 要求玉壶镇政府为方便边远山区群众办证明 | |
| | 6 | 建立玉壶镇政府取消办证明收费的规定 | |
| | 7 | 建议玉壶水厂配备火力发电，做到停电不停水 | |
| | 8 | 建房收费何其高 | |
| 1998 | 1 | 关于要求把侨联活动经费纳入镇财政预算的建议 | |
| | 2 | 关于要求取消非法出境罚款规定的建议 | |
| | 3 | 建议增加玉壶派出所警力，加快办事速度的建议 | |
| 1999 | 1 | 要求出版《文成旅欧华侨华人文史专辑》的建议 | |
| | 2 | 建议创建文成华侨历史陈列馆 | |
| | 3 | 建议成立文成华侨历史研究会 | |
| | 4 | 要求选派优秀教师到侨乡玉壶任教的建议 | |
| | 5 | 建议停收电话月租费的建议 | |
| | 6 | 关于要求给退休教师发放退休证的建议 | |
| | 7 | 建议有关部门合理规定乘车收费标准 | |
| | 8 | 关于要求开通县城至玉壶有线电视光缆的建议 | |
| | 9 | 建议将退休教师活动经费直拨乡校的建议 | |

续表

| 年份 | 序号 | 题目 | 复办情况 |
|---|---|---|---|
| 2000 | 1 | 建议重视文化软件建设,进一步树立侨乡形象 | |
| | 2 | 再提玉壶至文成车费何其高 | |
| | 3 | 建议水利部门排除玉壶洪水隐患 | |
| | 4 | 要求加强玉壶中心医院内部管理,纠正不良现象 | |
| | 5 | 建议上级有关部门改善玉壶饮水卫生条件 | |
| | 6 | 对卫生局150号提案处理情况意见的再提议 | |
| | 7 | 建议县委、政府进一步落实侨务工作(县委办) | 评为省涉侨优秀提案 |
| 2001 | 1 | 加强编撰侨志工作的领导,尽快出版《文成侨志》的建议 | |
| | 2 | 建议县政府统一部署调查侨情 | |
| | 3 | 要求尽快配备文成公证处涉外公证员,加快办证速度的建议 | |
| | 4 | 要求彻底解决玉壶用水问题的建议 | |
| | 5 | 要求充实玉壶片侨界政协委员和调整侨界常委的建议 | |
| | 6 | 还我政协尊严,请对干扰政协活动者作出处理的建议 | |
| 2002 | 1 | 建议尽快修缮玉壶华侨影剧院 | |
| | 2 | 关于殡葬改革给侨胞特殊照顾的建议 | |
| | 3 | 关于教师缺编超编现象严重亟待解决的建议 | 现场复办 |
| | 4 | 关于要求在领导班子中增加侨界副职领导的建议 | |
| 2003 | 1 | 要求合理规定土地出让金,减少人群外流的建议 | |
| | 2 | 建议召开第六次侨代会选举产生第六届侨联领导班子 | |
| | 3 | 建议给片政协联络组筹措活动经费 | |
| | 4 | 关于要求整治玉泉溪美化侨乡环境的建议 | |
| | 5 | 关于要求落实老年职工老有所医的建议 | |
| | 6 | 建议借鉴外地经验,打好文成"侨牌" | |
| 2004 | 1 | 建议出版《文成华侨华人名人录》 | |

续表

| 年份 | 序号 | 题目 | 复办情况 |
|---|---|---|---|
| 2005 | 1 | 关于要求尽快给玉壶镇自来水立项重建的建议 | |
| | 2 | 再提停收电话月租费的建议 | |
| | 3 | 关于要求在玉壶建立慈善基金会的建议 | |
| | 4 | 建议开展文成华侨历史百周年纪念活动 | 省侨联侨界优秀提案 |
| 2006 | 1 | 建议县委成立侨情调查领导班子，为开展侨情调查工作做坚强后盾 | |
| | 2 | 建议成立文成华侨法律顾问委员会 | 当年兑现 |
| | 3 | 要求在治理青山白化中给侨坟特殊照顾的建议 | |
| 2008 | 1 | 加强网吧管理，改善青少年健康成长环境 | |
| | 2 | 加强打击卖淫力度，净化侨乡社会环境 | |
| 2010 | 1 | 建议药费报销提高单据金额标准和城乡一视同仁 | |
| | 2 | 要求允许给重建后的玉壶街产权登记 | |
| | 3 | 建议落实《电视剧插播广告不得超过90秒》的规定 | 有所调整 |

以上提案涉及县委、县政府、侨务部门等20多个党政机关部门。他们对政协委员的提案均作了认真答复，身体力行地给予落实。如1995年华侨外汇汇到中国银行，收款人办理领取手续后，还要再过5天才可以领取钱款，这给侨眷带来负担，于是我写了一个《关于要求中国银行文成支行国外汇款随兑随付的建议》。提案交办后，中行马上整改，及时通知领取，现钞随兑随付，满足了侨眷的要求。又如《关于要求落实玉壶镇侨联办公楼建设用地的建议》《建议玉壶镇政府取消办证明收费的规定》《建议落实〈电视剧插播广告不得超过90秒〉的规定》等提案，承办单位立即整改。如《再提玉壶至文成车费何其高》《要求尽快配备文成公证处涉外公证员，加快办证速度的建议》《建议开展文成华侨历史百周年纪念活动》《建议成立文成华侨法律顾问委员会》等提案当年就落实。兹将部分涉侨提案照录如下。

## 一、建议创建文成华侨历史陈列馆

文成是全省乃至全国著名侨乡,如何立足华裔抓机遇,让华裔不忘祖国和家乡是我县当前侨务工作的重中之重。海外一、二代的华侨不论在哪个历史时期,他们的心永远随着祖国的脉搏而跳动。但三、四代的华裔就不一样,他们出生于异国他乡或从小出国,生活习惯、所受教育均受西方影响,反而把祖国当作一个遥远而陌生的国家,很少有思乡爱国之情,长此下去,中国传统文化在海外华人社会中就会断层。为使华裔不忘本、不忘根,我建议县委、县政府创建文成华侨历史陈列馆作为爱国主义教育阵地,邀请海外华裔回国参加夏令营活动和参观华侨历史陈列馆,以此来认识自己的祖国和家乡,牢记自己的"根"在中国。

1999年3月15日

补记:该提案办理有难度,直到2005年落实《建议开展文成华侨历史百周年纪念活动》提案时举办了"文成华侨历史百周年"图片展,至今无法建成真正的华侨历史纪念馆或真正的华侨历史陈列馆。

## 二、建议重视文化软件建设,进一步树立侨乡形象

近几年玉壶镇在镇党委和政府的领导下,集镇建设日新月异,侨乡的声誉日益增高,最近政府又改进了总体规划,基础设施将不断得到完善,一个崭新的侨乡镇正在阔步前进,作为玉壶侨乡的一员,我为之高兴。

建设一个"双文明"的侨乡镇,除了要有基础设施硬件的建设,还要有文化软件的建设,这样才是物质和精神的"双文明"建设,为此,我建议:

1.组织写作班子,正式编写侨乡玉壶镇志;

2.汇编已出版的玉壶文史资料和有关宣传侨乡玉壶的文章;

3.鼓励和发动干群写报道和撰写文史资料,努力挖掘玉壶的文化遗产。

2000年2月25日

补记：当年11月，玉壶镇人民政府与文成政协学习文史委员会联合印制1000册《玉泉笔谈》，时任镇党委书记叶文武题词："宣传侨乡光荣历史，弘扬华侨爱国精神"。时任镇长吴昌亮题词："树立侨乡形象，建设美好家园"。

2001年12月，玉壶镇人民政府和玉壶镇侨联联合印制2500册《玉壶华侨》，时任镇党委书记吴昌亮题词："创业海外，情系壶山"。时任镇长刘海杰题词："艰苦创业有成，爱国怀乡情深"。

### 三、建议县委、政府进一步落实侨务工作

文成县是著名侨乡，做好侨务工作对促进文成山区经济建设和实施"旅游兴县"战略方针有着举足轻重的作用。几年来文成县委、县政府十分重视对侨务工作的领导，广大侨胞对文成的建设也做出了很大的贡献。但某些措施在具体的实施中，尚需进一步落实，为此建议：

1.成立由公安、法院、司法、城建、土地、教委、卫生、侨办、侨联等与华侨有直接关系的职能部门成员组成的县侨务工作领导组织，简化办事程序，解决侨胞、侨眷办事难的问题。

2.选拔培养归侨、侨眷进入人大、政协领导班子，切实落实归侨侨眷在政治上享受的有关权利，举办归侨、侨眷基层干部学习班，深刻领会邓小平同志有关侨务工作的理论，提高归侨、侨眷和基层侨联干部的参政议政能力。

3.组织政协、统战、侨联等有关人员走出国门，联络感情，真正发挥统战部门的职能作用。凡国外侨团、侨领邀请统战部门人员出国考察、调研，优先安排。

4.组织力量开展全县侨情调查，建立基层侨情档案。

5.健全完善各级侨联机构，选拔德才兼备的归侨、侨眷进入基层侨联领导班子。

2000年3月

（注：该提案2000年11月被省侨联评为浙江省涉侨优秀提案）

### 四、建议县政府统一部署调查侨情

中央、省、市电视台播放文成籍知名华侨专题片之频繁,国家级、省、市级有关刊物刊登文成籍知名华侨报道之多,是温州地区其他县所没有的。如《都有一颗中国心——浙籍华侨华人风采录(欧洲篇)》《温州海外名人录》《华侨华人研究论丛》《情系中华》等都刊载了文成的华侨华人事迹,这是文成的光荣和骄傲。

但这么著名的侨乡到底有多少华侨,他们在什么社团,担任何职务,都分布在哪些国家和地区,都在干什么,文化程度怎样,至今我们心中没有确切的答案。有关部门在年终总结或向上级有关领导汇报时各说各的,不能反映文成华侨的真实情况,这是侨务工作中应该改进的。为此,建议县政府统一印制调查表格,让各乡镇在规定的时间内调查完成,争取在21世纪初建立一个完整的华侨资料档案。这是具有划时代意义的事,一定要认真做好。为此,可否采用如下方法:

1.实事求是,不能虚报、谎报。已出嫁的女儿由男方调查统计,避免双重登记;

2.文成籍的华侨迁居外县的应统计在文成人口里,调查时应注明在何地;

3.发挥基层侨联和村干部的作用,严格要求,避免漏登;

4.充分利用20世纪80年代的户口登记簿的作用,因为它可以看出几代华侨出国的情况;

5.充分利用族谱的作用(它不会遗漏国外出生的子女);

6.以计件付酬的办法调动调查员的积极性;

7.拨款专用,由县侨务部门统一管理。

2001年3月

### 五、要求尽快配备文成公证处涉外公证员,加快办证速度的建议

文成公证处自1981年1月5日开办以来,已有20年历史。20年来,文成

公证处为文成侨胞侨眷办了数以万计的涉外公证。如1990年文成公证处办理公证8156件，其中涉外公证7458件，人均办证1359件；1998年全年办证17990件，其中涉外公证13251件，可见文成公证处为发展文成的华侨事业，加快文成脱贫致富奔小康做出了重大的贡献。

自2000年9月以来，文成公证处由于内部原因中止了办理涉外公证的业务，这给文成侨界带来极大的麻烦，造成极大的经济损失，海内外侨胞侨眷意见纷纷，给社会造成不良的影响。要想发挥华侨的优势，真正做好"打侨牌、走侨路、聚侨心、引侨资"，必须高度重视目前全县侨界最关心的热点问题——恢复文成公证处办理涉外公证业务，这是县委、县政府与主管部门需要解决的问题。我认为若没有公证员，应从多方面去争取，现我建议如下：

1. 从本县现有的公、检、法、司部门物色人才。

2. 创造条件从外地引进公证员。

3. 县委、县政府与主管部门通力合作，向上级陈述文成是全省著名侨乡，国内外影响大，办理涉外公证量大，没有公证员办理涉外公证，给文成带来了损失，要求上级解决此事。

4. 挖掘本县在外地从事司法工作，有办理涉外公证资质的人员，请他们回本县办理涉外公证。只有配备了公证员才能加快文成的办证速度，才能让海外尚未定居的人员拿到居留权，才能更好发挥文成华侨的优势，加快文成的经济建设。

2001年3月14日

补记：司法局李建业局长曾说这个提案既有理由又有建议，提得好。后在司法局高度重视和不懈的努力下，终于当年从泰顺借调了公证员刘大超，解决了办公证难的问题。

### 六、建议尽快修缮玉壶华侨影剧院

玉壶华侨影剧院于1973年由旅荷、意、法三国92位华侨集资建成，1976

年托文成电影站接收使用。1993年，放映人员不顾侨胞侨眷的反对，未经规划部门许可，擅自拆除楼下售票房，将楼座、放映厅改为舞厅与餐厅，改装楼下门面出租给业外人员，严重破坏了原有风貌，改变了影剧院的性质与功能。该行为违反了《浙江省华侨捐赠条例》第5条"华侨捐赠的款物受法律保护，任何单位和个人不得侵占、挪用、损坏捐赠物"和第16条"受赠人不得将受赠物资转让或移作他用。因特殊情况确需转让或移作他用的，应事先征得捐赠人同意，并经原审批机关批准"的规定。现影剧院破烂不堪，早已作危房处理，如果玉壶有大型的集会或文娱演出，影剧院无法使用，将会大大影响玉壶人民的文化生活。根据《关于玉壶影剧院收归国家管理的批复》文件第三条"根据影剧院建筑使用年限，每年按规定提取折旧费。一般修理可在折旧费内开支，如果大修，上级财政部门以'弥补资金'之规定批准"，玉壶华侨影剧院也早该大修了。建议有关部门尽快给予修理，以慰侨界之望。

2002年3月2日

## 七、关于殡葬改革给侨胞特殊照顾的建议

殡葬改革，推行火化是社会文明进步的体现，本无可非议。但农村几千年的土葬习俗在侨胞心中根深蒂固，其观念短时间难以改变。落叶归根、魂还故里是中华民族的悠久传统，过去曾有一些老年华侨希望在百年之后将遗体运回祖国家乡安葬，这种"寄居异国非故土，长眠青山我故乡"的理念是华侨爱国爱乡具体表现。今一刀切的火化政策，动摇了侨胞落叶归根的信念，故一些本不想出国投奔子女的老侨眷纷纷申请出国到海外定居。这样第二代、第三代华侨、华裔对家乡也就没有什么留恋，更不会回来探亲访友，久而久之也就无侨可联，海外华侨优势也会自然中断。

文成是七山二水七分田的山区县，曾是国家级一类贫困县之一，殡葬改革不能采取与城市同样的办法。文成县著名侨领多，政治影响大，华侨经

济实力雄厚，去年光侨汇就达6亿元，华侨支援家乡贡献大。要从文成是华侨大县这个实际出发，在殡改中给侨胞以特殊照顾。为此我们建议：

1. 凡经政府批准所建的侨坟，华侨百年后照其本人的意愿允许土葬。造坟墓过去从宽，今后从严。

2. 在本县境内侨胞相对集中的地方建造华侨陵园，为侨胞、侨眷百年后提供理想的安葬场所。

## 八、建议县政府借鉴外地经验、进一步打好文成"侨牌"

文成县委、县政府几年来重视发挥华侨优势，在走侨路、打侨牌、引侨资等方面取得显著成绩。但如何变华侨"输血型"的捐赠为"造血型"的投资，扩大文成对外的交往，促进交流与合作，提高华侨经济在文成的战略地位等方面尚需借鉴外地经验。

玉壶政协委员去年考察了青田。据青田侨办主任介绍，青田的经济定位为华侨经济，县委书记亲手抓，从战略高度上看比文成高。我们在《浙江侨声报》上看到有关媒体对青田的侨务工作作了诸如《保护开发利用好两种资源》《青田千名华侨"凤还巢"》《侨乡青田成为台商投资热土》等报道，而文成竟无一篇。

文成与青田同样是著名侨乡，从侨领知名度而言文成比青田更高；从爱国爱乡而言文成与青田相媲美；从经济实力与土地资源上看文成确实不如青田，从招商引资力度看文成比青田差得太远了。建议县委、县政府借鉴外地经验，创造良好的投资环境，进一步打好文成"侨牌"，让侨胞为文成打造生态旅游县做贡献。

2003年3月1日

## 九、关于要求整治芝溪美化侨乡环境的建议

玉壶镇是著名侨乡，其环境的优美曾博得国内外高层次人士的赞赏。如

全国楹联学会马萧萧会长题"乐颐阁"联云：

　　信步长桥芝水千秋浪
　　展眉高阁玉壶一片心

　　1997年3月5日，省侨办副主任考察玉壶时说，芝溪是玉壶的"上海滩"，乐颐阁是玉壶的"天安门"。

　　1997年8月23日，浙江电视台记者强志共来拍《现代城镇——侨乡玉壶》时，赞美玉壶自然环境优美。

　　1998年3月5日，省侨联主席周慧兰视察玉壶时说，什么是"侨"，去看一看玉壶，看一看青田便知道。

　　玉壶镇党委根据侨乡玉壶的特色，在第十一次党代会提出了"生态环保、康居富裕、文明开放、休闲旅游"16字发展的战略目标，充分反映了人民的意愿，也充分体现了镇党委建设玉壶的决心，侨乡人民无不拍手叫好。

　　落实16字发展战略目标，首先是环保，生态环保最醒目的是芝溪。据我所知，芝溪清晨有人刷洗粪桶，傍晚有人倒垃圾，溪水污染严重。水道东边高，西边低，水流单向，中间乱石成堆，到了夏季芝溪变干溪，有失雅观。为此建议从以下4个方面去整治：

　　1. 在芝溪中每隔100米筑一道拦水坝，变干流为清水流；
　　2. 清理河床灌木、乱石，避免洪水到来时树上挂满污物；
　　3. 平整河道，保证桥下清水泱泱；
　　4. 派专人管理，保证水道畅通。

2003年3月13日

　　补记：经过历年的整治，提案中的4点建议全部变成现实。

## 十、建议召开第六次侨代会选举产生第六届县侨联领导班子

文成自1993年11月18日召开第五次侨代会选举产生第五届侨联委员会以来,至今已近10年。根据全国侨联章程第五章第31条"地方各级侨联委员会每届任职五年"的规定,第五届侨联委员会任期已大超期限。虽有地方代表大会提前或推迟召开时其任期相应缩短或延长的规定,但一届10年总不合适吧。

10年的变化可谓大矣。一是归侨、侨眷、侨胞在国内外的分布数字发生了变化,有的乡镇"三侨"数从少变多;二是"三侨"的经济地位发生变化,有的小侨变大侨,其对国家和家乡的贡献也随之从无到有,从小到大;三是政治影响也发生变化,侨团新秀和经商能手不断涌现;四是基层侨联组织也从少到多;五是县侨联委员、常委、正副主席有的退休,有的调离,有的出国,原班人马不到一半,方方面面都跟目前的侨情不相适应。为了做好侨务工作,使侨联真正起到党和政府联系海外侨胞的桥梁纽带作用,建议县委和县政府抓紧做好县侨联换届工作,力争在第五届侨联十周年之前召开全县第六次侨代会,选举产生县侨联第六届新的领导班子。

2003年3月

补记:县委组织部十分认可这个提案,明确给了肯定答复。经过一年多的准备,2005年3月30日,文成县第六次侨代会隆重地召开了,大会选举产生了第六届县侨联领导班子。

## 十一、建议开展纪念文成华侨历史百周年活动

文成是全省重点侨乡之一,早在1905年东溪乡黄河村的胡国恒就出国谋生,为文成华侨开辟了一条广阔的道路。此后文成华侨的足迹遍天下,现文成县已成为拥有10万华侨大军的华侨大县,华侨爱国爱乡与艰苦创业的精神永远激励着文成人民奋勇向上。重温华侨的历史,弘扬华侨精神,开展纪念

活动，对促进文成"三个文明"建设将会起着更大的促进作用，为此建议在适当时间里开展文成华侨历史百周年纪念活动。

2005年3月

补记："文成华侨历史百周年纪念"情况

2005年10月19日上午，以"回顾华侨百年历史，共商文成发展大计"为主题的"文成华侨历史百周年纪念"活动在文成国际大酒店隆重举办，国际大酒店高悬10副各单位祝贺的长联，温州市侨办、侨联，文成县"四套班子"领导成员，以及海外华侨代表参加。

下午2时30分，时任县委常委、统战部长刘玲玲主持了"华侨历史百周年"图片展揭幕仪式，时任市侨联党组书记副主席陈永光和县长吴开锋揭幕，与会人员参观图片展。

时任县委副书记谢作雄主持座谈会，我在会上作了题为《热心侨联事业 弘扬侨乡文化》的首席发言。

晚餐结束后，与会嘉宾在国际大酒店观看了文艺演出。

### 十二、建议成立文成华侨法律顾问委员会

文成是华侨大县，现有10万华侨和10万侨眷，两者合并约占全县现有人口的2/3。党和政府十分重视"三侨"的权益，颁布了《中华人民共和国归侨侨眷权益保护法》和《浙江省华侨捐赠条例》，华侨在国内的权益保护法也将出台，这充分体现了党和政府对华侨的关爱。"三侨"的权益虽然有了法律的保护，可是如侨建工程受到侵害、承包地被侵占、侨房产权发生纠纷、侨房被拆作他用、婚姻发生纠葛等"侵侨"事件时有发生。为了让维护"三侨"的权益有个组织保证，建议成立文成华侨法律顾问委员会，使广大归侨、侨眷、华侨、华人有一个维护自己权益的法律组织。

2006年1月20日

补记：该提案当年即落实成立县侨联法律顾问小组。

## 第二节 涉侨民意报告

我在政协和侨联工作期间写了不少代表个人或集体的涉侨民意报告，兹举2例。

**一、强烈要求取消截溪改流方案的报告**

文成县玉壶镇有1.5万名侨胞，50多位侨领旅居海外，他们为国为家做出了贡献。

今镇党委政府搞截溪改"之"字形之水开发良田，广大侨胞、侨眷与民众意见纷纷，强烈要求镇党委政府取消截溪改流方案，理由是：

（一）历史上的洪灾

清宣统三年（1911），洪水漫过西江坳等3个坳，沿溪两岸损失惨重。1969年中秋节，洪水把隔溪的龙背村与玉壶连成一片，玉壶老街可撑竹排，水没过外村吴成林的民房灶头，门前垟良田毁成一片，至今人们谈水色变。截溪后水流加快、水道变窄，洪水涌来无法畅通，人民遭殃。

（二）潜在的隐患

隔溪的龙背村黄丝山自然村方圆几百亩的青山田园地下沉，地表开裂，经省地质专家勘测论证为山体滑坡，现逐年下沉，裂缝加宽，居民已搬迁。一旦山洪暴发、山体滑坡、溪道阻塞、水位上涨，龙背、玉壶两地必受其害。

（三）房多地少

土改时，玉壶人均耕地面积为0.46亩，今人口增加1倍，耕地却年年减少。玉壶人民赖以生存的门前垟、外楼垟、下水河3片良田已全部建房。如果截溪改流，杨村垟10公顷旱涝保丰收的良田将会变成水道、溪滩。保护耕地是国策，"但存方寸土，留给子孙耕"。民以食为天，生存要紧。

（四）无经济效益

截溪改流毁掉10公顷良田，投下1500万元资金，仅增加60亩溪滩，搞开发效益不大。

（五）尊重历史

玉壶古有"壶山芝水"之称，改掉芝水，这"壶山芝水"也就名存实亡。过去搞建设炸掉狮岩寨狮子头，破坏了玉壶万金难买的景致，已成千古遗恨，再改芝水，有伤玉壶的自然风光，破坏了生态，会受到自然界的惩罚。

为免除玉壶人民的后顾之忧，恳请镇党委政府取消截溪改流方案，敬望上级领导和有关部门慎重考虑社情民意，中止方案，万民不胜感激。

特此报请

1999年10月5日

补记：我同胡金波、蒋运林三人分头将报告送给几百名群众的签名，引起党委政府的高度重视。2002年8月20日，镇政府在县城召开有温州设计院、县规划局、交通局、环保局、计划发展局、县府办的领导，时任镇委书记吴昌亮，常务副镇长孟晓豪，镇人大主任胡志环、副主任胡绍根、胡立舟、赵春城，村干部余序现、胡兴虎、陈祝华、胡希勃、胡允他、周友强、胡克猛，侨联周育朋、胡克取等人参加的"文成县玉壶镇总体规划评审鉴定会"。会上，温州设计院介绍玉泉溪不改流理由：

（一）上游水流量减少；

（二）人口2万的情况下不需增加溪流的面积；

（三）改溪截流一次性投入大，不改流可分期投入；

（四）著名侨乡"之"字形的溪水历史形成，既有得天独厚的自然条件，又有历史内涵，对玉泉溪不改流符合实际。

我写的要求停止截溪改流的报告，终于在法定的总体规划评审鉴定会上确定下来。不改流才保存了自然界形成的"壶山芝水"景观，才有今天芝水行廊的灯光夜景。

**二、关于要求尽快妥善处理玉壶镇门前垟开发小区拆违遗留问题的报告**

文成县规划建设局：

5月9日，玉壶镇门前垟开发小区发生一件令海内外侨胞侨眷极不愉快的事——3间略超建筑面积的侨房被部分拆除，顿时满城风雨，反响极大。此后不仅被拆除户不能动工续建，而且许多无辜的侨房也不能动工，成为海内外侨界关注的焦点。要想创造一个安定、团结、祥和的环境，必须妥善处理拆违后留下来的问题。因此，镇侨联提出以下的看法和要求：

（一）出现普遍超面积建房的责任，我们认为不完全在建房一方，首先应该说是规划管理人员严重失职，政府放松管理。如果管理人员专心本职工作，发现苗头，及时制止，就不会出现今天如此被动的局面。

（二）侨胞建房审批手续齐全。地价如此之高，侨胞想在不影响交通道路、市容市貌且不超规定的占地面积的前提下，适当改变住房结构，开个气窗，情有可原；目前已有20幢侨房超层，面积超一点与超层相比，建房户认为问题不大，也有许多侨户是随大流，并不是出于本心。在拆房中不仅超建部分被拆除，有的规划的范围的部分也被拆除，难免有"只准州官放火，不准百姓点灯"之嫌。

（三）停工4个月，脚手架、架子板、门架遭受日晒、风吹、雨打，将会腐烂，水泥会硬化，砖墙、地面会长青苔，侨胞侨眷损失大。如再拖而不解，侨胞难免产生逆反心理，影响安定团结，于国于家均不利，这不符合"三个代表"重要思想的精神。

（四）如果再拖，冷了侨心，势必影响到下一步开发，不利文成经济建设，拖而不解有百害而无一利。

（五）海外侨团、有关侨报十分关注此事，他们热情支援家乡建设，期盼家乡繁荣昌盛，等待着妥善处理的好消息。

综上所述，请上级实实在在地贯彻实施《中华人民共和国归侨侨眷权益保护法》，保护华侨利益，在做"侨"字文章上进一步体现"三个代表"重要思想。为此，我们提以下2点要求：

（一）在不影响交通道路基础设施和市容市貌的前提下，尽量满足建房户欲建5层的要求，给予补办变更建筑面积之手续。

（二）不能以打官司为名而无止境地拖延时间。经了解，两次被拆除的36间侨房中，已有14间补办了准建5层手续。目前仍有62间侨房被停建，等待处理，建议组织一个工作小组进行现场处理此项工作，使"两个年"的精神落到实处。

特此报告

2002年9月1日

补记：时任县委陈作荣书记收到此报告后，于9月27日带着县委办主任吴高宏来门前垟开发小区暗访拆房事件。受访者不知是书记，当然照直相告，并带其察看了被拆的场面。陈书记体察民情，10月份给予续建。

# 第八章　侨事接待

　　玉壶是著名侨乡，国内外人士来调研、考察、访问、采访、摄影、慰问等活动多。因我2006年前长期在侨联做文秘工作，积累了一些侨情资料，故这些活动基本上是我作汇报和担任向导，现据日记简述如下。

## 第一节　接待国家级、省部级单位来访

### 一、全国政协副主席视察玉壶

　　2003年6月22日，时任全国政协副主席、中国致公党中央主席罗豪才率全国政协常委、港澳台侨委员会主任、国务院侨办主任郭东坡，全国政协港澳台侨委员会副主任、全国政协副秘书长张道诚，全国政协港澳台侨委员会委员、中国侨联副主席郭麟恭，全国政协港澳台侨委员会委员、港澳台侨联络局局长乐美真及警卫胡志勇等10人在省、市政协领导和时任文成县委书记陈作荣、政协主席徐世征的陪同下来玉壶视察。

　　下午3时，在玉壶华侨之家召开了有史以来最高层次的座谈会。座谈会由时任县委书记陈作荣主持，时任镇委书记吴昌亮作玉壶镇基本情况和基本侨情汇报。时任镇侨联主席周育朋就如何发挥侨联作用，从维护侨益、联谊活动、参政议政、配合党委中心工作4个方面作了汇报，并对殡葬改革一律实行

火葬政策反映了侨胞的意见，他建议在玉壶建造华侨陵园以利老华侨落叶归根，同时请求中央帮助解决恢复文成县公证处办理涉外公证业务的问题。罗副主席说殡改是国策，不能改变，但可以根据特殊情况作些补充意见。县委陈书记就公证处被取消办理涉外公证职能的原因和司法局整改作了情况说明。罗副主席听了汇报后作了将意见带回反映的表态。会后，大家参观了玉壶镇小胡志榜教学楼。中央领导到玉壶视察，提高了玉壶华侨的自信，扩大了侨乡玉壶的影响。

会后，中央领导一行参观了玉壶华侨历史陈列室，时任全国政协港澳台侨委员会副主任张道诚为陈列室题词："情系桑梓，服务侨乡"。

下午4时20分，中央首长一行走访了侨领胡允革、胡直光的双亲，参观了镇小侨建教学楼后返回文成。

### 二、中国侨联调查新移民情况

1997年6月17日下午，时任中国侨联副主席黄军军（女）、中国华侨华人历史研究所常务副所长张秀明（女）、中国侨联联络处副处长谢尚恒在省侨时任联常委张松、市侨联秘书长陈瑞猷，以及县侨办、县侨联领导陪同下来玉壶调查新移民情况。时任镇委徐旭华书记作了汇报，我提供了《玉壶华侨史略》。晚上我在胡立松的新房作如下的汇报：

玉壶侨乡的基本状况。玉壶镇是浙江省重点侨乡镇之一，不仅有1万多华侨华人分布在意大利、荷兰、法国、西班牙、德国、奥地利、比利时、日本、美国、苏里南、俄罗斯、捷克、厄瓜多尔、罗马尼亚、新加坡等近20个国家与地区，而且有许多著名的侨领。因此每年来调研、考察、访问、拍摄的各级领导级别高。今天黄副主席来玉壶调研，是继1994年11月9日全国政协港澳台侨委员会副主任马庆雄调研侨乡教育工作和1997年1月16日国家教委来检查侨乡扫盲工作后，中央有关部门第3次来调研。我们镇侨联对中央有关部门的领导给侨乡玉壶的关爱与支持表示衷心的感谢！

移民的历史与人数。玉壶华侨有90多年的历史，华侨数居全县各乡镇之首。全县1949年前出国总数1316人，玉壶片多达1142人，占全县总数的86.78%，其中玉壶镇有320人，东背乡113人，李林乡113人，也就是说撤区扩镇后的玉壶镇有546人，占全县总数的41.5%。

据1984年文成华侨史料统计，全县华侨数4449人，玉壶片有3700人，占全县的83%，其中原玉壶镇1287人，东背乡554人，李林乡633人，也就是说现在的玉壶镇有2474人，占全县总数的58%。

1993年3月玉壶镇侨联配合文成县志办全面调查，玉壶片的华侨有9116人，而原玉壶镇3076人，东背乡1236人，李林乡1488人，也就是说现在的玉壶镇有华侨5800人，但我们认为玉壶镇的华侨不止此数，原因如下：

1.调查时，有些家中剩下的老人不理解调查的目的意义，不愿提供；

2.调查时已有许多新移民在途中（多数在包带中）；

3.许多华侨全家在国外，难以调查；

4.在国外出生的华裔难以统计。

5.从1993年调查至今又过了4年。玉壶国内人口从1993年的21800多人降到现在的18600人，这些减少的人绝大多数是在意大利大赦后出国了，再者4年来国外又增添了新生的华侨，故玉壶华侨的人数远不止目前的调查数。

移民的途径。党的十一届三中全会后，侨务政策放宽，国外侨胞以继承产业、夫妻团聚、助理店务、旅游探亲为由，向国内政府提出申请，让国内亲人赴海外；意大利、法国政府4次大赦使尚未定居的新移民有了定居手续，新移民骤增。

新移民的职业。新移民出国前70%是农民，其次是学生，再次是手工业劳动者与教师、机关干部。其中玉壶小学出国的教师有71人，玉壶中学出国的教师有15人。他们在国外大都从事餐饮、成衣与皮革制造。根据1993年春玉壶镇几个重点村的调查统计，出国人员中从事餐饮的有2610人，成衣制造的有896人，皮革加工的有609人，从商的有62人，木工有5人，另有从医的有1人,学生977人,幼儿640人。

此外我还汇报了国内侨眷生活情况。

黄军军副主席听后提出4点意见:

1. 加强反偷渡宣传力度,开辟合法出国渠道;

2. 发展老人公益事业,创办老人公寓或老人保健活动中心;

3. 建设文明侨乡镇,加强市容市貌建设和卫生管理;

4. 侨联借用民房办公接待,不适应侨务工作的需要,建议建造侨联办公楼。

### 三、省侨联主席周慧兰到文成玉壶调研

2005年5月26日下午,时任省侨联主席周慧兰、秘书长张维仁一行3人,在时任市侨联副主席陈永光,文成县委常委、统战部长刘玲玲,文成县副县长吴高宏,县侨联主席胡文铰、副主席施正社的陪同下,到文成玉壶镇调研。在玉壶镇召开的座谈会上,时任玉壶镇侨联主席周育朋就镇侨联贯彻学习省市县侨代会精神、开展联谊活动、做好来访接待工作、全面启动侨情调查、参政议政进言献策、加强自身建设及下半年工作打算7个方面向周慧兰主席一行作了汇报。时任玉壶镇侨联副主席余序整、周守银就目前侨界关心的热点难点问题作了反映。

会上,分管侨务工作的时任镇委副书记胡式清介绍了玉壶镇开展侨情调查的有关情况。时任镇委书记吴昌亮、镇长李标就做好省侨联部署的侨情调查工作表明了态度。

张维仁秘书长说,这次到玉壶的感受是"亲切感动"4个字。"亲切"是又见到了许多老朋友;"感动"是玉壶镇委、镇政府为做好侨情调查工作,连发了3个文件,镇侨联行动迅速、知难而进。

周慧兰主席在会上强调了新时期做好侨务工作和侨情调查工作的重要性和紧迫性。她评价玉壶镇侨联的工作一年比一年好,工作任务贯彻坚决,资料完整,自身建设认真,特别是各项规章制度完善,是基层侨联的标兵。周

慧兰还高度评价我编撰的《玉壶镇侨情纪事》一书，并称赞我信息工作做得非常好。

吴高宏副县长表示，要全力做好玉壶镇侨情调查试点工作，并以此来推动全县侨情调查，带动建立侨务信息网络，《海外文成人专辑》以及做好工作。

玉壶镇委、镇政府主要领导、镇侨联全体常委和侨胞代表胡立松、胡志东、周克信及侨眷代表胡竹斋参加了座谈。

### 四、中国驻米兰领事杜志滨访问玉壶

1995年7月29日上午，时任中华人民共和国驻米兰领事杜志滨偕夫人岳庆军、女儿杜佳艺在时任县政协副主席雷开勤、县侨办胡志光主任、县侨联胡克当主席、都灵华侨华人联谊会第一副会长余序闹等陪同下来玉壶了解侨情，慰问侨眷。在镇侨联办公室，我受镇党委、政府之托向杜领事汇报了玉壶侨情，向他讲述了侨胞爱国爱乡义举，支援家乡教育和交通等公益事业建设所做的贡献以及玉壶侨联在管理监建侨胞捐建工程中任劳任怨、廉洁奉公的精神及国内侨眷生活情况，感谢驻外使馆和领事馆对侨胞的关心与爱护。杜领事听了汇报后赞扬玉壶镇党委、政府充分发挥侨联的作用，介绍了旅意华侨的工作和生活情况，回答了侨联提出的几个问题。在场的还有意大利侨领余序浪、胡允迪，时任县侨办副主任张全掌，外事科长王晓敏，镇委副书记胡式清，镇侨联吴正超、周育朋、蒋美森、蒋运林等。

会后杜领事在与会人员的陪同下，看望慰问了胡守近、陈金满、余序闹、胡绍通等人的高龄母亲，参观了克木大桥、寿星桥、胡志榜教学楼等侨建工程。

### 五、中国米兰总领事高树茂考察玉壶座谈会

2001年3月19日下午，时任中国驻米兰总领事高树茂在时任县委常委、

宣传部部长陈建明、副县长钟信友、县侨联主席夏昌勇、县侨办副主任郑金桥的陪同下来玉壶考察。

座谈会在镇侨联召开，镇长作了玉壶基本情况、基本侨情、发挥侨联桥梁纽带作用、编写侨史、贯彻归侨侨眷权益保护法、引资建设侨乡等情况的汇报，并提出意驻沪领事馆签证难、非婚子女办团聚不予承认、提前报入境时间与国内办理结婚证的时间有出入、涉外公证办不了等问题，请求总领事向上反映。高总领事听了汇报后，在肯定玉壶侨务工作和侨胞爱国爱乡热情之后，作了自我介绍，他说："我叫高树茂，高大的高，茂盛的茂，出生于山东，籍贯哈尔滨，汉族，成长读书于北京，1965年考入北京大学，学蒙古语，1970年参加工作。1973年在中国驻蒙古大使馆工作4年，1977年攻学英语，1979年在中国驻印度使馆工作6年，在《人民日报》发表了30多篇文章，翻译了几本书。我1985年在外交部礼宾司工作，多次随中央领导人出访。1991年被派往中国驻美国使馆工作，1994年改派中国驻加拿大大使馆工作，1997年回国在国务院外交部工作。这次在国务院、外交部的支持下来侨乡学习，想知道侨乡，了解侨乡，了解国外华侨困难。文成给我一个惊奇，文成的山水是如此的秀丽；到了玉壶，我的眼前一亮，多么好听的地名，难怪玉壶出了那么多的能人。"高树茂接着谈了自己的工作计划和考察目的，并作了到任后为侨民服务的表态。他说自己主要的工作一是为华侨华人服务，二是为祖国的经济建设服务。对镇侨联提出的问题，他表示一定向国务院反映，希望玉壶华侨做华侨华人团结、互助、友爱、奉献的榜样。又说温州人在搞"21世纪温州人形象"的讨论，回去后在米兰也要来一个华侨华人形象的讨论。高总领事的坦率洒脱、仪表风度、文学修养、虚怀若谷、热情友善博得满座的称赞，而玉壶的侨务工作、优美的环境、侨领之多、侨情资料的汇编出版等也给高总领事留下深刻的印象。

## 第二节　市级、县级考察团接待记录

### 一、市政协调研组到玉壶调研二、三代华侨华人教育工作

2005年4月12日上午，时任市政协常务副主席王成云、港澳台侨委员会主任朱世灏率市、区政协副主席和三胞委主任，到文成县玉壶镇调研二、三代华侨华人教育工作。

在玉壶镇召开的座谈会上，时任文成县政协副主席李祥松，玉壶镇委书记吴昌亮、镇长李标及镇侨联有关领导，就玉壶镇二、三代华侨华人教育工作的情况向王成云一行作了汇报。玉壶镇中、小学有关领导和华侨代表就目前玉壶镇二、三代华侨华人教育存在的弊病提出了看法和意见，并希望调研组帮助解决。

王成云副主席听取汇报和意见后指出，学校是教书育人的地方，学校首先要从怎么教、怎么学、怎么管上作好文章，并表示会将座谈会上的意见和建议带回去，向市委、市政府汇报。

### 二、县人大检查《浙江省华侨捐赠条例》实施情况

1997年7月8日上午，时任县人大民侨委主任兰成章率领有关人员来玉壶检查《浙江省华侨捐赠条例》实施情况，会上我提了以下几个问题：

1. 胡立正教学楼采光被阻；
2. 华侨影剧院改变功能；
3. 胡振中捐赠的25万元未落实；
4. 侨胞已捐资建镇侨联办公楼，但建设用地至今未落实。

我又读了意大利侨胞胡志滔和西班牙侨胞胡克钏的来信。与会人员有吴

正超、周育朋、周守银、蒋美森、胡绍祯，旅意华侨胡立松等，他们各提了相应意见。座谈会后一行人察看了影剧院。

## 第三节　媒体采拍接待记录

### 一、《温州华侨史》编委采访

1997年5月28日下午，《温州华侨史》编委陈祖豪副教授来我家采访、搜集华侨史料。他说《温州华侨史》主要写文成、瑞安、鹿城，而玉壶又是文成的重点，也就是温州的重点，如果《温州华侨史》不写玉壶，就不是《温州华侨史》了。当我提供了内容包括寻找出路、正义斗争、事业发展、建设家园、侨领之乡、侨报侨刊、侨乡影响的《玉壶华侨史略》油印稿后，他说有这本侨史就差不多了。陈祖豪副教授又复印了一些文史资料和侨乡报道，摘取《文成县志》上我的祖父余钟麟的传记，了解了余序江、余序洋在美国高科技部门的工作情况，抄去侨乡精神文明建设汇报材料中的典型事例，又问了玉壶的教育、老人活动中心、华侨医院、华侨图书馆等情况。陈祖豪副教授惊叹我有如此多的材料，说审稿时要求领导邀请我参加。采访达3小时之久。1999年《温州华侨史》出版，在第9章"温州重点侨乡"中的第2节文成县部分重点写了玉壶镇，其中地理位置、华侨历史、城镇发展、1948年玉壶区各乡镇华侨在各侨居国人数统计表以及1990年玉壶区各乡镇华侨在各侨居国人数统计表等，资料都来源于我的《玉壶华侨史略》。

### 二、浙江台拍摄《现代城镇——侨乡玉壶》

1997年7月4日下午，浙江电视台周末版《浙江一镇》节目组记者强志共来玉壶为拍侨乡玉壶做前期准备工作。我带他考察了所有的侨建工程，他说，玉壶侨胞爱国爱乡热情高，捐资合起来有几千万元。为了提供更多更全面的材料，我给他一本《玉壶华侨史略》。

8月23日上午，记者强志共、摄像朱光辉、见习记者章育棠来拍侨乡玉壶，我同周育朋陪同他们采拍了旅意华侨胡立松父子、旅荷华侨周守局父子、侨建教学楼与两座侨建大桥。第二天我们又陪同他们到光明村（原李林乡）拍李林中学华侨教学楼，回来一路上拍了玉壶风光及外村的杨梅基地和玉壶自来水厂。

9月30日浙江卫视周末版播出《现代城镇——侨乡玉壶》。记者强志共原说播放10分钟，结果只放5分钟。

### 三、中央电视台王星军采拍玉壶

1999年2月8日下午，中央电视台52集纪录片《欧洲多面孔》摄制组、《九九大团圆》春节特别节目摄制组、北京电影制片厂《张骞》（原名《丝绸之路》）摄制组导演王星军来玉壶采拍素材，我同吴正超、周育朋作向导，提供书面材料。他在华侨之家拍了侨联办公室的奖状、中国侨联赠送的纪念品、时任中国侨联副主席陈兰题写的"华侨之家"，后相继拍了克木大桥、胡振中教学楼、华侨医院、寿星桥；在乐颐阁拍了老人们打麻将、弈棋的场面和二楼的楹联；在镇小拍了胡志榜教学楼、胡克球教学楼；在玉泉寺拍了无量寿塔、大铜钟；在中学拍了胡立正教学楼、程延林实验楼、中学华侨图书馆等。凡他感到新鲜的他都拍，为的是积累一些素材以备他用。下午3时25分，王星军导演返回文成。

### 四、中央四套《世界华人》摄制组拍摄胡志光、胡允革专题片

1999年11月16日，接上级通知，中央电视台海外中心专题部《世界华人》摄制组编导曹力率张战庆、陈越来到玉壶拍摄专题片《世界华人——胡志光》，要玉壶侨联做好接待工作。于是我同蒋美森清理了华侨之家的卧室，置办了垫被、床罩、拖鞋、香水等日常用品，还同胡金波用色漆重描《克木

大桥》碑文。17日，摄制组抵达玉壶，晚上在华侨之家会议室召开座谈会，我给他们一本介绍胡志光生平的打字稿——《侨界之光》。曹力编导说国务院让各驻外使馆推荐100名华侨华人，由中央电视台海外中心专题部《世界华人》摄制组拍摄成《世界华人》节目在中央四套播放，驻荷兰使馆推荐了两位。我问还有一位是谁，他说是胡允革，我说胡允革家就在侨联后幢，他说小小玉壶有两位世界华人，不简单。第二天上午7时30分，我同胡金波、周守约、周守吉、胡志忠等几位亲友和胡志光本人陪同他们拍胡志光专题片。一行人先后拍摄了克木大桥、丹弟路、东溪故居、玉壶小学、玉壶全貌、街尾老居、迎春路新居、垟头父墓。回到侨联又拍了参加座谈的国内外亲友。

2000年4月4日中央电视台海外中心专题部《世界华人》摄制组编导曹力一行3人再次来玉壶拍《世界华人——胡允革》，我再次为其安排住宿。2000年12月28日和2001年1月25日，中央四套《世界华人》节目分别以《胡志光的路》和《我所认识的胡允革》为题目播出两部专题片。

### 五、《欧洲侨报》总编采访侨乡玉壶

2003年8月12日，意大利《欧洲侨报》总编泰山在采访了文成，游览了百丈漈等山水风光之后，在米兰华侨华人商贸联会总会胡光利会长的陪同下采访了侨乡玉壶。

在镇侨联办公楼，时任玉壶镇委副书记胡式清、镇侨联主席周育朋以及余序整、蒋美森、周守银等副主席接受了采访。

在座谈会上，周育朋主席首先介绍了玉壶侨胞爱国爱乡、热情支持家乡各项公益事业的建设的情况。接着胡式清副书记介绍了玉壶侨联在监建克木大桥、寿星桥等侨建工程时做到不抽大桥经费一支烟，不喝大桥经费一杯酒，不吃大桥经费一顿餐，不拿大桥经费一分钱补贴的"四个不"。胡书记又介绍了20世纪70年代玉壶有许多社队办的企业，但20世纪80年代以来大量人员出国，现企业空空如也，家乡留下的是一些老人，基层党建也无来源的情况，

又例举了去年春节县委陈作荣书记慰问光明村时,称赞光明村国内人口仅有几百,而侨胞捐资这么多,水泥路铺设到各个自然村,环境卫生搞得这么好,是全县第一村。

　　泰山总编听了以后深有感触,当场表示返意后要好好报道。《欧洲侨报》9月11日第209期头版以《天下第一侨乡——玉壶》为题对玉壶作报道,9月16日第210期第24版全版以《中国文成——生态旅游的圣地》为题作了报道,并配上了"天下第一奇观"——百丈漈景区,以及岩庵景区、朱阳九峰、飞云湖、珊溪巨屿潭等彩图,这正是:

　　　　文成山水好风光,第一侨乡天下扬。
　　　　生态旅游富县计,同心共建美侨乡。

## 六、《温州瞭望》记者采拍

　　2003年9月8日,温州市委机关刊物——《温州瞭望》为首届世界温州人大会出版特刊,派出记者施菲菲和摄像师朱跃来采拍温州三大侨乡圣地之一文成县玉壶镇。虽然是白露节气,但盛夏的暑气未退,我冒着骄阳陪同他们采访3天,拍摄了在家的旅意华侨胡克责父女、胡仲南夫妇、胡允连,旅法华侨洪才虎、胡从凯夫妇等,因此得到一份非常之物——《温州瞭望》特刊一本。当我打开《温州瞭望》一看,本期特刊报道温州三大侨乡圣地重点在玉壶,因为篇幅最多,排列在先。

　　这本特刊题为《温州九章——献给世界温州人》。第5章"一代风流"中,唯一一篇报道侨领的文章是《"侨领楷模"——记旅荷著名侨领胡志光》;第7章"天下一绝"的"金镯子玉镯子"和"回乡找点事干干"两节,介绍了玉壶一户华侨的情况和玉壶中心医院的荷兰门诊楼、巴黎综合楼和意大利楼及玉壶中学的胡立正教学楼;在第8章"侨乡图志"中首先出现的是一幅两页的玉壶镇全貌彩图，在彩图上有这样一段文字：

> 玉壶、丽岙、七都，她们都拥有一个美丽的名字，她们是温州华侨华人的三大圣地。

彩图下注明"温州三大侨乡圣地之一：玉壶镇"。

另有4页以《玉壶归侨》为题，介绍了玉壶的自然、人口、风貌，其中提到，玉壶"乡村百落一川口，境内千峰四面罗。大腹瓷瓶尖小嘴，比喻拟作称玉壶。故称玉壶"。文章还配上7幅彩拍的生活照和商业繁华的老街，彩图下面又记下这样一段文字：

> 第二代华侨在第一代华侨的基础上，继续扩大经营规模，他们在攒到一定的积蓄后，把目光转向餐饮、皮革、服装等行业，同时积极参与国际竞争，爱国组织——侨会也应运而生，玉壶也因此涌现出一大批爱国侨领，如胡志光、洪才虎、胡守近等，这是我们本次走进玉壶的着眼点。希望通过我的照片，能解读出玉壶人的内在精神来。

## 七、《文成报》玉壶行

2003年9月15日，文成报社在玉壶镇中村办公楼举行《文成报》玉壶行笔会暨《留守大山亦风流》首发式，回想起当时的情景，至今依然记忆犹新。

那天上午，来自全县各条战线上的近50名文学爱好者在玉壶镇中村办公楼参加了这次别开生面的笔会。会上，时任玉壶镇镇长的刘海杰向与会人员介绍侨乡玉壶镇基本情况和侨情，《留守大山亦风流》作者富晓春介绍了自己的作品，时任县委常委、宣传部长刘建忠作了题为《挖掘侨乡文化》的讲话，与会人员纷纷就"侨乡文化的内涵与外延"和"侨乡文化怎样挖掘"两个议题踊跃的发言，最后时任镇委书记吴昌亮讲话。与会人员参观了侨乡玉壶的市容市貌。

会后，黄坦的张翔波在《文成报》上发表题为《一片冰心在玉壶》的文章，9月19日《文成报》以《挖掘侨乡文化促进侨乡发展——本报"玉壶行"笔会发言摘要》为题作了报道。

这次笔会对弘扬侨乡文化和扩大侨乡玉壶的影响有着深远意义。

### 八、玉壶镇侨联答意大利女记者问

2003年10月，温州市举办首届世界温州人大会，邀《意大利晚邮报》女记者奥索拉·瑞娃参加。大会结束后女记者提出要到侨乡玉壶采访。温州市委觉得一位外国记者深入侨乡农村采访，有可能在国际上产生负面影响，于是向奥索拉·瑞娃提出让玉壶镇侨联两位主要负责人到温州来接受她的采访，但奥索拉·瑞娃不同意，坚决要到玉壶来。玉壶侨联听到这则消息立即做好准备，召开侨联常委会，分析外国记者会提出什么样的问题，我们如何回答，并确定了几位对象参加座谈接受采访，确保绝不能出现任何有损国家形象的差错，要坚决维护国家和侨胞的尊严。与此同时，市委宣传部向省委省宣传部请示，省委宣传部选派了浙江大学外语系的高材生做翻译，陪她一起来玉壶。

10月14日，意大利女记者带着青田籍浙江大学外语系的学生在时任县委宣传部副部长罗文快、县侨办主任胡晓雄、米兰文成同乡会会长胡光绍的陪同下，来玉壶侨乡采访。在镇侨联会议室，玉壶侨联几位正副主席与常委回答了女记者十多个问题，诸如家乡建设不错，钱从何处来；玉壶有这么多的人外出经商打工是否因家乡太贫困；玉壶人出国为什么选择在米兰，除了米兰玉壶人常去的还有哪些国家和地区；文成有9万华侨，玉壶有多少；玉壶镇国内人口有多少，比例如何；玉壶老人在生活上有什么困难；玉壶是否有人偷渡到米兰；为什么青田的华侨大多数在罗马，而玉壶的华侨大多数在米兰；青田人和玉壶人是否完全分开；玉壶人和青田人在文化上有何不同，相距多远等。其中不乏敏感问题。镇侨联在回答家乡建设不错，钱从何处来时说道：首先，家乡的基础设施建设以政府投入为主,其次是玉壶人跟女记者所看到的温州人一样,同样有一种敢于人先的精神,通过外出经商、办企业、打工提升收入;其三是干部职工的工资收入;其四是海外子女为孝敬长辈而节省下来的钱。在回答玉壶有这么多的人外出经商打工,是否因家乡太贫困时,侨联说:不是的。刚才已说过玉壶人有一种敢为人先的精神,自改革开放以来,玉壶人认识到外面的世界好得很,玉壶毕竟偏僻了一些,到外面闯闯世界既可开拓视野,增长知识,又可挣到更多的钱建设家乡,何乐而不为呢?在被问及玉壶是否有人偷渡到米兰时,侨联回答:没有。我们这里去米兰的办理的大多数是团聚手续和贵国批准的劳工手续,至于有否旅游者通过第三国签证到米兰,就不了解了。

一问一答历时65分钟,镇侨联给她的回答滴水不漏、无懈可击,维护了祖国和民族的尊严,赢来了省委宣传部在全宣传部长会议上"感谢接待人员"的表扬。

**九、《温州都市报》记者采访**

2005年6月8日下午,我在玉壶中学接受温州电视台新闻综合频道郑记者和《温州都市报》记者蓝盾的采访,回答了他们提出的华侨对教育的认识和学生对出国和升学的认识两个问题。我说华侨对教育很重视,不仅在国外大办中文学校,努力弘扬中华文化,而且在国内大力支援教育事业,捐资建造了许多教学楼,建立了许多教育奖励基金会。学生的出国和升学因人和家庭的条件而异,不能一概而论。玉壶无工做,无地种,年轻人闲着无事,出国也是一条谋生之路。

6月14日《温州都市报》发表记者蓝盾的文章《不挤独木桥另有阳关大道——玉壶中学七成高中毕业生放弃高考引发争议》,就颇有争议的学校、依靠出国致富的小镇、出国打工多少有点无奈、赚钱不是唯一的梦想、尊重孩子的选择5个情况进行了报道。

### 十、新华社记者采访

2005年4月9日，时任新华社北京分社常务副总编宋焕平到浙江采编《侨乡行》，经时任省侨联主席周慧兰介绍，宋副总编同浙江分社记者张乐到玉壶了解侨情与调研侨乡教育。

上午镇侨联周育朋主席、蒋美森副主席同我带领他俩到玉壶镇小采访了校长、少先队大队辅导员和胡敏洁、胡建烘等几位学生，拍摄了中小学几幢侨建教学楼。中午玉壶侨联宴请他们。

4月26日新华网发了一则报道，题目是《温州玉壶：大山深处有个"联合国"学校》，介绍了这些学生的父母都在国外，抚养孩子方面的事情大多由爷爷奶奶代劳，还有老师常常为家庭管教孩子力度不够所造成的学生德育水平薄弱等问题而烦恼等情况，同时也报道了玉壶侨胞支援家乡办教育的热情。

### 十一、上海《新民周刊》记者采访

2005年6月9日上午9时，上海《新民周刊》记者王倩在《温州晚报》驻文成记者站记者林智的陪同下采访我，旨在了解侨情与侨乡的教育。采访时间长达两个多小时，我赠送给她们《玉壶镇侨情纪事》等侨情资料，陪她俩拍摄了华侨医院和玉壶小学侨建教学楼。

6月28日傍晚5时，我收到上海《新民周刊》记者寄来的第25期《新民周刊》，在第26页的一篇9000多字的《欧元改写山乡故事》中，有这样的开头语：

> 一个嵌埋于浙南深山的小镇——玉壶镇，常住人口不过1.2万，分布在海外39个国家和地区的却有2.3万人。这里的孩子对于"地球村"的理解绝不会逊色于北京、上海这些大城市里的同龄人，其中许多人的未来将在意大利、荷兰、法国和德国这四个国家展开。

该文结尾写道：

"如果不造坟墓，很多老一代的华侨就不回来了，而新一代的华侨也无从寻宗认祖，这些钱也就没有了。"余序整转述的是老华侨们的心声。

2005年6月22日上海《新民晚报》刊登的《玉壶中学七成学生放弃高考——温州高考现象透视》中又有如下一段文字：

玉壶中学现象，自有其特定的背景。玉壶镇侨联副主席余序整说，玉壶人出国算起来现在已经到第四、第五代了。据镇里最新的一次调查表明，玉壶镇常住人口有1.1万左右，在国外的却有2.3万人。玉壶中学将近一半的学生有亲属在国外工作生活，遍布欧美十多个国家。因为有了出国打工这一"无烟工业"，使没有工厂、人均田地不到1亩的玉壶镇，成了文成县为数不多的经济强镇之一。去年一年，华侨和出国打工人员从海外带回文成县的资金有2亿多美元，玉壶占了1/5左右。

### 十二、意大利布雷西亚外国语电视台采拍

2005年10月6日上午，意大利布雷西亚外国语电视台陆介桓记者在余兴国的陪同下采访我，我给他《壶山今古》《玉壶华侨》《玉壶镇侨情纪事》等方志和侨书。因陆介桓记者要参观侨联办公楼和华侨历史陈列室，故我通知了周育朋主席和蒋美森副主席到侨联一起座谈。在侨联会议室，陆介桓记者要我们代表侨联用玉壶方言向意大利布雷西亚的玉壶籍华侨讲几句话，他要把讲话内容录制成片子在电视台播放。周育朋、蒋美森推让给我讲，于是我用玉壶方言向旅居在布雷西亚的玉壶华侨华人讲了几句祝福与感谢的话。

2006年2月6日下午，我收到陆介桓记者寄来的信和去年10月6日他来玉壶侨联采访时的合影照片和名片。信中说，2005年10月来贵镇采访，回

意后制作成片，已在他工作的布雷西亚外国语电视台播出，观众反应良好，特此表示感谢。

## 十三、《浙江日报》记者采访

2006年1月27日（除夕前夕）下午3时半，县政府报道组邢文东同志带《浙江日报》记者庄千慧来我家采访玉壶外汇和华侨捐资与投资情况，我将自己所知的尽告。大年初一，他结束采访回到平阳老家过春节，我在去狮岩景点的路上，庄记者还给我来电，询问他想要知道的东西。1月31日，庄记者在《浙江日报》和浙商网刊登《海外侨汇瞄准故乡投资文成新年华侨外汇汇入多》的报道，现摘录如下：

> 今年春节，在侨乡文成县玉壶镇，大批华侨外汇汇入成了当地的一大新闻。据不完全统计，今年元旦至春节前，全镇侨汇就多达260万美元。除夕下午，虽然临近节假时点，但是农行玉壶支行营业大厅门口还有不少侨眷陆续前来领取外汇。
> 
> 小镇常住人口不过1.2万，在海外生活的侨民却有2.3万人，华侨们习惯在过年前寄出外汇"红包"给家乡亲人。
> 
> 中村的旅意华侨胡英姿告诉我们，近几年来，她已把在外面赚到的2500多万元人民币转到家乡，并已经在玉壶投资建设2座小水电站。新年里，她还将在电站后期配套工程上投资100多万元人民币，并打算在库区内发展水产养殖等。
> 
> 据该镇侨联副主席余序整介绍，近年来，玉壶镇由华侨捐资参与建设的教学楼就有13座，去年当地侨眷捐献了371万元人民币，支持乡村"康庄工程"建设。

# 第九章  为侨办事

## 第一节  司法公证建议当天落实

2002年2月5日中午,文成司法局邀我一同进餐。餐后同时任局长李建业等驱车来玉壶侨联召开座谈会。公证员雷德久汇报2001年公证处受理涉外公证8271件,办结7865件,今年1月份受理1730件,办结1326件。座谈会上我们提了以下4点意见:

1.接待人员受理材料时缺什么材料要一次性告清;

2.认证收30元没有发票不合理;

3.办理出生公证要出具父母出生证明,但父母已故,派出所不出证;

4.要设立办理意大利译文业务,方便当事人办事。

晚5时多,李局长来电对我说,4点意见他们在回去的车上就商议好,到了局里就予以完满答复,即所缺材料一次告清、30元认证介绍信费不收、父母已故证明由镇政府出具、开设意大利译文业务。

## 第二节　镇侨联走访公证处为侨民免除做亲子鉴定

2002年7月，旅意侨胞胡允者回乡办全家团聚公证，因其办结婚公证时以公历时间出具，而其长女出生的时间是按农村的习惯以农历登记。这个农历出生的日子是办结婚证公历的日子的后两天，公证处认为产后两天去登记结婚不可能，以为是别人的孩子冒充其女带出国，要办，必须同公证员一起去上海做亲子鉴定。但胡允者是新华侨，经济尚拮据，遇到了困难。8月5日，镇侨联周育朋、蒋美森同我3人带着其家都是以农历出生时间入谱的胡氏族谱，其出生日期跟现时的身份证以公历出具的日期均不同的材料，证明胡允者的妻子是产后1个多月才登记结婚，这样就免去到上海做亲子鉴定的折腾，顺利办了团聚公证。

## 第三节　为旅荷侨民解决办英文姓名公证难

我在文成公证处为旅荷华侨周玉珍办理的出生公证材料，因为名字使用拼音，在荷兰不能用，当事人要求用英文办理。2002年8月1日，借人大代表、政协委员去文成医院义务体检的机会，我去公证处向涉外公证员刘大超说，周玉珍的护照是20世纪50年代批的，那时护照的外文姓名是英文，直到70年代以后护照外文姓名才改用拼音，无论用英文还是用拼音，都是同一个人，应该给办，于是刘大超同意将其护照上的姓名改用原护照的英文。

## 第四节　镇侨联走访县长请求将公证处接待窗口迁回

2002年，意大利政府大赦，侨胞、侨眷办全家团聚，公证办理的数量大增，而公证处的接待窗口设在办事中心，受理进度慢，给办证人带来很大麻烦，侨界意见很大。

为了反映侨界呼声，加快办证速度，2002年8月14日上午，镇侨联周育朋、蒋美森和我走访了时任县长吴开锋。吴县长听了周育朋5分钟的反映，认为公证处接待窗口设在办事中心不便侨民办证，应迁回公证处，于是吴县长当即让办公室主任去电司法局和办事中心负责人来协调。当我刚刚回到家，尚未吃中饭，司法局李建业局长即来电跟我说，吴县长已做了协调，从下午起办事中心公证接待窗口迁回司法局公证处。此举大大减轻了我们的压力。此后公证处保证了4天出证，这是一次真正立竿见影的走访。

# 第三编　侨韵生活

# 第十章 诗文

## 第一节 家乡颂

20世纪70年代初至80年代末,我在玉壶区小任教时,偶尔也学写几首格律诗,但那时忙于教学,无暇顾此。

1988年退休后,在玉壶基层侨联的工作以及被推荐为县政协委员,丰富了我的生活内容,增加了学写诗歌的题材,故时有涂鸦。1991年拙著《壶山今古》出版,我写了一首《撰编壶山古今史书》藏头七律,得到文成诗词界老手陈夫和吴鸣皋的青睐,他俩各赠和一首,这又使我增加了学写诗歌的兴趣。1994年,我写了几首诗寄给温州诗词学会申请入会,当年被吸收为会员。至今编入《温州诗词》《温州诗潮》《中华老人诗文作品集》《诗词百家》的诗词近300首。

当今世界,和平与发展是主流,值此盛世,祖国人民在党的领导下,抓住机遇,快速发展,取得了辉煌成就。海外侨胞有强大的祖国做坚强后盾,事业得到发展,家乡父老乡亲过上安定而幸福的生活。在新春来临之际,特咏粗诗歌颂祖国,祝福侨胞和家乡亲人:

## 贺新春三首

### 其一 歌颂祖国

祖国时逢盛世年,民康物阜沁心田。

神州万里春风度,华夏千家庆团圆。

〔注:本诗以《千禧贺新春》为题原载《2000年中华老人诗文书画优秀作品集》(诗文卷),第349页。第一句"千禧新春尧舜天"改成"祖国时逢盛世年",其他不变。〕

### 其二 祝福侨胞

辞旧迎新又一年,他乡游子喜开言。

门迎百福财源滚,户纳千祥康乐安。

### 祝福乡亲

赤县如今尧舜天,乡亲享受太平年。

身居异国心宽慰,遥祝亲人寿永绵。

## 清明怀祖

去岁清明自乡村,同宗合扫祖陵园。

今居异国他乡地,饮水思源不忘根。

(注:侨乡玉壶的余姓祖坟安厝在外村虎山,历年合族子孙去祭祖扫墓。今岁身在异国他乡未能参加扫墓活动,写诗一首略表对祖先不尽的怀念。)

## 公园里的春天

芳草茵茵万木新,风和日丽暖人身。

百花争艳红蓝紫,鸟语啾啾听醉人。

(原载《欧洲联合时报》2007年4月9日,总第1000期,《温州诗词》2007年乙亥集转载,第72页。)

### 爱国侨胞赞

都有一颗中国心,为之立传记当今。
悠悠青史留千古,模范华侨人共钦。

### 听中国驻米兰总领事高树茂谈侨务

领事才高气不骄,虚华无有半分毫。
座谈会上谈侨务,满座宾朋赞老高。

### 《玉壶华侨》彩印出版

侨情资料汇成编,领导题词妙语宣。
侨界忠魂二烈士,社团侨领百良贤。
怀乡义举书添画,爱国斗争史记篇。
亲切关怀留倩影,参观访问录年年。

### 芝水换新装·新韵

开山放炮运石泥,沿溪百丈垒长堤。
拦水皮坝添景色,排污管道净芝溪。
桥中楼阁供人乐,水上平台游客嬉。
千米流程三桥架,华侨文化画壁池。
壶山芝水新装换,谱写家园赞美诗。

### 鹊桥仙·光明行

同县文化部门考察光明村感赋

群山环绕,淙淙流水,古木参天村口。
葱葱修竹,密麻麻,禁赌石,民风淳厚。

人文并茂，天文历算，簿记一书传后。

亭楼影院，两侨贤，今又是，牌楼久。

### 芝溪

四面环山万木森，一泓芝水贯中心。

华侨大厦溪边立，侨韵之城此处寻。

### 少年游·笔墨书侨乡

一身乌黑透清香，满纸是文章。侨乡报道，侨情历史，海内外名扬。

手中挥动神功笔，写的是家乡。俚语诗词，发言提案，出版喜洋洋。

### 金秋芝水美

壶山环绕森林秀，芝水长廊丹桂香。

红鲤溪中常吐沫，鸟儿树上偶停翔。

华侨大厦新兴建，医院楼房旧改装。

早晚平台歌伴舞，乐声悦耳荡悠扬。

### 阮郎归·玉壶一角

一泓芝水永长流，青山色更幽。玉东山脚耸高楼，平台分两头。

晨太极，晚歌悠，乐颐人解忧。三桥筑坝水千秋，侨乡美景收。

为裱挂在文化礼堂二楼的镇小胡玉胜书《玉壶山水赞》被誉为"珠联璧合"而产生的联想而作：

### 赞玉壶文化礼堂六首

#### 其一

一首古风山水诗，珠联璧合二人为。

老翁作品青年写,文化礼堂人赞稀。

其二

文化礼堂人赞稀,侨乡山水遇良机。
参观来往人无数,一举名扬内外知。

其三

一举名扬内外知,淋漓尽致有人吹。
青年有为人才出,了解侨乡看此诗。

其四

了解侨乡看此诗,壶山景色首来提。
乐颐高阁桥心立,芝水迎春石壁奇。

其五

芝水迎春石壁奇,狮岩南北筑长堤。
高楼大厦双林立,楼阁亭台游客嬉。

其六

楼阁亭台游客嬉,侨乡建设立丰碑。
若无改革与开放,哪有壶山赞美诗。

2003年9月8日《温州瞭望》为世界温州人大会出版特刊《温州九章——献给世界温州人》,介绍了玉壶籍侨领楷模胡志光,以及温州三大侨乡圣地:玉壶、丽岙、七都,而玉壶居首,篇幅更是最长,是以作:

鹧鸪天·侨乡圣地玉壶

暑去秋来白露天,温州瞭望出刊前。
派来记者侨乡访,义举怀乡话故园。
三圣地,玉壶先,其他章目有侨贤。
风光无限玉壶镇,刊出图文在首篇。

### 荷兰王国访华团访问侨乡玉壶

荷兰省长访侨乡,摄影参观访问忙。

左右街坊人议论,家乡虽小却名扬。

### 出版《胡志光的路》

其一

侨书出版费吾功,喜煞壶山一老翁。

十万华文侨领赞,人生道路后人崇。

其二

德高望重众人讴,堪赞为人第一流。

为国为乡多贡献,人生旅迹世间留。

### 胡立正一年捐建三工程

旅外青年胡立正,丹心一片爱故乡。

工程三项同年建,慷慨之名得颂扬。

(注:旅法胡立正一年捐建玉壶中学教学楼、三港殿、玉春亭三工程。)

为胡志光、胡元绍、胡允革三位侨领应邀参加香港回归政权交接仪式而作:

### 三侨领国是应邀

清廷腐败割金瓯,祖国今朝香港收。

仪式参加应国是,家乡侨领有名头。

为奥华总会胡元绍会长举办新闻新闻发布会,维护华侨的尊严而作:

### 侨界硬汉胡元绍

欧洲侨界誉雷锋,服务侨团业绩隆。

举办新闻发布会,一身正气压西风。

观央视国际频道《世界华人——胡志光的路》而作:

### 胡志光的路

中央影视颂志光,史册无前著梓桑。

爱国精神传中外,怀乡义举振家邦。

传播文化呕心血,创建侨团奔四方。

侨界之光已立传,专题播放更名扬。

(注:1999年11月17日中央四套《世界华人》摄制组来玉壶采拍胡志光,2000年12月28日在《世界华人》专题片中以《胡志光的路》播放。)

### 我所认识的胡允革

观央视《世界华人——我所认识的胡允革》而作

荷兰允革美名扬,央视播放得表彰。

文史功底根基厚,名副其实一儒商。

投身侨团干公益,为侨服务有主张。

高瞻远瞩第三代,中文教育不能忘。

举办教育研讨会,全欧侨史首独创。

希望工程捐巨款,恩泽广施穷山乡。

三江洪水民遭难,发动赈济日夜忙。

和平一统促进会,反对台独气轩昂。

中央领导频接见,世界华人风采光。

（注：2000年4月4日中央四套《世界华人》摄制组来玉壶采拍胡允革，2001年1月25日在《世界华人》专题片中以"我所认识的胡允革"为题播放。）

### 侨领获殊荣
为玉壶侨领胡永央、胡允革荣获荷兰皇家骑士和绅士勋章而作

玉壶侨领好风光，授奖勋章获一双。
市长受权亲手赠，侨乡再写破天荒。

### 赞超百老寿星旅荷著名侨领胡允革之父胡竹斋

芝水边旁老寿星，新春一过百超龄。
精神矍铄身犹健，耳朵灵光眼又明。
看报无须戴眼镜，吃餐不必食汤羹。
居家善养千秋体，海外儿孙事业成。

### 贺胡允迪家族侨谱发行

鑫琪会所酒肴香，侨谱发行增祖光。
戚友亲朋同祝贺，丁财两旺世荣昌。

（注：胡允迪家族侨谱首发式在鑫琪会所举行，政界、侨界和亲朋戚友欢聚一堂，我在会上朗诵《贺胡允迪家族侨谱发行》诗一首。）

### 侨乡之最
为玉壶区小老校长胡希读捐资五百万建桥而作

九二高龄老校长，捐资五百建桥梁。
壶山史上天荒破，一片丹心爱故乡。

（蒋夏雷补注：胡希读1924年出生，2016年8月去世，为建桥所捐500

万元乃是其子胡一中根据其父遗愿所捐。）

中国侨联和中国汉办联合举办的2014"亲情中华·汉语桥"夏令营在玉壶镇小落幕，时任中国侨联主席林军、浙江省侨联主席吴晶光临参加闭幕式感赋：

汉语桥夏令营闭幕
汉办侨联汉语桥，传承文化祖根牢。
今朝落幕功圆满，主席光临第一遭。

晚餐后胡志忠给我一份9月7日出版的《浙江侨声报》，其中第6版是我的《赤子丹心照汗青——记文成老华侨抗日往事》，写诗一首：

赤子丹心照汗青
赤子丹心照汗青，侨声报社记文成。
华侨救国英雄史，国弱国强分径庭。

有感于5月10日意大利国际慢城总部授予玉壶"侨韵玉壶·国际慢城"称号，侨乡玉壶成为我县首张国际"金名片"而作：

玉壶加盟国际慢城二首
其一
鹧鸪天·国际慢城玉壶
加盟成功国际城，浙江首个玉壶赢。
三乡文化融一体，三瀑三潭远近名。
桃源地，世无争，青山翠谷利长庚。
美轮美奂侨乡美，闲适和谐享太平。

## 其二

### 壶山名天下

四面环山松柏青,家园侨韵起新声。
城乡幽镇壶山美,水巷炊烟芝水清。
碧谷新乡居舒适,城郊野趣享闲情。
山居归隐能延寿,国际金牌天下名。

## 喜事临门二首

### 其一

为玉壶被授予"侨韵·国际慢城"而作

外籍军团一老乡,军功卓著大名扬。
前天国际慢城授,今日家园总统彰。
特喜临门侨圣地,殊荣落户我家乡。
人逢喜事精神爽,美丽侨乡永久昌。

### 其二

为胡永多成为获法国总统签署军功勋章的首位中国人而作

玉壶史上破天荒,国际名牌获一双。
侨韵慢城来意国,高卢总统赠勋章。
侨乡圣地壶山最,侨领楷模歌志光。
温州瞭望曾刊载,令我家乡名远扬。

(注:侨圣地指《温州瞭望》2003年10月第3、4期中提及温州华侨三大圣地,玉壶居首;高卢,法国的别称。)

## 十六字令六首

### 书

书。方志侨书写玉壶。全相送,奉献自心舒。

溪

溪。千米流程两岸堤。多桥架,夏晚纳凉嬉。

侨

侨。建设家园海外钞。侨胞赞,爱国热情高。

楼

楼。十七层高第一牛。溪边建,倒影水中留。

山今韵

山。东有金钟玉鼓喧。南驰象,西面卧牛眠。

桥

桥。十里芝溪架十条。谁之最,二蒋冠军邀。

(注:二蒋指蒋运敢、蒋运泽,"邀"是求得的意思。)

我从1988年退休,至今20年,出版了6本玉壶方志侨书,并常有诗作见于国内有关诗刊:

撰史吟诗

壶山芝水一痴仙,撰史吟诗度晚年。
中外草吟将出版,侨乡文化又新篇。

## 第二节 旅欧颂

我2006年4月首次定居罗马,2007年6月回国,期间观光了大半个意大利、荷兰,还去了法国巴黎,写了151首诗,连同后两次定居罗马,共写了325首粗诗,这里录入编在《温州诗词》和《温州诗潮》以及意大利相关侨报的部分诗作。

### 离境上机

万里航程登上机，穿云破雾向西飞。
行人此刻心何虑？不问诸君尽自知。

### 身随机往

机在千山万壑游，身随机往赴欧洲。
合家欢聚眼前即，喜煞壶山一老头。

### 机上看云海

铁鸟凌云万米空，团团云雾似山峰。
海洋快艇细如带，千里冰山白雪封。

### 异国团圆

老翁七秩赴西欧，异国团圆梦寐求。
两地相思多少载，今朝遂愿作长游。

### 罗马春光（新韵）

罗马城郊处处春，公园草绿树森森。
成群别墅花藤闹，异国风光此处寻。

### 闲逛马路

绿茵铺地碧蓝天，车辆穿梭耀眼前。
左右针松如伞盖，高空铁鸟似飞鸢。

### 公园散步

奇花异草树珍稀，空气新鲜人正宜。

晨起公园去散步,洋人慢跑却来迟。

### 东方别墅

东方别墅古行宫,宫女朝臣壁画中。
古柏参天多挺秀,雄鹰展翅好威风。
牛头喷水流沟壑,铁嘴喷泉向太空。
公主如今虽不在,但留古迹惠无穷。

### 畅游

三十多年水未泅,今朝入海水中游。
老当益壮精神抖,仰泳蛙游仍自由。

### 玉壶侨乡赞

#### 登高

拾级登高不怕辛,狮岩曲径草茵茵。
抬头远望盘山路,俯首民房处处新。

#### 新貌

燕舞莺歌春暖天,青山绿水竞争妍。
高楼大厦双林立,楼阁亭台一线牵。
座座桥梁跨芝水,幢幢学馆傍岗泉。
若无改革与开放,哪有今朝康乐园。

#### 山水颂

壶山环抱景色妍,芝水迎春石壁潭。
乐颐高阁桥心立,宝刹雄伟古玉泉。
金钟玉鼓相对竿,三港大殿貌庄严。
狮岩北面踞水浒,象岗南麓傍泉边。

眠牛坐落西山地，沉龙筑坝景变迁。
风洞冬夏易冷暖，潦门瀑布沁心寒。
龙井清泉深见底，红岩古洞待见天。
人造巽峰清代筑，石笋卓立傲群山。
日落西山笔架塔，月上东山朝对尖。
碧坑三潭成一绝，高峰无窟玉液鲜。
芝溪千米五桥架，通城隧道贯山穿。
鳞次栉比侨房建，海外赤子爱心连。
一曲古风山水颂，冰心一片在壶山。

### 贺米兰华侨华人工商会成立六十周年

弹指之间六十年，社团业绩写诗篇。
维权赈济连中外，爱国精神届届传。

### 侨报赞

欧洲侨报响叮当，报道新闻日夜忙。
政策宣传知法度，精神丰富一食粮。

### 大内湖

碧海蓝天大内湖，成群船艇数千凫。
长方半岛繁荣市，橄榄成荫遍地葡。

### 威尼斯诗三首

#### 水上个城新韵

举世无双环水中，石桥四百各相通。
交通方便乘舟去，水道纵横随处逢。

### 码头广场

广阔无边大码头,眼花缭乱对飞舟。
广场鸽子三千羽,元首宫前民众游。

### 无题

密密麻麻宫殿群,伟哉圣马可名闻。
翼狮威市为标志,马可翼狮作化身。

### 日出

朝阳欲出露东方,一片乌云盖日光。
一线红光穿云出,逶迤曲折似长江。

### 赏月怀乡

嫦娥初上似冰轮,对月沉思客地人。
异国风光归异域,家乡山水最温存。

### 中文学校

中文学校起新声,华夏裔孙脑子灵。
学会中文难忘本,校风进步赖师生。

### 秋高气爽

秋高气爽艳阳天,铁鸟乘风飞自然。
罗马风光无限好,家乡风景也鲜妍。

### 赞林野

延居排队至通宵，当局刁难怒火烧。

紧急呼吁并呐喊，伸张正义美名标。

（注：10月4日警察局即发便侨公告，林野此举立竿见影。）

### 晚霞

金乌下垂半边红，夕照浮云七彩中。

红似尖刀黑似鲤，犹如彩画挂天空。

### 奇观

蓝天白线贯西东，半似长城垛口同。

半似粼粼秋波水，飞机喷气染长空。

### 秋霜

公园一片白茫茫，寒气凌人首次霜。

百草低头肢体冷，暖身跑步胜添裳。

（原载《欧洲侨报》总第516期，《精彩中国·当代诗书画艺术选集》转载，第148页。）

### 冬雾

晨雾团团盖树园，犹如棉絮现身前。

路灯暗淡光难透，露水枝头滴上肩。

### 二九寒天下冰雹

青天白日一丝云，冰雹突来缘甚因？

二九寒天竟有此，家乡从未有斯闻。

中国团队艺压群芳

五女登台艺绝伦，正身踢碗坐单轮。

我挑尔接无旁落，背面踢来颈一伸。

2006年5月5日晚，米兰华侨华人工商会、米兰文成同乡会假座新东亚酒楼，联合召开欢迎我的招待会。时任中国驻米兰总领事馆张瀛旭、张爱山、赵毅三位领事，米兰市议员斯特凡诺迪马尔德诺（Stefanodimardeno），爱可喜协会会长伊曼努埃拉（Emanuela）与翻译黄素平女士，工商会会长胡光利，同乡会会长胡光绍，旅意北部瑞安同乡会会长廖巧明等40多人参加了招待会。会议由米兰华侨华人工商会秘书长马可波主持，胡光绍会长致欢迎词，介绍了玉壶侨情，张瀛旭领事代表领事馆表示欢迎。我作粗诗一首以答谢：

米兰侨团招待会

侨领相邀酒店行，欢迎宴会喜盈盈。

社团二个热情待，领事三人赞语评。

记者席前访主客，议员酒后会师生。

壶山老叟说侨务，赤子畅谈爱国情。

2006年5月21日，在都灵华侨华人联谊会欢迎我的招待会上，胡守棒会长致欢迎辞，我将观光时写成的一首古风在会上朗诵，作为答谢：

古风

清波荡漾粼粼水，野鹅水鸭悠悠然。

两岸林木青翠翠，一翁垂钓在河边。

夜幕降临灯火闹，水上餐厅食客欢。

凡林帝诺大公园，红黄紫绿树色妍。
古堡吊桥今犹在，油车水碓古迹存。
池中铁树果不落，人工造作添景观。
城楼垛口五壮士，坚守城楼把身捐。
沟流清水尘不染，十二女郎塑池沿。
登上高山索贝嘎，天主教堂貌庄严。
俯瞰全城尽眼底，遥看千里大雪山。
英雄托罗足球队，世界夺魁喜心田。
凯旋回归遭空难，全体队员无生还。
断垣不修留纪念，时于一九四九年。
二战期间山头抢，遍地木桩烈士魂。
铜铸女神航标举，石砌塔顶似针尖。
罗马大街一广场，石人石马正中央。
皇宫门前双石马，二将铁骑威风扬。
此乃古国京城地，只缘避犯迁南疆。
登入皇帝金銮殿，金碧辉煌亮满堂。
几十展厅各有异，笨笔难书内中藏。
一曲古风都灵赞，共祝侨胞世代昌。

### 夜游斐拉斯卡蒂山

驱车乡下夜游山，车辆多多停靠难。
游客熙熙来攘往，满城灯海色斑斓。

### 游乐场

游乐场中旋大缸，高空阅览望八方。
飞车翻滚惊心魄，龙骨底边穿水廊。

### 巧遇陶参赞（新韵）

晚同陶土根参赞在向阳餐馆同进餐

失之交臂米兰城，罗马向阳机会逢。

参赞席前先祝酒，交谈侨务语真情。

### 春日游园人正欢

蓝天碧草大公园，春日游园人正欢。

骑马幼童张口笑，年青女子荡秋千。

### 牡丹园观牡丹

百里驱车看牡丹，清香扑鼻沁心田。

花王七彩丹园染，各展风姿竞艳妍。

### 咏牡丹

国色天香誉牡丹，风姿异样祖同根。

描黄绘绿青蓝紫，最是红丹火样燃。

### 公园里的池塘

池塘春水戏鸳鸯，浮木群龟晒太阳。

红鲤悠然频吐沫，鸟儿枝上起高翔。

### 二胡独奏

二十三年辍奏琴，盛情难却应知音。

良宵国乐旧时曲，滑指拉弓仍称心。

### 复活节

天主中心梵蒂冈，迎来节日倍加忙。
人山人海来朝圣，长老登台说义章。

### 教中王

罗马城中梵蒂冈，雄伟建筑教中王。
人雕深嵌镂空壁，地穴长眠古教皇。

### 夜游

四面环山一小湖，湖边夜景美难书。
金光灿烂地摊摆，设备齐全游乐区。

### 池泳

碧水池中泳，蓝天映底边。
定时海浪起，起伏任其颠。

### 罗马斗兽场

一

罗马城中斗兽场，帝王残忍且疯狂。
人与兽斗作游戏，多少无辜遭虎殃。

二

建筑雄伟斗兽场，断垣残壁破砖墙。
如今野兽无踪影，自有游人论短长。

游公元79年8月24日被维苏威火山爆发毁灭了的古罗马历史名城——庞贝遗址：

### 和迷宗别墅

火山爆发不留情，淹没庞培史名城。
地下埋藏千九载，今天重现古文明。

### 夜游地中海

会长驱车大海行，寒风扑面冷如冰。
无边海岸灯光灿，亮得晴空不见星。

### 采蕨

牧场草绿马儿肥，车辆穿梭快似飞。
别墅零星随处见，停车采摘野蔬归。

### 花展三首

#### 其一

应约荷兰走一场，名花观赏郁金香。
红黄紫绿齐争艳，饱览春光一老乡。

#### 其二

花展荷兰四月天，繁花似锦竞争妍。
游人领赏花中美，经纪花商赚大钱。

#### 其三

万紫千红花海洋，繁多品种郁金香。
观花欣赏人如织，花展荷兰久名扬。

2007年4月19日晚，文成联谊会假座胡立靠华丽大酒楼宴请我与夫人。宴会上，名誉会长洪才虎向会长团介绍我的职务和工作，我向他们介绍我在玉壶侨联做的工作。同席的有名誉会长胡绍查、胡直光，副会长余序文、朱德云、郑建华、吴瑾、吴洪语、胡立靠、秘书长胡定秀。另一席女士有我的老伴、胡翠英、杨翠微、林梅红、胡绍查夫人，男士有俞李友等。席间，我赋《喜会乡亲》一首，秘书长胡定秀拿去收藏：

应巴黎亲友之邀巴黎观光五首

喜会乡亲

社团设宴会乡亲，招待壶山耕砚人。

互相交流侨要事，加强联谊感情真。

歌颂拿破仑

法史英雄拿破仑，成功标志凯旋门。

推翻帝制创新纪，彪炳千秋照后人。

夜登铁塔

登塔身临绝顶峰，巴黎夜景入眸中。

横街直路灯光灿，胜比繁星亮太空。

游塞纳河

塞纳河心坐大舟，蓝天碧水画中游。

桥梁座座型各异，两岸风光眼底收。

巴黎小山

环绕巴黎一小山，森林盖地半遮天。

驻军四面钢丝网，烈士陵园魂万千。

小车在田野上

晴空万里碧蓝天，一望无垠玉米田。

百里驱车田野上，车前偶见屋三间。

列车从波罗尼亚到普拉托的高山上
列车飞跑高山上,一路奔驰一路观。
越过山坡见别墅,穿通隧道又新村。

### 意大利金桥
皇宫山下一金桥,店屋藏金顾客招。
富者精心首饰选,穷人难买把头摇。

### 罗马购物
罗城郊外大公司,满目琳琅商品齐。
购得所需电脑算,扶梯自动把身离。

### 传承文化(新韵)
有志青年好脑筋,罗城办校授中文。
传播文化功恒在,永使华人不忘根。

### 威尼托回普拉托途中观冬景
一路驱车一路霜,漫天大雪白茫茫。
梧桐落叶青松挺,滚滚车轮奔跑忙。

### 小车在旷野中行
途中别墅见零星,马达声声入耳听。
座座高桥穿底下,茫茫四野静无声。

### 小车穿隧道
滚滚车轮不得闲,里程三百驾车还。

小车进入丘陵界，隧道穿通九座山。

我应胡志光、胡海琼之邀去荷兰旅游观花展。在飞机上想到去年今日定居罗马，今天刚好一周年。1年来，我在意大利游了普拉托、佛罗伦萨、比萨、米兰、都灵、布雷西亚、维罗纳、帕多瓦、威尼斯、波罗尼、坎帕尼亚、那波利13个城市，写了百多篇诗文，其中见报近40篇。飞机在碧海蓝天飞行，向窗外望去，云团状似山峰；俯视海洋，双艇齐驱，细如白带；望群山重叠，更有千里冰封的大雪山，乃作诗3首，选其中1首示下：

机上吟

旅意周年

侨居罗马整周年，写下诗文百十篇。

侨报刊登三十九，风光道尽报中言。

## 第三节　罗马生活之我见

《新华时报》发起"写写意大利生活"征文活动，我写一稿《罗马生活之我见》应征。

到罗马已近半年，这半年来的生活体验，对已古稀之年的我来说，总的感觉有正负两个方面。正面的感觉首先是罗马的环境优美，曾为诗云："罗马城郊遍地春，公园草绿树森森。楼群别墅花藤闹，异国风光此处寻。"在马路上看到的是："绿茵铺地碧蓝天，车辆穿梭耀眼前。马路针松如伞盖，高空铁鸟似飞鸢。"在公园里散步，看到的是："奇花异草树珍稀，空气清新人正宜。"其次是气候适宜，盛夏白天气温虽然高一点，但太阳西沉即凉快不闷。

一年四季无干旱水涝之忧，无台风之患，无淫雨绵绵之厌烦，无房屋潮湿之烦恼，予人一种舒适之感。再次是有较多的旅游景点供人游览，如古木参天的东方别墅、神圣的梵帝冈、庞大的斗兽场、历史悠久的公园、庄严的军事博物馆，有可以畅游的大海和日晒的沙滩。巴湖夜景之灿烂，登山夜观全城灯海之繁华，游乐场滚车之惊心动魄，以及游泳池泛起人工海浪而游客随之起伏，都令人倍感惬意，一切的一切，都给生活增添了乐趣和永远不忘的记忆。最后是车轮滚过马路不会扬尘，水的质量也好。

负面感觉首先是语言不通，有口不能言，有耳不能听，有目不识丁，有步不能行，人与人之间的交往少，终日不是看中央四套的电视节目，就是对着电脑打字，生活单调。其次是人老之后头痛、牙痛等小恙难免，而在罗马看医生很不便，故有"异国风情终有别，家乡山水最温存"之感慨。

［原载《新华时报》2006年10月，总第802期（征文入选）］

# 第十一章 交游与侨团接待

## 第一节
## 为编撰《都有一颗中国心——浙籍华侨华人风采录（欧洲篇）》
## 与叶炳南主编往来

1999年9月，浙江省政协文史委员会出版《都有一颗中国心——浙籍华侨华人风采录（欧洲篇）》，此事还得从1993年8月省政协文史委员会要为旅荷著名侨领胡志光单独出版一本传记，要文成政协文史委员会提供文字素材说起。因胡志光是我的挚友，我对他的情况较熟悉，且在《文成文史资料》第5辑写过他的家史和《杰出的社团活动家胡志光》，故文成政协文史委员会把这个任务交给了我，于是我跟省文史资料主编叶炳南有了频繁的书信往来。

1993年9月1日，我把5000多字的《杰出的社团活动家胡志光》一文寄给叶炳南，1994年2月，又寄《少年胡志光》一文，有1400多字，1994年6月16日寄《侨界之星——记旅荷侨领胡志光》一文，此文打印装订本近3万字，1994年8月11日寄《增写胡志榜》等有关其家庭成员的材料1.4万余字，详写爱国爱乡义举7000余字，至此，我一共提供了关于胡志光及其家庭的近6万字的素材。叶炳南于1995年2月从荷兰回来后，来信告知我，胡志光不愿意专写他一个人，要扩大征稿范围，并约我提供旅欧其他知名华侨的个人事迹。于是我又写了《英年早逝的侨界新秀胡志榜》《拳拳赤子，心系祖国——记已故旅荷爱国老侨领余忠》《事业未竟后继有人——记已故旅法华侨温怀毅一家》《侨界的长者——记旅意侨领胡允迪》《创业海外报效祖国——记米兰华侨华人工商会名誉会长胡志潝》《侨界的佼佼者——记奥地利华人总会会长胡元绍》6篇有关侨界人物的文章。此外还提供了县侨联主席夏昌勇（化名夏雨）刊登在《文成侨讯》的《毕生为侨务事业奋斗的人——记旅荷华侨总会高级顾问胡志东》一文（后出版时录用）。

1999年，浙江人民出版社向国庆50周年献礼的《都有一颗中国心——浙籍华侨华人风采录（欧洲篇）》出版了，书中介绍了52位浙江旅外华侨华人的事迹，其中文成14位，选用我的文章4篇，且以我的《拳拳赤子，心系祖国——记已故旅荷爱国老侨领余忠》作为开篇文章。又在该书一篇题为《我有一颗中国心——记旅荷爱国侨领胡志光》的文章中写上这么一段话："胡志光先生的老友余序整先生，通过浙江省政协文史委，从胡先生的家乡浙江省文成县向笔者提供了几万字的文字素材，详尽地介绍胡志光先生的家乡、家庭、幼时和青少年时光，以及关心和支援家乡建设的种种情况，使笔者得以填补上这篇文章中本来难以充实的空白。"在该书出版前言又写道"文成余序整先生等主动向我们提供了不少极为难得的史料"。

自1993年9月1日寄出《杰出的社团活动家胡志光》至1999年《都有一颗中国心——浙籍华侨华人风采录（欧洲篇）》出版，再到寄给他《玉泉笔谈》《玉壶华侨》《玉壶镇侨情纪事》《侨情与侨声》为止，我去信和寄材料给省政协文史委和叶炳南总编45次，保存了21封信件，共计6425字，叶炳南来信31封，保存30封，共计9234字，我们两人虽未相识，但已是神交。

## 第二节　为《华侨华人研究论丛》撰稿与周望森副教授往来

1996年3月24日，在县政协会议期间，我收到县政协转来的一封来自浙江师范大学周望森副教授的信，信内的名片上写的头衔是：浙江师范大学历史系副教授、浙江师范大学华侨华人研究中心主任、中国华侨历史学会（全国）理事、浙江新湖国际交流与发展研究所副所长、《浙江华侨志》主编、《华侨华人研究论丛》主编。这让我既意外又欣喜，因为他是研究华侨华人文史方面的专家，与他交往，有利无弊。此后通过联系，我在他主编的《华侨华人研究论丛》第2、4、5、6、7辑上发表了《侨界的佼佼者——记奥地利华人总会会长胡元绍》《文成籍华侨华人及社团的现状和变化》等5篇反映"侨"的文章。因有文章选登，故周教授均及时寄书用赠送分阅，如1997年12月9日寄来第2辑《论丛》10本，2001年11月25日寄来第5辑《论丛》40本（内有从拙著《玉泉笔谈》中节选1万余字的《侨胞对家乡文成县玉壶镇的贡献》一文），并指定分发给有关单位和个人。在十多年中，我们书信往来频繁，我与周教授在工作上有过3次晤面，我共去信19次，给他分别寄过《玉泉笔谈》《玉壶华侨》《玉壶镇侨情纪事》《侨情与侨声》4本书。周教授来信13封，并多次寄贺年片。

2001年11月25日下午，邮递员送来领包裹的通知单，我到邮电局领来一看，上面写着重10千克，40本。原来是周望森教授寄来的《华侨华人研究论丛》第5辑。该书的第4篇是我写的《侨胞对家乡文成县玉壶镇的贡献》(《玉泉笔谈》节选）。信中指定发给胡志东、夏昌勇、朱礼以及县政协、县侨联、县侨办、镇侨联、镇政府、玉壶片各乡镇，其余的由我处理。为什么寄这么多呢？是为了扩大玉壶华侨的影响，宣传玉壶侨胞的爱国爱乡精神。

《华侨华人研究论丛》所收拙稿目录

| 年份 | 辑数 | 题目 | 备注 |
|---|---|---|---|
| 1997 | 2 | 侨界的长者——记旅意侨领胡允迪 | 转载 |
| 2000 | 4 | 侨界的佼佼者——记奥地利华人总会会长胡元绍 | 扩写 |
| 2001 | 5 | 侨胞对家乡文成县玉壶镇的贡献 | 摘录 |
| 2003 | 6 | 文成籍华侨华人及社团的现状和变化 | 著作 |
| 2006 | 7 | 玉壶侨领与中文报刊 | 转载 |

（注：《华侨华人研究论丛》出版7辑，随着周望森教授的退休而终止）

## 第三节　与其他专家学者和政要名流之间的交游

### 一、与李明欢教授的往来

李明欢，荷兰阿姆斯特丹大学社会学博士，厦门大学社会学系教授。她于1986年、1995年两度受国家教委派遣到阿姆斯特丹大学亚洲研究中心工作，在旅居荷兰的中国人（尤其是温州人）的研究上有所建树，曾在荷兰《华侨通讯》与有关刊物上发表过《唐人街的变迁》《荷兰"水手馆"的内情》《"相对失落"与"连锁反应"》《关于当代温州地区的出国移民潮的分析与思考》等颇有学术价值的文章。她为了写作《生活在荷兰的温州人》一书，于1996年1月下旬受亚洲研究中心派遣，到温州考察侨情，2月8日来到侨乡玉壶。李教授在镇侨联的配合下去李林片召开归侨侨眷座谈会，去东背片龙背村、东溪乡重点采访，4天来忙得不亦乐乎。临别时从我这里复印去许多资料，并对我说此行收获不少，可以说如愿以偿。

李教授返荷后在荷兰《华侨通讯》分4期连载《温州侨乡行》，并附2幅侨建工程图片，第3部分和第4部分全文介绍玉壶，2幅图片也都是玉壶的侨建工程。一幅图下注明"荷兰华侨胡志光兄妹为家乡玉壶镇捐建的'克木大桥'",两端分别为荷兰华侨周阿女、法国华侨胡立正捐建的"女英亭"和"玉春亭"。另一幅图下面注明"温州文成县李林侨胞102人共同捐资兴建的'李林教学楼'"。为记史实,特将《温州侨乡行》第3、4部分作如下的摘录。

镇侨联向我出示了一份关于玉壶镇侨胞支援家乡建设的资料,在这份长达24页的资料中,清清楚楚地记载了玉壶旅外侨胞从1953年起到1996年1月止为家乡捐赠的各通物资,其中包括:(1)捐建学校,支援教育……(2)为家乡铺桥修路……(3)社会公益,文化事业……

我列举的一桩桩、一件件事情,虽然仅限于玉壶,却是数十万温州海外儿女拳拳赤子心、悠悠故乡情的集中反映。

我走过好些地方,可以说,玉壶镇提供的有关侨胞捐赠的记录资料最为完备……

玉壶镇侨联在监建侨胞为家乡捐资兴建的项目中,坚持做到"四个不"(即不喝工程一杯酒,不抽工程一支烟,不吃工程一顿饭,不拿工程一分补贴)。克木大桥总支出30万元,其中办公费仅支出32.2元。在监建寿星桥和乐颐阁中,工程总投资64万元,其中办公费支出仅63.7元。

我在温州侨乡走访,自然也听到一些反面事例:有些华侨满怀爱心捐出的血汗钱,却被某些人不明不白地吃掉用掉了;有的华侨捐资工程,因为监建不得力,故而不仅质量低下,而且还不得不连续不断地追加投资……可以说,相比之下,玉壶侨胞对家乡建设捐资的去向比较放心……

侨乡的发展与建设,离不开这样的有心人,侨乡的建设与发展,呼唤着更多这样的有心人!

2002年11月19日,我收到李明欢教授寄来的72万字巨著《欧洲华侨史》

和名片。

2003年7月18日，李明欢同温州研究华侨的学者章志诚再次来调研，我带他俩参观了华侨医院等侨建工程，回到侨联座谈，她说乡镇级的地价，玉壶最贵。

2006年，李明欢来玉壶调研访问，我当时在罗马，时任镇侨联主席周育朋来电说李教授问到我的近况。

2016年8月18日，李明欢同温州大学徐华炳教授从青田到文成侨联调研座谈，得知我在家，特地登门看望，临别时我赠其《芝水晚霞》《壶山芝水吟》《侨乡教育一园丁》3本书，并合影留念。

2021年12月8日下午，侨联王夏叶主席带温州大学华侨学院院长包含丽与李明欢教授来采访我并合影留念。包含丽院长拷去我电脑中全部资料，她还提出聘我为兼职研究员，并要为我整理出版侨书。李教授主动添加了我的微信，她离开玉壶后发给我微信：由衷祝福您健康长寿！期待来日再见！

2022年5月李教授慨然应允为本书命题与作序。

## 二、中国社会科学院王春光采访

2001年3月28日下午2时25分，中国社会科学院社会学所副研究员王春光、时任温州市委党校图书馆副馆长王健在时任公安局外事科科长陈碎丰的陪同下到我家采访。在互相介绍后，我赠送给他们《玉泉笔谈》和《玉壶小学九十华诞》各1本。他们看到李明欢教授在荷兰《华侨通讯》连载的《温州侨乡行》中重点提到的玉壶相关内容以及我为玉壶电话不通写《告急》给中央领导同志，最终促使玉壶程控电话早日安装成功而写的《一份中央领导同志批示的报告》后十分赞赏。他们又看了我几年来登记的国际、长途来电登记本和几十年来的历书记事，十分惊喜。他将我的档案目录、历书、著作、电话登记簿、奖状等摆起来，与我合影。

下午4时多，王春光副研究员将我的电话登记簿和《温州侨乡行》等资料拿去复印，5时多临别时，他说争取有机会再到玉壶蹲几天。

（注：后王春光在《移民的行动抉择与网络依赖——对温州侨乡现象的社会学透视》一文中对采访玉壶有所论述）

### 三、巧遇陶土根参赞

2006年5月5日晚，米兰华侨华人工商会、米兰文成同乡会会召集会长团并邀请旅意北部瑞安同乡会会长团假座新东亚酒楼，联合召开"热烈欢迎文成县玉壶镇侨联副主席兼秘书长余序整访问米兰"招待会，邀请时任中国驻米兰总领事馆参赞陶土根参加，因他事前已被其他部门邀请，不能前来，而只能请张瀛旭、张爱山、赵毅3位领事参加。

8月30日晚，姻侄胡海峰在自己的向阳西餐馆设宴，邀请升任中国驻意大使馆参赞的陶土根参加，我应邀出席。席上陶参赞来敬酒，我向他介绍了高树茂总领事在玉壶一席谈、玉壶侨情、玉壶侨联工作及出版侨书等情况。陶参赞说自己1978年到米兰领事馆工作，至今将30年，比余序闹来意大利还早，说有机会他要走一趟玉壶，要我把《玉壶镇侨情纪事》和《侨情与侨声》两本侨书放在向阳西餐馆让他取走。

2007年3月27日，我去罗马中国驻意大利大使馆办理夫妻关系证明，去电给他，他说正在看我送给他的书，说我的侨书写得很好，读了能了解著名侨乡玉壶的侨史侨情。当我说要办夫妻关系证明时（我的说明居留纸被警察局误办成未婚，办不了身份证），他立即下来把我的材料整理好，再到接待窗口把办事员叫来做了交代，签了字后与我握别。

### 四、赠书罗遐副教授

2007年7月19日，安徽大学副教授罗遐、南京大学硕士研究生祝韵、复旦大学社会学系李沛3人在时任温州市社会科学界联合会主任陈万平和时任县委宣传部副部长陈式海、县侨办主任周洪胜的陪同下来玉壶调研侨情，邀我去参加调研座谈会，并要求我带几本反映侨情的书。我带着《玉壶华侨》《玉壶镇侨情纪事》《侨情与侨声》3本侨书到了镇政府5楼会议室，时任镇委书记李标主持座谈会。

陈万平主任提出"玉壶华侨为什么出国""华侨怎样创业""现在情况如何"三个调研课题。我说在《侨情与侨声》一书里有"文成华侨史话""文成籍华侨华人及其社团的现状和变化"以及19位华侨华人爱国爱乡和艰苦创业的事迹，所提的课题及其他均可在这3本书中找到答案。在谈了一些其他话题后，他们还又请我回家拿一本《壶山今古》。6时多，他们邀我一起到文成宾馆进餐。

席间陈式海副部长说，从我身上学到好多东西，县侨联胡文铰主席开玩笑说他们不用去玉壶调研，只要把这位"字典"请过来就可以了。罗教授在下午的座谈会和宴会上多次为我拍照，说今天从我身上学到很多东西，感谢"余老"。

**五、与徐华炳副教授交往**

2008年3月29日，温州大学人文学院副教授、硕士生导师，温州大学温州历史文化研究所副所长徐华炳副教授随同浙江师范大学周望森教授，带其同校的郭剑波副教授、浙江工商大学夏凤珍、法国汇集协会副会长董丽文来玉壶调研。当晚，旅荷著名侨领胡允革邀请他们在阳光大酒店用餐，胡元绍和我应邀同共进餐，我赠他一本《侨情与侨声》和一本《玉壶镇侨情纪事》。

2011年8月13日上午，徐华炳副教授带柳建敏和张东平两位硕士研究生来访，带来周望森教授主编的354页的、40.6万字《浙江华侨史》给我，我赠他1本《芝溪草吟》，给两位研究生各1本《玉壶镇侨情纪事》，并分别与徐教授和两位研究生合影留念。

9月16日徐炳华副教授寄来合影照片和一封信。

2016年8月18日上午8时多，胡正裕带来火龙果、葡萄和矿泉水来通知我，说等会儿李明欢教授和徐华炳教授来看望我。9时10分，除了两位教授，还有开车的王卫平也一同到来，他是意大利的记者和报刊总编。因时间紧，我忙着给他们写赠书留言，也没多谈，王卫平到前间拍摄锦匾和合影。大约9时20分，他们去了文成。

2016年12月，收到徐华炳托带的294页、共36万字的《温州海外移民与侨乡慈善公益》一书。

2019年2月20日，收到徐华炳邮寄来的504页、共60万字的《温州侨乡报》所刊慈善公益事业报道合集。

2021年8月8日，玉壶侨联侨史馆筹备建立，已调往浙江大学城市学院的徐华炳教授是建馆团队负责人，我是主要成员之一，我们有比较多的联系。我先后向他发了华侨史略、华侨文化、文成侨领、文史资料、反映社情民意、为民排忧、祭文、碑文、侨乡风光、中文教育、结社组团、新闻出版、旅欧诗选、壶山诗赋、政协典型发言、省涉侨优秀提案、赤子丹心照汗青、侨乡圣地话玉壶、接待工作等62个文档资料。8月8日，徐教授到我家说，有些资料待10月份来扫描。

### 六、中国前驻德大使卢秋田来访

2009年10月14日上午10时许，旅荷著名侨领胡允革来到我家跟我说，午后中国前驻德大使卢秋田要来我家拿书，要我准备好所有著作。

午后，卢秋田在旅荷著名侨领胡志光、胡允革，市政协常委、旅奥侨领胡立井，旅荷华侨总会副会长胡志言，时任文成县副县长李建业，镇委书记刘一灵，县侨办主任周洪胜等陪同下来到我家拿书，我赠送给他《壶山今古》《玉泉笔谈》《玉壶华侨》《玉壶镇侨情纪事》《侨情与侨声》《芝溪草吟》《玉壶小学九十华诞》，并同卢秋田和胡志光合影留念。

### 七、与黄涛教授的访谈

2009年11月14日，温州大学人文学院民俗学教授黄涛带着博士研究生杨柳在教育局陈胜华的陪同下就侨乡玉壶教育、民情风俗习惯，特别是丧事奢侈之风采访了我，之后我陪他到芝水街看市面，刚好有人渡关做法事、吹龙角。因他是通过人才引进到温州的北方人，从来没见过这样的事，十分好奇，一边问一边拍照，临别时我赠给他《壶山今古》《玉壶镇侨情纪事》《侨情与侨声》《芝溪草吟》。

### 八、浙江师范大学陈肖英教授来访

2018年4月11日上午，我在街上遇到在家的旅荷侨领胡允革陪着一位浙江师范大学的教授，说是等会儿来采访我。餐后这位名叫陈肖英的教授来了，在互相介绍后，她首先接通她的老师周望森教授的电话，说自己在文成，问周教授："坐在我身旁的是您的好朋友，您猜是谁？"周教授立刻说是余序整，于是陈肖英让我与周教授通话，时隔十多年再次通话，也算难得的机会。陈肖英又去电徐华炳教授，说她扫描了我的241封海外来鸿和《文成侨讯》，要一起分享。接着她抄去一些资料，拍摄了《一份国家领导人批示的报告》等资料。我给她打印了胡志光、胡允革、胡永央、胡克球、胡志东、胡从探、胡志榜等著名华侨的生平事迹等文史资料，又给她一本《侨乡教育一园丁》。她盛赞我的资料多，贡献大。

晚上陈肖英教授再次登门，又抄去一些资料，9时才回去。

4月12日上午同陈肖英聊天。傍晚她再次来到我家，我给她一本《文成华侨历史资料》。她拷去国外亲友赠送的资料，借去《文成华侨溯源录》和90年代初长途来电本家登记簿。

晚上7时10分，陈肖英教授来道别，看了一些档案的资料，拷去《世界华人——胡志光的路》，说了一些感谢的话。8时20分握别时，她说希望再次来玉壶，再次见到我，希望我善养身体。

### 九、浙江师范大学王逍教授来访

2018年4月15日上午，胡正裕带浙江师范大学国际文化与教育学院博士、浙江师范大学华人华侨与文化传播研究中心主任、浙江师范大学国际学院文化与文化传播学科负责人王逍教授与其3位博士研究生来我家采访，他们带来一袋能降血糖的"青钱柳"给我。我送给她《壶山芝水吟》和《玉壶镇侨情纪事》两本书。最后又为女儿余琴声、女婿周洪潮、胡正裕、她和我5人拍照。

  2021年3月27日下午，胡允革来通知我说有一位高层次的人来看我，让我猜猜看是谁，我说是周望森教授，他说不是。后来才知道原来是浙江师范大学王逍教授。她这次带来的是一个团队，要写玉壶华侨史，特地来看我，说我是"文成宝贝"，用这4个字评价过我的，还有当时的文成文化局蒋海波局长，他在筹建文成博物馆座谈会上听了我的发言后，说我是"文成宝贝"。

## 十、温州大学华侨学院包含丽院长来访以及受聘和捐书仪式

  2021年12月8日下午1时半，侨联王夏叶主席带温州大学华侨学院院长包含丽、厦门大学教授李明欢来采访我并合影留念。包含丽院长拷去我电脑中全部资料，并说要聘我为客座教授（后来发来微信说教授要上课，改聘兼职研究员），告诉我准备将我的资料整理出书。王夏叶准备举办隆重的图书捐赠暨温大华侨学院为我颁发聘书仪式。我赠送给她俩《胡志光的路》和《拾遗》两本书。包院长、李教授2人与我添加了微信。

  2022年1月11日，玉壶侨联在一楼隆重举办"传承侨乡文化，弘扬慈善精神——余序整先生捐赠图书暨温州大学华侨学院为其颁发聘书仪式"，包院长给我颁发了兼职研究员聘书，在三楼做了题为《笔耕不止，服务侨乡——余序整先生捐赠图书暨温州大学大华侨学院为其颁发兼职研究员聘书仪式》的讲话后，为我别上温州大学校徽。

## 第四节　侨团接待

### 一、米兰侨团招待会

2006年5月5日晚，米兰华侨华人工商会和米兰文成同乡会联合新东亚大酒楼举办"热烈欢迎玉壶镇侨联副主席余序整访问米兰"招待会。

米兰华侨华人工商会秘书长马可波主持当晚的欢迎会，首先由文成同乡会会长胡光绍致欢迎词。他说，虽然玉壶镇侨联是地方侨联，但是它在浙江省也可以说是一个著名侨乡的侨联组织。据去年全省侨情试点调查统计，在国外生活着约2.4万多名玉壶籍华侨华人，在意大利就有1.8万多人。玉壶侨联为我们海外侨胞及国内的侨眷做了大量的工作。余序整多年热心侨联工作，积累侨情资料，撰写很多文章，并写了几本有关"侨"的书，这次他还带来他的近著《侨情与侨声》，向世人介绍海外华侨的生活和工作情况，把大家在海外创业的历史记叙了下来。

接着时任中国驻米兰总领事馆领事张瀛旭讲话，他代表总领事馆对我的到来表示热烈欢迎，热情称赞我对侨胞海外生活和创业的关怀。

会后米兰市政府议员和爱可喜协会会长通过翻译跟我谈话，他们了解了侨乡玉壶和我教育世家身世。胡英姿和胡光利两位学生各献一支歌给我，我盛情难却，也回敬了一首儿时的玉壶民歌——《马灯歌》。

当晚老同事胡爱红让儿子驱车来，硬是邀我夫妇二人住她家。

欢迎会的参加者有：时任中国驻米兰总领事馆领事张瀛旭、张爱山、赵毅，时任米兰市政府议员斯特凡诺迪马尔德诺和爱可喜协会会长伊曼努埃拉女士及翻译黄素萍女士，米兰华侨华人工商会会长胡光利，米兰文成同乡会会长胡光绍，旅意北部瑞安同乡会会长廖巧明，米兰华侨华人工商会秘书长马可波，文成同乡会秘书长周慧；出席此次活动的侨领和知名企业家还有胡允锡、周斌、胡长钦、胡小兵、胡小明、胡建金、胡志珊、胡克督、周建煌、陈五一、王益博、张永锐、赵东明、胡允海、刘化明、蔡志荣、李永涨、胡克科、刘建标、温阳东、朱金亮、周小娇、胡爱红、胡守叶、周赛玉、胡英姿、杨熙友等40人。

## 二、都灵侨团招待会

2006年5月21日，都灵华侨华人联谊会在长城饭店举办招待会。

招待会由都灵华侨华人联谊会副会长余序钻先生主持，都灵华侨华人联谊会会长胡守棒以《辛勤园丁为侨服务弘扬侨乡文化》为题致欢迎词。他叙述了我对侨乡玉壶的发展所做的贡献。他说，余先生出身于玉壶教育世家，建国后从事教育工作30多年，其教学成绩显著，启蒙了众多的学子，其中许多人旅居欧洲各国，事业有成。余先生自1987年退休后参加镇侨联工作，多年来研究侨务，积累了许多侨情资料，出版《壶山今古》《侨情与侨声》等方志史书，为玉壶侨乡建立了文化宝库，为弘扬侨乡文化做出了贡献。作为县政协委员，余先生多次在大会上为侨大声疾呼，写了许多反映侨声的提案，为宣传玉壶写了百多篇的报道。

我首先感谢都灵华侨华人联谊会的盛情接待，嗣后把几天来由余序闹名誉会长陪同观光后写成的一首古风《都灵风光》当场朗诵。最后都灵市政府官员雷那托布森（Renatobressan）讲话。

（原载《欧洲侨报》第470期，《都灵风光》入选《温州诗词》2006年丙戌集，第184页）

## 三、坎帕尼亚侨团轮流接待

2007年1月23日下午，坎帕尼亚华商会常务副会长蒋志浪、副会长周友锋由胡允争驾车来接我与夫人到坎帕尼亚。其时天气恶劣，刮风、打雷、下冰雹，路上积了一层厚厚的冰雹，小车小心地开，直到晚8时才到坎帕怕尼亚的长城餐馆。途中蒋志浪已联系好会长蒋作干、副会长余序旦、洪汝铮、胡克组、胡志修及蒋志康等，共11人一起聚餐。我赠蒋作干一本《侨情与侨声》，给余序旦一本《玉壶镇侨情纪事》。席间我向他们介绍了玉壶侨联答米兰《意大利晚邮报》女记者问得到浙江省委宣传部在全省宣传部长会议上的表扬，以及全国政协副主席罗豪才视察玉壶、湖南卫视首展玉壶风采、中国驻米兰总领事高树茂侨乡玉壶一席谈、玉壶侨联获全省侨情调查先进集体等关于侨联的几件要事，使他们耳目一新。夜宿蒋志浪家。

此后玉壶籍的正副会长轮流接待了我。1月24日中午，余序旦副会长作东宴请我与夫人，同席的有蒋作干、蒋志浪、周友修、胡永修。晚蒋作干会长作东在锦园度假村宴请，同席者：蒋志浪、周友锋、胡永修、洪汝铮、胡克组、余序旦。因余协樵、蒋金芳夫妇来邀我与夫人去他那里，故蒋志浪又去电把协樵和志康二人请来，共11人同席。

1月25日上午，蒋作干驱车邀我同余序旦、洪汝铮4人一起冒细雨游庞贝和迷踪别墅，这里是公元79年8月24日被维苏威火山爆发毁灭了的古罗马历史名城——庞贝的遗址。19个世纪后的今天，考古学家发掘出雕塑、绘画、住宅、神庙、剧场、别墅、浴池、人的遗骨等古罗马遗迹和遗物，世纪悠悠，这些遗物重见天日。

中午洪汝铮副会长在长城餐馆作东宴请，同席的有：蒋作干、蒋志浪、蒋志康、周友锋、胡永修、余序旦、东樟的胡永刊、五岭的胡志央。

晚间胡永修作东在西餐馆宴请，老伴因晕车没赴宴。同席的跟中午相同。

1月26日晚，周友锋作东在锦园避度村设宴，同席者：蒋作干、蒋志康、洪汝铮、余序旦、胡永算等。另一席的陈碎味（周友锋的爱人）是我1972年在上林初中任教的学生，我们已30多年没碰过面，不禁互相寒暄。副会长胡碎广来敬酒，并相约明晚他作东宴请。

1月27日上午，胡茂月驱车来接我去火山玩，后因路不熟、天冷、火山风大而没去。在路边朱雅人拉面店吃了拉面后，参观了胡茂月的两间服装店和胡碎广的服装店。

中午，胡茂月作东在温州酒家宴请，同席者有：蒋作干、蒋志浪、周友锋、胡永刊。

晚，胡碎广做东吃西餐，同席者有：胡茂月、胡茂轻、周友锋、胡克敏、洪汝铮、胡克组、蒋作干、蒋志浪、胡永修。

晚聚餐结束已是11时多，会长蒋作干驱车带我去那波利夜游（胡茂月、胡克组、蒋志浪同车）。我们在地中海岸上拍摄美景并合影。

1月28日上午，胡海英来电说她同余协朴驾车来接我与夫人返回罗马。一会儿海英又来电说余炜镁的奶妈来看炜镁，上午不能来接。我说蒋作干等不管多么迟都在等，叫她争取下午2时赶到。

下午2时整，蒋志浪把协朴二人接到温州餐馆，胡永修驱车来接我与夫人到餐馆。胡克组做东宴请，同席的有：蒋作干、蒋志浪、胡永修、胡茂月、洪汝铮、胡永刊。

餐后余协朴驾车带我与夫人返回罗马，到家7时多，孩子满堂共祝炜镁生日。

### 四、巴黎侨团接待

2007年4月19日晚，文成联谊会假座胡立靠的华丽大酒楼宴请我与夫人。宴会上名誉会长洪才虎先生向会长团介绍我的职务和工作；我向他们介绍我在玉壶侨联所做的工作。同席的有：胡直光、朱德云、郑建华、吴瑾、吴洪语、胡立靠，名誉会长胡绍查、副会长余序文、秘书长朱庭秀。另席的有：我夫人、胡翠英、杨翠微、林梅红、胡绍查夫人、俞李友等。

### 五、威尼托侨团接待

2010年12月7日晚，威尼托华侨华人工商联合会在市中心胡金楼的餐馆设宴招待我。参加宴会的有：名誉会长胡建平（玉壶龙背籍），会长胡建平

（金星下岩门山籍），副会长兼秘书长胡绸弟，常务副会长李正荣（玉壶上村籍）、胡运对（金星岩门籍）、胡少波（金星下垟籍）、胡肖华（玉壶小学毕业班学生籍）、胡瑞建（吕山籍）、周汉生（龙背村籍）和学生魏君武。

席间胡建平会长以工商联合会的名义鼓掌欢迎我来做客，并向我介绍几位不认识的常务副会长。我们相互介绍侨务工作。宴罢已近10时，因我行动不便，有点疲困，在姨甥李湛的建议下，李正荣驱车送我回家。

### 六、应邀参加宴会，与副县长谈侨务

2011年1月7日晚，内侄胡允多去迎接文成县人民政府侨务考察团来普拉托慰问侨胞，遇到时任县侨办副主任吴筠霄。吴筠霄听说我在允多家里，十分高兴，立刻一起到允多家邀请我参加晚上的宴会。到了餐馆，我看到餐厅的会标是：热烈欢迎文成县人民政府侨务考察团慰问意大利侨胞。他们先请我跟钟方成副县长和一位侨团负责人合影，再邀我与钟副县长同席。席上我同钟副县长并肩交谈如何加强侨务工作，进一步打好文成"侨牌"，建立文成华侨华人研究会、建立文成华侨历史博物馆、借鉴外地经验打好文成侨牌、华侨子女的中文学习、空巢老人的安置等问题，我们的意见完全吻合，谈得十分惬意。钟副县长还推心置腹地向我介绍他的成长经历。在交谈中，我才得知，钟副县长是贫寒农家出身的省级优秀大学生。他先在乡镇工作，县委沈伟副书记关心他，把他调到县委宣传部工作，后来他从副科升到正科，才有资格参加招收副县级的考试。他没有官亲，能走到今天，要感谢沈副书记的培养，感谢党的招干考试政策。原县委秘书，现任民政局局长王新亮向钟副县长介绍我写的书，意大利南部同乡会会长陈正溪介绍我写的诗（其实钟副县长分管侨务工作，对我热心侨务工作已有所闻，故这样器重）。